世界教育思想文库

大教学论

THE GREAT DIDACTIC

[捷] 夸美纽斯 著

傅任敢 译

教育科学出版社

·北 京·

《大教学论》

它 阐 明

把一切事物教给一切人们的全部艺术

或

使每个基督教王国的一切教区、城镇和
村落，全都建立这种学校的一种可靠
的引导，使男女青年，毫无
例外地，全都
迅速地、愉快地、彻底地
懂得科学，纯于德行，习于虔敬
这样去学会现世与来生
所需的一切事项。
就这里的每项建议而论，
它的基本原则都是根据事情的基本性质提出的，
它的真实性都是经过了几种技艺
的证实的，
它的顺序都是明晰地按年、按月、按日、
按时安排的，最后，
它还指出了一种简易而又可靠的方法，使它
能够称心地实现出来。

我们这本《大教学论》的主要目的在于：寻求并找出一种教学的方法，使教员因此可以少教，但是学生可以多学；使学校因此可以少些喧嚣、厌恶和无益的劳苦，多具闲暇、快乐和坚实的进步；并使基督教的社会因此可以减少黑暗、烦恼、倾轧，增加光明、整饬、和平与宁静。

愿上帝怜悯我们，赐福与我们，用脸光照我们；
好叫世界得知你的道路，万国得知你的救恩。

—— 《诗篇》，第六十七篇，1、2。

致读者

一　教学论（didactic）是指教学的艺术。近来有几位很有能力的人，因为怜惜一般学校的徒劳无功，想找出这样一种艺术，不过他们的技巧各不一样，所以成就也不相等。

二　有人只想使这一种或那一种语文学起来容易一些。有人想出了办法，使传授某种科学或某种艺术的时候，速度来得较快一点。有人提议过各种各色的改良办法；但是他们所根据的差不多全是些互不联系的、从肤浅的经验中拾来的方法，也就是说，他们的方法是后验的（a posteriori）。

三　我们敢于应许一种"大教学论"，就是一种把一切事物教给一切人们的全部艺术，这是一种教起来准有把握，因而准有结果的艺术；并且它又是一种教起来使人感到愉快的艺术，就是说，它不会使教员感到烦恼，或使学生感到厌恶，它能使教员和学生全都得到最大的快乐；此外，它又是一种教得彻底、不肤浅、不铺张，却能使人获得真实的知识、高尚的行谊和最深刻的虔信的艺术。最后，我们愿意用先验的方式（a priori）去证明这一切，就是从事物本身的不变的性质去证明，如从一口活泼的源泉引出川流不息的溪流，再将这些溪流汇成一道江河一样，这样去为建立普及学校的普及艺术打下基础。

四　我们在这里所提出的展望确实是伟大的，是非常值得想望的，虽则我很容易预见到，有许多人会觉得这是一种无聊的梦想，而不是一种真正可能性的揭露。

但是无论何人，当他明白我的提议的真正性质以前，他应当抑制他的判断。一旦明白以后，他就不独可以下判断，而且还可以公开他的判断。因为我不能希望，更不能要求用劝说的方法促使任何一个人来赞成一种没有充分确立的主张；我只希望每个观察者都能自然而然地把他自己的，他的最敏锐的识别力（这是应当不至于被想象所引起的任何欺骗弄麻木的）用到这个问题上面。这就是我最挚切的愿望，最挚切的恳求。

五　这的确是一个严重的问题，人人都会急于求得一个结果，所以大家应当通力合作，小心地对于方法加以判断，因为人类的得救逢着了危机啊。

我们对于国家的贡献哪里还有比教导青年和教育青年更好或更伟大的呢？尤其是在现在这个时候和现在这种道德状况之下，他们堕落的程度是很深的，所以正如西塞罗（Cicero）所说，大家应当通力合作，去驾驭他们，约束他们。菲利普·美兰克吞（Philip Melanchthon）说过：好好地教育青年是一件比劫掠特洛伊（Troy）更大的功绩；在这里，我们可以注意格累哥利·那齐恩曾（Gregory Nazianzen）的说法，他说："教育人是艺术中的艺术，因为人是一切生物之中最复杂和最神秘的。"

六　描绘艺术中的艺术是一件繁难的工作，需要非凡的批判；不独需要一个人的批判，而且需要许多人的批判；因为没有一个人的眼光能够如此敏锐，使任何问题的大部分不致逃脱他的观察。

七　所以，为了人类的得救，我敢公正地要求我的读者和一切将要看到这件工作的人们：第一，假如有人对于这么一个重大的问题，不独决心要去考察，而且决心有所应许，请不要以为那是一种轻举妄动，因为这种举动的目标为的只是别人的好处。第二，假如第一次的尝试没有当场作成功，我们没有把想望已久的结果完全实现出来,请不要立刻感到灰心,因为在一切事情上面,种子先得撒下,然后才能逐渐生长。

所以,我们这本书尽管不完善,尽管距离我们所期望的目标还很远,但是考察的本身就可以证明,较之已往,它已达到了一个较高的阶段,达到了一个前所未有的较近于目标的阶段。最后,我请求我的读者们,批评的时候注意要尽量集中,眼光要尽量犀利,这样才与关系最重大的问题相适应。我略微提提引起这篇论文的情境,并且举出其中新鲜的创见的要点;然后我就可以以充分的信心,一方面听任读者公正的判断,另一方面交给他去做进一步的研究。

八 在以前各世纪,这种教与学的艺术是很少有人知道的,至少,我们现在希望它能达到的完善程度是很少有人知道的,由于这个缘故,所以文化界和学校便充满了劳苦与厌倦,充满了缺点与欺诈,只有天分超过常人的人才能受到一种健全的教育。

九 但是近来上帝乐于使得一个新兴的时代表现了朝气,有些坚毅的德国人对于现行教学方法的错误感到了厌烦,因此着手去想出一种比较容易,比较简捷的教授语文的方法。他们这样一个一个接着去想,有人成就较大,有人成就较小,这是可以从他们给予世人的教学法著作看出来的。

十 我在这里所指的是拉迪克(Ratke)、卢斌(Lubin)、黑尔维格(Helwig)、利忒(Ritter)、菩丹(Bodin)、格劳恩(Glaum)、福该尔(Vogel)、佛尔夫斯东(Wolfstirn)之类的人和值得放在他们诸人之前的安德累雅(John Valentine Andreae)——他在他的杰作里,不独指出了教会与国家的毛病,而且也指出了学校的毛病和补救的方法。——在法国,他们也推动了这块顽石,因为夫累(Janus Caecilius Frey)在1629年写了一本很好的关于教学法的著作[书名叫作《科学 艺术 语文和修辞学易学新法》——（*A New and Easy Way to the Goodly Sciences and Arts，to Languages，and to Rhetoric*）]。

十一　每逢有机会翻阅这些著作的时候，我所感到的愉快、我的忧痛祖国的沉沦、忧痛全德国所受的可怖的压迫的心情所感到的轻松，说来真是几乎令人难以置信的。因为我开始希望，全能的主之所以让旧的学校的崩溃与按照新观念的学校的设立同时进行不是没有目的的。因为凡是想要建立一座新建筑的人，一定先把地基打平，去掉那些较不舒适或已被毁的屋宇。

十二　这种思想在我的心里勾起了一种混杂愉快情绪的欢乐希望；但是不久我便觉得这种希望消失了，知道这么重要的一种机构不是一下子就可以改造好的。

十三　我因为在某几点上想要得到别人的指导，在另外几点上又想指导我的同道，所以我便分别写信给上述各位作家。但是，没有得到结果，一则因为有些人对于自己的观点防护得很小心，一则因为有些信件根本没有寄到，所以没有得到答复。

十四　其中只有一位（就是有名的安德累雅）给了我一封友好的复信，说他希望能帮我的忙，并且督促我继续努力。我受了这一激励之后，胆子便更大了，直到最后，我对于公众福利的无限关心便使我把这一事业完全担负起来了。

十五　因此，我把别人的发现、想法、观察和忠告放置一边，亲自用心去考究这个问题，亲自去找出教学艺术[可依忒塔利安（Tertullian）把它们叫作 discentia]的原因、原则、方法与目标。

十六　我这本书的起源便是这样的，我相信它对于这个题目所做的论究较之已往都较彻底。这本书最初是用我的本国文写成的，以供我的同胞之用，后来由于几位富有名望人士的劝告，才译成拉丁文，希望它在可能范围内能被普遍利用。

十七 因为有如卢梭在他的《教学论》里所说的，"教爱"吩咐我们，不可把上帝所要给予大家去用的东西吝啬地不肯给予，而应把它公之于全世界才对。

因为一切真正的财富，在性质上是可以由大家去分享的；它们愈多地被大家所分享，它们对于大家的好处便愈大。

十八 关于人类的生存也有一条法规，就是，假如有人知道手边有任何可以帮助挣扎中的人们的东西，他便不可不去给他们；尤其是我们目前这种事情，有关的不是一个人，而是许多的人，不只是个人，而是许多城市、许多省份、许多国家，简言之，是全人类。

十九 假如世上竟有这么一个迂腐的人，认为学校的改革跟一个神学家的职务没有关系，那么，他要知道，从前我就是深信这种看法的。但是我已发现，倘若我要解除这种责任，我便只有依从上帝的使唤，专心去做神所指引我去做的工作，不要走入歧途。

二十 基督教的读者们，让我和你们说句知心的话吧！凡是比较和我亲近的朋友们都知道，我是一个能力很小、差不多没有一点文学修养的人，但是他们也知道，我痛心时代的缺陷，我极力想用一切可能的方法去补救这种缺陷，无论所用的是我自己的发现，或是别人的发现（虽则这要靠着上帝的恩惠才能出现）。

二十一 所以，倘若此中能有博人赞美之处，那不是我的工作，那是上帝的工作，上帝是惯于从孩子们的口中得到赞美的，他要证明他自己是诚笃、热切和仁慈的，对于恳求的人就给予，对于叩门的人就开放，对于寻他的人就赐予（《路加福音》，第二章），他给我们的恩物，我们应当欣然地转送给别人。我的救主知道，我的心地原很单纯，无论我去教人或被人教，去劝人或被人劝，去做教员中的教员或做学生中的学生，对我都没有分别。

二十二　所以，凡是上帝许我观察的事，我都拿来给公众去利用，作为公众的财富。

二十三　假如有人发现了更好的东西，他也应当依照我的榜样，否则他把银子包在手巾里面，上帝是要责备他的疏忽的，因为上帝愿意他的仆人寻求重利，希望给予每一个人的银子能够另博一份银子（《路加福音》，第十九章）。

追求伟大的事情在过去是高贵的，在现在是高贵的，到将来永远也是高贵的。

你跟上帝开了端的事情是不会没有结果的。

教学艺术的用途

替教学的艺术奠定一种正确的基础，对下列各方面都是有益的：

一　对于父母方面，在此以前，他们对于子女的成就多半是没有把握的。他们雇用导师，他们恳求他们，用恩物去争取他们，改变他们，往往徒劳无功的机会和有点结果的机会一样多。但是现在我们业已想出了一种十分准确的教学方法，靠着上帝的帮助，人们所期望的结果是不能不来到的。

二　对于教师方面，大部分的教师是不懂得他们的艺术的，所以，他们想去履行他们的责任的时候，往往感到疲惫不堪，他们在吃力的工作上耗尽了精力；否则他们就习于变换他们的方法，试了这个办法又试那个办法——这是对于时间与精力的一种辛苦的浪费。

三　对于学生方面，他们因此可以精通科学，不感困难，不觉厌倦，不出怨言，不受鞭笞，好像在做游戏和娱乐一样。

四　对于学校方面，一旦方法确定以后，学校就不仅可以充满生气地继续保存下来，而且学校的数目还可以无限地增加。因为学校确乎将变成快乐的场所，富于欢乐和吸引力的宇舍，并且（因为方法决不会失败）每个学生，不拘能量如何，都可以变成一位饱学之士（高级的或低级的），因而，我们日后决不会缺乏合适的教师，或怕学问不能发扬光大了。

五　对于国家方面，这是西塞罗所证实的。彼塔哥拉斯学派传人狄欧根尼（Diogenes the Pythagoras）也有同感[见斯托俾阿斯（Stobaeus）］。因为整个国家的基础是什么呢？当然是青年的发展。因为没有好好地经过培植的葡萄藤是结不出好葡萄的。

　　六　对于教会方面，因为只有学校得到合适的组织，教会才不至于缺乏富有学问的人才，富有学问的人才才不至于缺乏合适的听众。

　　七　最后，我们改良学校，使它准确地、普遍地培植人的才智，使神的声音所不能够激动的人们因此也能靠着神的光辉比较易于脱离黑暗的境界，这对天国方面也是有益的。因为，我们虽则到处宣讲福音（我们希望福音能够宣讲到地的尽头），但是一切集会场所、酒店或其他喧嚣的聚会中所常发生的现象仍旧可以发生，即，大家并不专听带来了最好的事物的人的话，也不对他特别注意，大家只把自身的琐事占去偶然坐在或站在他的身边的人的心思。世上的事情就是这样的。牧师们虽以极大的热忱去履行他们的责任；他们尽管谈论、演说、劝告、证明，但是大部分人都听不到。因为有许多人除了偶然的机会以外，根本不赴宗教集会；有许多人去了也是捂着耳朵，闭着眼睛的，他们的心里想着别的事情，对于当时发生的事很少注意。最后，他们即使留心到了神圣的劝告，领悟了它的旨趣，他们也因心灵习于颓惰，养成了邪恶的习惯，而变迟钝，变迷惑，变麻木了，以致不能摆脱他们的固有的习俗，因此也不能够受到多大应受的影响。他们这样固守他们的习惯性的盲目与罪恶，好像被锁链坚固地锁定了，只有上帝才能亲自解除他们所深染的邪恶似的。有一个神父说过：如果一个年深月久的恶人能够忏改，那便差不多是一件奇迹了。在教育上面与在其他事情上面一样；上帝既已把手段给予我们，我们若去要求一种奇迹便是冒犯了上帝。所以，我们应当自己负起责任，研究方法，务使全部基督教的青年都能受到更加热切的激励，使他们心气充实，爱好天国的事物。假如我们能够达到这个目标，天国便会如同往昔一样，一天一天地扩展开来。

所以，对于这种神圣的事业，谁也不可吝惜他的思想、愿望、力量或方略。凡是立下了志愿的人就要使他的志愿得到实现，我们应当一致大胆地向上帝的仁慈去要求这一点，因为人类的得救与上帝的光荣是逢着了危机啊。

安德累雅

附记——对于进步表示绝望是可耻的，蔑视别人的主张是不对的。

目录

第一章　人是造物中最崇高、
最完善、最美好的

一　古时候彼塔卡斯（Pittacus）向世人说"知道你自己"的时候，那句格言是为智者所十分赞同的，他们为使人民铭记这句格言起见，于是说它来自上天，把它用金字写在许多人常去聚会的得尔斐的阿波罗（Delphic Apollo）的庙里。他们的举动是谨慎明智的；但他们的说法却是错的。但是为的总是真理，对于我们关系非常重要。

二　因为《圣经》上面重述的上天的意旨只是："啊，人们，要知道你自己，要知道我。"我是永生、智慧与幸福的根源；你自己是我的造物，我的形似，我的爱物。

三　因为我已命定你为我的永生的伴侣；为了你的用处，我计划了天，计划了地，计划了天地之间的一切：只对你，我才一并给予了生存、活力、感觉与理性，对其他造物，我只给一样。我已派你管理我手所营造的。我已使万物，就是一切的羊牛、田野的兽、空中的鸟、海里的鱼，都服在你的脚下，并已赐你荣耀尊贵为冠冕（《诗篇》，第八篇）。最后我怕还有不足，我已亲身与你相接，将我的灵魂与你在永生中相结合，使你超出一切有形与无形的造物。因为天上或地下的生物骄夸着上帝在他显现的肉身，被天使看见（《提摩太前书》，第三章，16）。为的不只是他们可以看见并惊奇他们所愿看见的上帝（《彼得前书》，第一章，12），也是为他们可以拜那显现在肉身中的上帝，上帝与人的儿子（《希伯来书》，第一章，6；《约翰福音》，第一章，51；《马太福音》，第四章，11）。所以，你要知道，你是我的作品中的柱石与模型，是它们当中的上帝的代表，是我的荣誉的冠冕。

四 愿这不是刻在庙宇的门上，不是刻在书籍的封面上，不是刻在一切人们的舌上、耳里与眼里，而是刻在他们的心中！愿它为一切教育人的人所做到，使他们能去领略他们的工作和他们自己的美德的尊贵，使他们能用尽方法去图他们的神性的完全实现！

第二章　人的终极目标在今生之外

一　理性本身宣布，人类这种完善的生物较之其他一切生物注定有一个更高的目标，要与一切完善、光荣与幸福的极致的上帝相结合，要与上帝永远同享最高的光荣与幸福。

二　关于这一点，虽则看了《圣经》就明白，并且我们坚信这是事实，但是倘若我们再来略微谈谈上帝表示我们的目标是在今生之外的各种方式，也不是白费时间的。

三　第一，这可以从创造本身看出来；因为上帝不独吩咐人类去生存，如同吩咐他的其他造物一样；而且经过慎重的考虑之后，上帝又亲自用手给他做了一个身体，亲口把灵魂嘘了进去。

四　我们的本性也表示今生对于我们是不够的。因为在今生中，我们的生活有三方面，即植物的、动物的和智性的或精神的。这其中，头一种的作用限于身体方面，第二种可以利用感官与运动，伸展到外物上去，而第三种则能单独存在，这是天使的例子所明示的。我们这一最后阶段的生活显然大大地受了头两种生活的遮蔽与阻碍，所以后来自然需要有个让它变完善的时候。

五　我们在今生中的一切行动与情爱都表明，在这个世界上面，我们达不到我们的终极目的，一切与我们有关的事情和我们本身全都另有一个目的。因为我们一切所成、所作、所思、所说、所谋、所获、所有，全都含有一个等级的原则，我们虽则永远在往上爬，爬到较高的一级，但是我们仍旧往前进，绝对没有达到最高的一级。

因为在最初的时候，一个人什么都不是，他没有在永恒中存在过。

他的起源是母亲的子宫。然则一个人最初是什么呢？不是别的，只是一块具有活力的、没有成形的东西而已。这块东西不久就有了一个人体的轮廓，但是还没有感觉，也没有动作。

往后它便开始动作了，并由一种自然的作用，突然来到了世上。渐渐地，眼睛、耳朵，以及其他感官都出现了。再过些时候，内感官发展了，那孩子便知道自己在看，在听，在感觉了。随后智性也出现了，能够辨别事物了。最后，意志担任了指导，它对某些事物表现欲望，而对别些事物表示憎恶。

六 但是在这种种个别的进展里面，我们所发现的不是别的，而是一种连续的现象而已。因为物体后面的智力正与夜色昏朦中的晨曦一样，是逐渐出现的，只要有生命，就不断有光亮，除非一个人完全变傻了才没有。所以，我们的动作最初是脆弱的、不成形的、紊乱的；后来，心灵的特性才与身体的力量成比例地显露出来，凡在我们有生之日（除非我们大睡不醒，生生地把我们埋葬了），我们都在不断地练习我们的官能。

在一个有价值的人心里面，这种种功用全都倾向一种更高的发展，我们对于我们所想望的或愿完成的事情也是没有止境的。

七 一个人无论倾向哪方面他都可以实际地觉察到这种情形。假如有人过于爱好财富，他便即使富有天下，还是找不出可以满足他的贪心的事情，这是看了亚历山大的例子就可以明白的。假如有人好名心盛，即使全世界都在崇拜他，他还是不能安静下来。

假如有人贪图快乐，那么，即使他的一切感官全都沉浸在快乐的溪流里面，但是他已习惯了快乐，他的嗜欲仍会爱了这样又爱那样。假如有人把心思用在研究智慧上面，他的研究便没有止境；因为一个人知道得愈多，他便愈知自己的无知。所以所罗门（Solomon）说眼不会看厌，耳不会听厌，真是确当不移之论。

八 事实上，人死的例子告诉我们，死亡并不是生存的终结。因为生活正直的人知道自己将要踏进一重更好的生活，他们便觉喜悦；凡是贪恋今生的人，则因眼见必须离别人世，迁往别处，他们便会感到战栗，只要还有可能，他们便会与上帝及人相和谐。我们看见一个垂危的人慎重地召集他的家属与后人，便可知道他的身体虽则困于疾苦，渐见虚竭，虽则感觉渐见迷糊，生命已在逃亡，但是他的心灵却较往常更加活跃地在履行它的功用。所以，看见一个虔诚与明达的人的临死，就是看见一座泥造的房屋在倾塌；听到他的吩咐，就是听到一个天使的声音，能认为那是屋主因为身边的房屋已倒，离屋他去而已。甚至异教徒也懂得这个道理，所以据腓斯塔斯（Festus）说，罗马人把死亡叫作abitio，希腊人常用οἴχεσθαι，就是"离别"的意思，去代替"死""亡"二字。这是因为他们认为"死亡"的意思只是过渡到另外一种生活罢了。

九 这在我们基督教徒看来，尤其明白，因为基督，上帝的儿子，曾由天上派来，要在我们的身上苏生上帝的形象。因为他在一个妇人身上怀了孕，他便在人中来往；死了之后，他又上天去了，死亡也不能再去管他了。他被叫作"作先锋的"（《希伯来书》，第六章，20），叫作"弟兄中作长子"的（《罗马书》，第八章，29），叫作"万有之首"（《以弗所书》，第一章，22），叫作一切按上帝模样造成者的模型（《罗马书》，第八章，29）。他来到世上，并不是想留住在世上，而是事完之后要再回到永生的殿堂里去；所以，我们，基督的伴侣，也应继续前进，不可把今生当作我们的永久的住所。

十 所以，我们每个人的生活和住所都有三重。即母亲的子宫、世上和天堂。从第一重到第二重，他所经由的是诞生，从第二重到第三重，他所经由的是死亡与复活。到第三重，他便不再动了，永远歇在那儿。

在第一重，生命是简单的，动作与感觉都刚开始。在第二重，我们有生活，有动作，有感觉，有智性的因素。在第三重，我们发现一切都已登峰造极。

十一 第一重生活是第二重的预备，第二重是第三重的预备，而第三重则为自己而存在，此外别无目的。从第一重到第二重和从第二重到第三重的过渡都是狭迫的，都有痛苦；两次都有覆盖或外物需要去掉

（在第一次是胎衣，在第二次是身体本身），正与雏鸟孵出以后，卵壳被丢掉是一样的道理。所以，第一次和第二次的住所正与工场相似，在第一次的住所里面，它所形成的是生后要用的身体；在第二次的住所里面，它所形成的是永生所需的理性的灵魂。而在第三次的住所里面，则两者的完善与成就都能实现。

十二　在埃及出生的以色列人（Israelites）就是这样的（且把他们拿来做个典型吧）。他们从那里通过山峡，通过红海，到了沙漠。他们修建庙宇，他们学习律法，他们抗击各种部落，最后，他们艰苦地渡过了约旦，成了迦南（Canaan）那个流着牛乳与蜂蜜的地方的后裔。

第三章　今生只是永生的预备

一　今生既然另有它的目的地，所以（严格说来）根本不是一种人生，而是一种真实永久的生存的序幕，要明白这一点，第一，可以我们本身作证，第二，可以从世间看出来，第三，可以从《圣经》上去看。

二　倘若我们看看我们自己，我们就可以知道，我们的官能生长总是先来者替后来者铺平道路的。比如，我们最初的生活是在母亲的子宫里面。但是它的目的是什么呢？是为生活本身吗？绝对不是。这一步骤的目的是要把胚胎变成灵魂的合适住所和工具，以供日后人世生活之用。一旦这一预备步骤完成以后，我们立刻便出现在光天化日之下，因为在这个阶段上已不能再有发展了。同样，世间的生活也只是永生的一种预备，它的目的是使灵魂利用身体作中介，去为未来的生活预备各种有用的事情。一旦这种预备完成以后，我们便离开这个世界，因为再有作为是没有用处的了。我们当中也有好些人没有预备好就死掉了，或被毁灭了，正如没有成熟的胚胎从子宫生出来，命定不是去生活，而是去死亡一样。这种情形，自然都是上帝许可的，但是人是犯罪的根源。

三　无论从哪一方面去观察，这个有形世界的本身，都可以证明它之所以被创造出来，只是为了人类的繁殖、营养和训练。因为上帝不愿同时创造所有的人，如同创造天使一样，他只创造一男一女，使他们去繁殖；由于要有充分的时间才能达到这个目的，所以他应许了数以千计的岁月。他为使得这段时间不致流于混乱、沉寂与黑暗起见，他便展布了天空，把日、月、星辰放在天当中，吩咐它们周行旋转，去量出时数、日数、月数与年数。并且因为他所要产生的东西是肉身的，需要一个地方去居住，需要空间去呼吸与运动，需要食物去供养，需要衣服去打扮，所以他又在穹苍的最下部制成了坚实的一层，这就是地。在地的周围，他倾入了空气，他用水去灌溉，他吩咐各种植物与动物生长出来；这不仅是为了供给必需的需要，而且也是为了增加享受。由于人是按照他的形象制造出来的，并且给了人一颗心，他为使得那一颗心不致缺乏适当的营养起见，所以把各类造物分成许多种，使这个有形的世界得以不断反映上帝的无穷的力量、智慧与仁慈，并使永生的深渊中的无形的大力、美丽与温馨，经由这些有形的现象四处发射它们的光辉，让人抚弄，让人瞧见，让人品味，使人于玩索之中得以不惊异造物主，使人受到感动去感谢他，受到诱导去爱慕他。所以，世间只是我们的育婴室，我们的养育所，我们的学校，此外另有一个地方，那是我们读完了这个学校，进到永恒的大学的时候就要前去的。这层道理单凭理性就可以弄明白，但是在神谕里面更容易看清楚。

　　四　上帝自己就在《何西阿书》上面证实过，他说天之存在是为地，地之存在是为生产五谷、油与酒，而这些东西又是为的人（《何西阿书》，第二章，21、22）。所以，万物，甚至时间本身，都是为人才存在。因为时间的给予不会超过满足选民所必需的（《启示录》，第六章，11）。一旦满足以后，天地就会消灭，故土不再知道他们（《启示录》，第十一章，1）。因为一个新天新地会出现，有义居在其中（《启示录》，第二十一章，1；《彼得后书》，第三章，13）。最后，《圣经》对于今生的说法也表明了它只是来生的预备而已。因为它们把它叫作一条道路、一种进程、一扇门和一种期望，把我们叫作旅行者、新来者、寄寓者和另外的永存状态的期待者（《创世记》，第四十七章，9；《诗篇》，第三十九篇，12；《约伯记》，第七章，10；《路加福音》，第十二章，33）。

　　五　这是事实本身和全人类的明显状况告诉我们的。由于我们命定要赴永生，所以生下来在世上活过的人，没有一个不离开这个世界。所以，我们在此只是一种过渡。因此，基督说："所以，你们也要预备，

因为你们想不到的时候，人子就来了"（《马太福音》，第二十四章，
44）。这就是上帝把一部分人在幼小的时候召去的缘故（这是我们从
《圣经》上面可以知道的）；因为他觉得他们预备好了，如同以诺
（Enoch）的情形一样（《创世记》，第五章，24；《智慧篇》，第四章，
14）。然则在另一方面，他为什么长久宽容有罪的人呢？这是因为他不
愿意有人临死没有预备，他愿他能悔改（《彼得后书》，第三章，9）。
但是倘若有人滥用上帝的忍耐，上帝就会让他死去。

六　所以，我们寄居在母亲的子宫里面，当然是为身体方面的生活
做准备，同样，我们寄居在身体里面，当然是为随后的永存的生活做准
备。离别母亲的子宫的时候四肢已长完全的人多么幸福啊！而离别现
世的时候灵魂纯洁清白的人，则更有千倍的幸福。

第四章　永生的预备有三个阶段：知道自己（并知万物），管束自己，使自己皈依上帝

一　由此可见，人的终极目标是与上帝共享永恒的幸福。至于我们在这过渡的人生里面的附带目标，我们看了造物主造人的时候的自白就可以明白。他说："我们要照着我们的形象，按着我们的样式造人，使他们管理海里的鱼、空中的鸟、地上的牲畜和全地，并地上所爬的一切昆虫。"（《创世记》，第一章，26）

二　由此可见，人在有形的造物之中要成为：

1. 理性的动物；
2. 一切造物的主宰；
3. 造物主的形象和爱物。

这三方面是互相关联的，不能分开，因为它们是来生与今生的基础。

三　人要成为一个理性的动物，就要唤出万物的名字并推考世间的一切事物，如同我们在《创世记》第二章第 19 节所见的，或如所罗门所说（《智慧篇》，第七章，17），要知道世界的构造和各行运行的潜力；要知时间的始末和中间；要知太阳运转与季节的变换；要知年岁的运行与星辰的位置；要知生物的个性与野兽的凶猛；要知风的暴烈与人类的思想；要知植物的种类与草根的效能，总而言之，要知一切隐暗或明显的事。人有手艺的知识，有说话的技能，因为［如同西拉（Sirach）的儿子所说的］怕他在任何知识部门中还有不知的事，不拘那是大事，

或是小事（《德训篇》，第五章，12）。所以，如果他能知道万物的性质，他就可以取得"理性的生物"的称呼而无愧了。

四 人要主宰万物，就要使万物的正当目的正确地实现出来，使万物均为己用；要在造物之中使自己的行为来得高贵，即来得庄严与正直（他只拜一个在他之上的造物主；他认为造物主的天使，人的同僚，和他是平等的，而把其余一切万物看得远不是比自己为低）。这样，他就可以保持他的天赋尊严。他不应该使自己成为其他造物的奴隶，甚至不要成为自己的血肉的奴隶；他应该为自己自由地役使一切，应该知道每件东西在什么地方使用，在什么时候使用，怎样使用，可以使用到一个什么程度，应知身体应该得到多少满足，邻人的利益应该得到多少顾念。总而言之，他应善于管束自己的内外举止与行动，以及别人的举止与行动。

五 最后，人要成为上帝的形象，就要像他的原型一般完美，上帝自己说过，"你们要圣洁，因为我，耶和华，你们的上帝，是圣洁的"（《利未记》，第十九章，2）。

六 由此可见，人生成要：（1）熟悉万物；（2）具有管束万物与自己的能力；（3）使自己与万物均归于万有之源的上帝。

假如我们愿意用三个著名的词去表示这三桩事情，这三个词就是：

1．博学；

2．德行或恰当的道德；

3．宗教或虔信。

博学包括一切事物、艺术和语文的知识；而德行不仅包括外表的礼仪，它还是我们的内外动作的整个倾向；至于宗教，我们把它理解为一种内心的崇拜，使人心借此可以皈依最高的上帝。

七 人类的一切优点完全表现在这三种品质中，因为只有它们才是今生与来生的基础。其他一切（健康、力量、美貌、财富、荣誉、友谊、幸运、长生）如果上帝给了某人，那也只是人生的一种附带的装饰，倘若有人贪恋它们，过于追求它们，沉溺其中以致忽略了那些更加重要的事情，它们便会成为多余的浮华，有害的障碍。

八 关于这个问题，我们可以举个例子。时计（无论日晷或机械钟）是一种精巧的和量时所需的工具，它的主要的优点在于它的各个部分的精密配合。至于外加的匣子以及雕镂、刻画、镀金之类的附属品，固然可以增进外观，但是对于它的效用并没有帮助。倘若有人愿意有座好看的钟，不愿有座性能良好的钟，大家便会笑他，说他不明白钟的主要优点是什么。同样，一匹马的价值在于它的力气，以及精神、速度和服从骑师的愿望的敏捷程度。至于松垂的或打结的马尾，梳过的、直竖的马鬃，镀金的嚼铁，华丽的马服，各种各色的马具，它们确乎可以增加服饰之美，但是倘若我们看见有人用它们做标准去衡量一匹马的好坏，我们便会把他叫作一个傻子。

最后，良好的健康要靠饮食的烹调合宜和消化器官的运行无阻。至于睡得温柔，穿得好看，吃得讲究，对于我们的健康是没有帮助的，而且反而会降低我们的健康程度，所以，一个人如果喜欢山珍海味，而不喜欢有益健康的食品，他便是个傻子。倘若有人愿意成为一个人，但对人生的装饰较之人生的要素更为关心，他就更是个傻子，是自寻罪孽。所以，传道者宣布说，凡是认为我们的生活是一种消遣，或只是对于财富的一种追求的人，他们便是无知的，是不虔敬的；上帝的赞美与赐福离他们是很远的（《智慧篇》，第十五章，12、19）。

九 由此可知，我们在这个世界上面追求学问、德行与虔信，我们就是相应地在向我们的终极目标前进。

这三者无疑是我们的生活的要点；其余的全是些岔道、障碍或装饰。

第五章　这三者（学问、德行与虔信）的
种子自然存在我们身上

　　一　我们说的自然，不是指亚当作恶以后全人类所过的堕落生活（因为亚当作恶，所以我们自然叫作受神罚的人，我们自己不能具有任何善良的思想），它指的是我们的最初的和原始的状况，我们应当回复这种状况，如同回到一个起点一样。维未斯（Ludovicus Vives）所说的便是这个意思。他说："所谓基督教徒，岂不只是回复了本性，回到了魔鬼使他堕落的时候的状况的人吗？"（见 Lib. 1, De Concordia et Discordia）关于辛尼加所说的话，我们也应当从这种意义上去看待。他说："回到自然，回到我们被共同的错误（即最初的人所做出的人类错误）所驱使以前的状态就是智慧。"他又说："人不是善良的，是变善良的，因为他留心自己的起源，要去变成与上帝同样的人。没有一个邪恶的人敢于升到他所降下的起点去。"（辛尼加：《书信集》，93）

　　二　我们理解自然这个词是指普遍的神的预见，或不断在万物身上发生一切作用的神的仁慈的影响。这就是说，它不断发展每一造物，使它达到它的命定的目的。因为神的智慧在于一切都不白做，既不会没有一个确定的目的，也不会没有符合那个目的的手段。所以，一切生存的事物都有它存在的目的，都赋有达到那个目的的必要器官与工具。并且它还赋有一定的倾向，使凡事不会不愿地和勉强地去达成它的目的，而能凭借自然的本能，如果加以阻碍就会招致痛苦与死亡，这样迅捷地、愉快地去达成。由此可知，人是自然合于领悟事实，合于按照道德律去生存，尤其是合于爱上帝的（因为我们已经知道，人是命定要做

到这些事情的），这三种原则的根柢坚牢地种植在他身上，如同树根深植在树下的土内一样。

三　所以，我们为了彻底理解西拉的儿子所说的，智慧在人身上生了永恒的根基（《便西拉智训》，第一章，14）的说法起见，我们应当考察我们身上的智慧、德行与虔信的根基，以便知道人是智慧的一个何等稀奇的工具。

四　很明显，人是自然能够获得一种关于万物的知识的，因为，第一，人是上帝的形象。因为，一个形象，假如它是准确的，它就必须重视它的原型的轮廓，否则它就不成其为一个形象了。上帝的主要特性是全知，所以，全知的形象应当反映在人身上。可不是吗？事实上，人站在上帝的作品的中心，他有一颗澄清的心，如同悬在室中的一块圆镜一样，能把周围一切事物的形象反映出来。我们说的是周围的一切事物；因为我们的心理不独攫取较近的事物，而且也攫取遥远的事物，不论是空间上的遥远，或是时间上的遥远；它能克服困难，发现隐匿，揭穿遮掩，疲精劳神于考究奇秘难究的事物；它的力量是这么没有限度，没有边际。假如人能活到一千岁，在这一千年当中一件一件事情去学，他仍旧可以不断地学到新鲜的事物，仍旧可以找到一些地方，使他的悟性从那里获得新鲜的知识对象。

人心的能量是无限的，它在知觉方面像个无底的深渊。身体被一个小小的界限限住了；声音的领域较广一点；视觉只受天空的限制；但是心理就不然，天内天外都找不出一个界限。它上天入地，即使天地之广再大一千倍，它也一样能去；因为它在空间穿行的速度简直是大得令人难以置信的。然则它之能够测度一切，领悟一切，我们还能否认吗？

五　哲学家把人叫作小宇宙或宇宙的缩型，因为人在暗中包括了一切广布在大宇宙中的因素；这句话的真实性是已在别处表明了的。所以，把来到世上的人的心理比作一颗种子或一粒谷米是很正当的，植物或树木实际已经存在种子里面，虽则它的形象实际上看不出来。这是很明显的，因为种子如果种在地下，它便会向下生出根芽，向上长出嫩枝，嫩枝凭着它们的天生的力量，日后便可长成枝柯与树叶，垂着绿荫，点缀着花儿与果实。所以，我们不必从外面拿什么东西给一个人，只需把那暗藏在身内的固有的东西揭开和揭露出来，并重视每个个别的因素就够了。所以彼塔哥拉斯惯说人具有一切知识是件极其自然的事，因此，一个七岁的孩子如果被人谨慎地问到一切哲学上的问题，他是应该有能力对每个问题做出正确的回答的；因为理性的光亮就是对万物的一个充分的标准与度量。不过自从亚当作恶以后，理性已经变晦涩，变缠杂了，它不知道自己怎样才能得到自由；而应使理性得到自由的人却反使理性更加感到了困惑，这也确乎是实情。

六　我们除了身内有个理性的灵魂以外，并且还有感官，这些感官可以比作密使与间谍，灵魂得到它们的帮助就可以支配身外的万物。它们是视觉、听觉、嗅觉、味觉与触觉，随便什么东西都不能够逃避它们的注意。因为有形的宇宙当中没有什么不能看见、听见、嗅到、尝到或触到的东西，它们的类别与性质没有不能这样去辨认的，可见宇宙中的事物是没有一件不能够被一个具有感觉与理性的人所达到的。

七　人除了赋有求知的欲望以外，他不仅能够忍受劳作，并且爱好劳作。这在儿童最小的时候就可以看出来，我们一辈子都是如此。因为谁不愿意常常看到新鲜的东西，听到新鲜的东西或抚弄新鲜的东西呢？谁不乐于每天到一个新地方，谁不乐于和人谈谈，谁不乐于说点什么，谁不乐于获得新鲜的经验呢？总而言之，我们的眼睛、耳朵、触觉与心理本身都常在它们本身以外寻求它们的食粮；因为在一个天性活泼的人看来，安逸与怠惰是最难忍受的。甚至无知的人羡慕有学问的人，也只是一种迹象，表示他们感到了某种天然需要的推动而已。因为他们倘若觉得他们能分享这种智慧，便会希望自己能具有这种智慧。但是他们因为感到灰心，所以只好叹息，只好对那些走在他们前面的人表示惊异。

八　我们从自学者的例子中最能看清楚，一个人在自然的领导下能够钻研有关万物的知识。好些人通过自己教育自己，或〔如柏那德（Bernard）所说的〕用橡树和山毛榉作老师，获得了很大的进步，较之受过导师的令人厌倦的教导的人的进步还要大。这岂不是告诉我们，万物确乎都已存在人的身上；灯、油、火绒，以及一切用具都已具备，只消他善于擦出火星，着上火，点好灯，他便立刻能够看见，能够充分享受上帝的智慧放在他身上和世间的稀有的珍藏；这就是说，他便能够领略整个造物的数字的与有比例的安排了。倘若内心的灯没有点燃，只有奇思异想的火炬在身外旋绕，结果便如一个关在黑暗的土牢里的人身外有火光旋绕一样；光线确乎可以透进罅隙，但是全部光亮并不能够进去。所以，辛尼加说："一切艺术的种子都已种在我们的身上，上帝把智能从黑暗中引出来。"

　　九　可以用来比方人心的事物也告诉我们同样的道理。因为土（《圣经》常把人心比作土）接受各种各样的种子，只要园丁不缺乏信心和勤劳，同一座园地能够种菜蔬，能够种花木，也能种各色香草。种类愈多，眼睛看去便愈悦目，鼻子嗅去便愈芳香，心里便愈觉得爽快。亚里士多德把人心比作一张白板，板上什么都没有写，但是什么都能写上。一个书法家或画家倘若不是不懂得他自己的艺术，他便能在一块白纸上随心所欲地写出，或者画出他所要写或要画的，一个不是不懂得教学艺术的人容易把一切事物刻画在人心上。倘若结果不成功，错处绝对不在纸身上（除非它生来有缺点），而是因为书法家或画家无知之故。不过此中也有区别，就是，在纸上，书写要受空间的限制，而人心则不然，你可以不断书写，不断雕镂，不会有止境，因为我们已经说过，人心是没有限度的。

　　十　此外，把我们的思想工场，脑子，比作能够接受印痕或制作小小形象的蜡，也是合适的。因为蜡能变成各种形状，能照任何方式再三加以铸范，人脑也是一样，它能接受万物的影像，能够接纳整个宇宙中的任何事物。这个比方对于思想与知识的真正性质做出了一个非凡的解释。凡是在我的视官、听官、嗅官、味官与触官上面印下印象的东西，对我的关系便如一颗图章似的，靠着它，物件的影像就可以印入我的脑际。这个比方对极了，一旦物件离开了我的眼睛、我的耳朵、我的鼻子或者我的手以后，物件的影像仍旧留在我的跟前；它不留在我的跟前是不可能的，除非我没有注意，印象很淡漠。比如，如果我看见过某人，或者和他说过话；如果我在旅程中看见过一座山、一道河、一方地、一座森林或者一座城池，或者我曾用心读过一段作品，这一切便都印入我的脑际，以致我的心理每次回想它们的效果，就和我实际上用眼看见它们、用耳听见它们、尝到它们或触到它们是一样的。虽则在这种种印象之中，我的脑子把甲件放在乙件之前，或者有些印象接受得比较清晰活泼，但是它总能在某种方式之下接受一切印象，表达一切印象，留住一切印象。

十一 我们在这里业已表明了上帝的稀有智慧，他能使我们的小小的一块脑子够去接受千千万万的影像。因为，倘若我们有人记得若干年前所曾看到、听到、尝到、读到，或从经验或推理中收聚得来的任何事物的细节（学者们更能记得），这些细节当然是由脑子带来的。但是事实上，以往所曾看过、听过或读过的事物的影像，尽管成千成万，尽管因为我们天天在看，在听，在读，或在经验新的事情，而天天不断增加，它们都细心地被储存起来。这里所表现的上帝的智慧与力量真是何等的不可思议啊！所罗门看见河都流入海，海却不满，觉得奇怪（《传道书》，第一章，7），然则对于这个记忆的深渊，它能收尽万物，又能重新显现，却从不充溢，也不枯竭，谁能不感到惊奇呢？事实上，我们的心理较之宇宙还要大，因为包容者当然大于被包者。

十二 最后，眼睛（或明镜）也与心理有许多相似之点。假如你把一件任何形状或颜色的东西放在它的跟前，它立刻就会在自身上现出一件同样的东西。这就是说，除非你是置身在黑暗里，或是用背对着它，或是相离太远，距离大过了合适的限度，或你对印象加以阻碍，或由于动弹而把它弄混了；因为在这种种情形之下，结果是会失败的。所以，我说的是在一种自然状况之下所发生的情形，那时光亮是有的，物件是合适地放置的。眼睛用不着强迫就能张开去看任何东西，因为眼睛是天生爱见光亮的，它乐于去张望，它能看到一切物件（只要物件一次不太多而把它们弄混淆了），人心也与眼睛不会看饱似的，它渴求事物，永远热衷于注意一切知识，取得一切知识，不，简直是攫取一切知识，它不会感到厌倦，只要它不被过多的事物塞饱，只要事物是一件一件地按着合适的次第给它去观察的就行。

十三 甚至异教徒哲学家也知道人需要一种道德的和谐，虽则他们由于不懂得上天给予我们的另外一种光亮才是走向永生的最可靠的指导，因此把这些火星当成了火炬看待；这是一种无益的努力。比如西塞罗就说："德行的种子业已种在我们的心性里面，假如它们能够得到发展，自然本身就会领导我们去过一种幸福的生活。"这说得太过了！"但是我们自从生到日光之下，我们就在不断地做着一切恶事，我们吸乳的时候几乎都像在吸入过错似的"（见 Tuscul. iii）。所以，说人是生来具有德行的种子的，这句话的真实性关联着两个论题：（1）人人喜爱和谐；（2）人的本身里外都只是一种和谐。

十四 人爱和谐，渴求和谐，这是很明显的。因为谁不喜欢一个长得美好的人，一匹精致的马，一张美丽的相片，或者一张媚人的图画呢？这原因若不是因为部分与颜色的比例令人喜悦又是什么呢？这种眼的快感是很自然的。并且谁不喜欢音乐呢？这又是什么缘故呢？是因为和谐的声音生出了一种悦耳的调和。烹调得法的食品谁不爱吃？因为合适的调味原是味觉所爱的。人人都爱不太热，不太冷，四肢不太不动，也不太多动。假如不是因为一切和谐的事物全都合乎自然，能为自然增加生气，而一切缺乏节制的事情则与自然相反，对自然有害，此外还有什么原因呢？

某些人甚至羡慕别人有德行（因为没有德行的人喜爱别人的德行；虽则他们也许不会模仿他们，认为一旦邪恶占了上风，良好的习惯就养不成了）。然则大家怎么会不喜爱自己身上的德行呢？假如我们不知道我们自己身上全有和谐的根柢，我们当然是瞎了眼啊。

十五 事实上，人不过是身心两方面的一种和谐而已。因为世界本身就像一座大钟，这座钟有许多转轮与铃子，并且组合得很巧妙，全钟的各部分互相依靠，使转动持续与和谐；人也是这样的。身体就是用绝大的技巧制造出来的。头一样是心，它是一切生命与动作的根源，别的器官都从它去得到运动和运动的能量。脑就是钟锤，是运动的有效原因，它把神经当作绳索一样，凭借它们的帮助，它就可以推拉其他转轮或肢体，至于体内与体外的各种作用则依动作的相应比例为转移。

十六　在灵魂的运动里面，最重要的转轮是意志；钟锤是那些左右意志的欲望与情爱。擒纵轮是理性，它能衡量并决定什么事情或什么地方应当追求或避免，和应追求或避免到什么程度。灵魂的其他运动便如比较次要的转轮，它们是凭靠主要转轮的。倘若不太重视欲望与情爱，倘若擒纵轮，理性，能够恰当地去选择与排斥，德行的和谐与融合是不会不出现的；显然，这在于主动因素与被动因素的恰当混合。

十七　所以，人的本身不是别的，只是一种和谐而已，它像一个精巧的工匠所制的一座钟或乐器一样，倘若破了，坏了，我们并不立刻宣布它已没有用处（因为它还可以匡正过来）；所以，对于一个人，我们可以说，不管他因犯了罪恶以致损坏得多么厉害，靠着上帝的仁慈，利用某些方法，他是仍旧可以恢复和谐的。

十八　虔信的根源存在人身上，这可以从人是上帝的形象这件事实看出来。因为形象含有类似之意，同类相爱是一个不变的自然法则（《传道书》，第十二章，7）。人的唯一相等的是上帝，人是按照上帝的形象造出来的，可见他的欲望一定使他最易倾向他所从来的根源；只要他明白无误地懂得他的生存条件就行。

十九　这又可以从道德哲学家的例子看出来，他们没有得到上帝的教训，但是由于自然的盲目本能的引导，他们承认上帝，崇拜上帝，并唤出了上帝的名字，虽则他们实行他们的宗教的方式是错误的。亚里士多德说："人人都有一些关于神的概念，人人都把最高的地位归给神。"（见 De Caelo，第一章，3）辛尼加也说："崇拜神明，第一在于相信神明；其次在于承认他们的尊严，承认他们的仁慈，因为没有仁慈，尊严就不存在；再次在于认识他们是世界的主宰，他们统治万物，是人类的保护者。"（辛尼加：《书信集》，96）这与使徒所说的是何等的相似，使徒说："到上帝面前来的人，必须信有上帝，且信他赏赐那寻求他的人。"（《希伯来书》，第十一章，6）

二十　柏拉图也说："上帝是至高的善，高于一切存在，高于自然；一切造物都趋向于他。"（见 Timaeus）这是很对的（即上帝为至高的善，万物都在寻他），所以西塞罗能说："第一个教给我们虔信的是自然。"（见 De Natura Deorum i）这是因为 ［如同拉克坦喜阿斯（Lactantius）在第四册第二十八章所说的］ "我们若是适当地崇拜产生我们的上帝，我们就可以得赦。我们只当知道上帝，只当跟随上帝。由于这副虔信的链条，我们得以与上帝相结合，宗教便是由于这一事实得名的"。

二十一　　我们必须承认，自从亚当作恶以后，人类向往作为至高至善的上帝的本性已经败坏了，已经误入歧途了，所以没有一个人能够单凭自己的力量回到正路上去。但是在得到上帝的道与上帝的灵的照耀的人身上，它已复生，所以我们看见大卫说："除你以外，在天上我有谁呢？除你以外，在地上我也没有所爱慕的。我的肉体和我的心肠衰残，但上帝是我心里的力量，又是我的福分，直到永远。"（《诗篇》，第七十三篇，25、26）

二十二　　所以，当我们设法补救堕落时，别人不可责骂我们的堕落。因为上帝会用他的圣灵和自然手段来干预，以消除这种堕落。因为像尼布甲尼撒王（Nebuchaduezzar）一样，他的人性被去掉，只有一颗兽心，但是一旦承认上天是他的长上以后，他也仍有希望回复他的感觉，回复他的王者的尊严（《但以理书》，第四章，25），我们也一样，我们是上帝的天国所拔掉的树木，但是根柢仍在，一旦上帝的仁慈给了它们以雨露和阳光，它们就仍可以再生。自从亚当作恶以后，自从我们受到放逐的威胁（死的惩罚）以后，上帝岂不立即就在我们的心里播下了新的神恩的种子吗（由于他的受福的儿女的应许）？他岂不是派了他的儿子来恢复我们的原状吗？

二十三　　我们不断埋怨我们的堕落状态，可是不去设法改变这种状态；我们推进老亚当能在我们身上做的，却不经验新亚当，上帝，所能做的；这是卑鄙的，邪恶的，是一种明显的不知恩的迹象。使徒替他自己与救世主说："我靠着那加给我力量的，凡事都能作。"（《腓立比书》，第四章，13）假如一枝嫩枝接在一株杨柳、荆棘或任何灌木上面，能够发芽，能够结果，然则它若接在同类的树干上，它有什么不能做到的呢？这是看了使徒所说的就可以知道的（《罗马书》，第十一章，24）。并且，若是上帝能从石头中给亚伯拉罕兴起子孙来（《马太福音》，第三章，9），然则人在创造之初就是上帝的儿子，后来又由基督重新收养，由圣灵给予再生，上帝何以不能激励他去行善呢？

二十四　唉！我们要当心，上帝愿把他的仁慈最慷慨地倾注给我们，我们不可忽略了它。因为，我们在信仰中与基督是合一的，我们因收养献给了上帝，倘若我们不承认我们及我们的子孙合于天国的事项，然则基督怎样又说小孩子是天国呢？怎样又把我们指到小孩子，叫我们变成小孩子的样式才能进天国呢？（《马太福音》，第十八章，3）

为什么使徒说基督徒的儿女是圣洁的（即使他们的父母有一个是不信的），说他们不是不洁的呢（《哥林多前书》，第七章，14）？甚至对犯了最大的罪过的人，使徒也敢说："你们中间也有人从前是这样；但如今你们奉主耶稣基督的名，并借着我们上帝的灵，已经洗净、成圣、称义了。"（《哥林多前书》，第六章，11）然则我们说基督徒的儿女（不是老亚当的子孙，是新亚当的，是上帝的众子，是基督的小弟妹）能够小心地加以训练，说他们的心合于接受永生的种子，谁能说是不切实际呢？事实上，我们并不希望野橄榄树结出果实，我们只是帮助生命树上新接的接枝，帮助它们去结果实而已。

二十五　所以，我们知道，凭借着圣灵的神恩，使一个人变聪明、变诚实、变正直，较之使他的进步受到偶然的邪恶的阻碍更自然、更容易。因为万物容易回复它们的本性，所以《圣经》上说："爱好真理的人容易看到真理，寻求真理的人容易发现真理。它让悟性去见它，凡是在它的门前等候的人都可以不受麻烦就得到它。"（《智慧篇》，第六章，13，15）诗人未纽喜阿（Venusia）说：

"谁也不能野到不能驯服的境地，
只要他肯耐心地倾听教导与知识。"

第六章　假如要形成一个人，就必须由教育去形成

一　我们已经知道，知识、德行与虔信的种子是天生在我们身上的；但是实际的知识、德行与虔信却没有这样给我们。这是应该从祈祷，从教育，从行动去取得的。有人说，人是一个"可教的动物"，这是一个不坏的定义。实际上，只有受过恰当教育之后，人才能成为一个人。

二　因为，假如我们考虑一下知识，我们就可以知道，只有上帝才有一种特性，能借一份简单的直觉去知万物，没有原始，没有进程，没有终结。这在人与天使是不可能的，因为他们没有无穷与永生，就是说，没有神性。他们只需赋有充分的知力，能够领悟上帝的作品，并从中收聚丰富的知识就够了。至于天使，他们当然也通过知觉去学习（《彼得前书》，第一章，12；《以弗所书》，第三章，10；《列王纪上》，第二十二章，20；《约伯记》，第一章，6），他们的知识也与我们的知识一样，是从经验得来的。

三　所以，谁也不可相信一个没有学会按照一个人的样子去行动，即没有在组成一个人的因素上受到训练的人，真正能成为一个人。这从一切造物的例证可以看明白，因为它们虽则注定了要为人所用，但是不经人手的安排是不合于人的使用的。比如，石头是给我们当作建造房屋、塔宇、墙壁和栋梁等材料用的；但是它们在没有被凿好，没有被我们放在它们所应放的位置以前，它们是没有用处的。注定给人做装饰品的珍珠与宝石，必须加以雕凿与琢磨。五金是在日常生活中最有用

处的，它们得有人去采掘、提炼、熔化，并以各种方式去铸造，去锤打。在此以前，它们的用处还不如普通的泥土。

我们从植物身上取得食品、饮料与药物；但是我们先得把菜蔬与谷类种好，锄好，收好，筛好，磨好；我们先得把树木栽好，修剪好，加好肥料，并把果实采下和晒干；假如其中有要用做药品或供建筑之用的，准备工作便要更多。动物的基本特性是生命与动作，它们看去好像是自给自足的了，但是假如你要按照合于它们的用途去用它们，那就还要加以训练。比如，马是天生合于作战用的，牛是合于拖物用的，驴是合于负重用的，犬是合于守护与狩猎用的，鹰是合于捕鸟用的；但是在我们训练它们，使它们习惯于它们的工作以前，它们都没有多少用处。

四　人的身体生成是要劳动的；但是我们知道，人生来只有学习劳动的能量。他要受到教导，才会坐，才会站，才会走，才会用他的手。然则我们哪能希望我们的心理一来便已完全发展，事先一点准备都不需要呢？因为一切造物在它们的质料方面，在它们的发展进程方面，全是从无到有的和逐渐自行发展的。我们在上一章已经说过，并且大家都很知道，天使的完善程度和上帝相差不远，但是他们也并不是无所不知的，他们对于上帝的稀有智慧的知识也是逐渐获得的。

五　大家也明白，甚至在亚当作恶以前，天国便已为人开了一个学校，使他逐渐得到进步。因为最初造出的人虽在造出以后便不缺乏直立走路的能力，不缺乏言语，不缺乏理性，但是从夏娃与蛇的谈话可以明白，从经验中得来的关于事物的知识却是完全缺乏的。因为夏娃如果经验多一点，她就会知道蛇是不能说话的，她便会知道其中必有诡计。

所以，在这种堕落的状况之下，我们更需要多从经验去学习，因为我们的悟性只是一个虚空的形式，如同一张白纸一样，并且我们也不善于做事、说话，或去知道任何事物；因为这种种能力都只潜伏地存在，需要加以发展。事实上，这在现在，较之在完美状况之下更加困难，因为现在不独事物晦涩，而且语言也很混乱（假如有人为了学问之故，要与各种活人和死人接触，他便不只要学一种语言，而且得学习好些种语言了）；而且国语也变得更复杂了，我们生来是一点没有国语知识的。

六　有些例证告诉我们，凡是从小被野兽攫去，在野兽群中长大的人，他们的智力都没有超过野兽的水准，他们如果不是重新回到了人类的社会，他们用舌、用手、用脚的能力也不会超过野兽所能的。我可以举出几个例子。大约在 1540 年的时候，有一个名叫哈西阿（Hassia）的村落，坐落在一座森林当中，村里有个三岁的孩子，由于父母的疏忽丢失了。过了几年，乡里人看见一只奇怪的动物和豺狼在一道奔跑，它和豺狼的形状不同，有四只脚，可是有一副人类的面孔。这传说到处一散布，地方官叫农人们设法活捉它，带到他的跟前去。农人们照办了，最后，那动物送到了卡塞尔（Cassel）方伯那里。

到了堡邸以后，它躲在凳下，凶狠地望着追赶的人，骇人地咆哮着。方伯给他受教育，让他不断和人相处，受了这种影响，他的野蛮习惯才逐渐变文明；他开始用后脚，像一只两足动物一样走路，最后，他便能够说话，他的行为便像一个人了。于是他尽力说明，他是怎样被狼抓去，被狼养大，怎样习于和狼一道猎取食物的。这个故事见于德累斯（M. Dresser）的《古代与现代教育》（*Ancient and Modern Education*）一书，卡美拉利乌斯（Camerarius）在他的《时间》（*Hours*）一书中也说到这件事情和另一件同类的事（见第一册，第七十五章）。

古拉迪阿斯（Gulartius）也在《当代奇迹》（*Marvels of our Age*）中说，1563 年法国发生过这么一件事：有些贵族外出打猎，他们打死了12 只豺狼，最后，他们用网捉住了一只东西，像个裸体的孩子，大约七岁，皮肤是黄的，毛发是卷曲的。他的指甲弯曲得像鹰爪一样，他不会说话，只会发出狂野的呼声。当他被带到堡邸的时候，他非常凶猛地挣扎，几乎脚镣都不能安上去；但是饿过几天之后，他变得柔顺一些了，过了几个月，他开始说话了。他的主人把他带到好些城市去展览，挣了不少的钱。最后，一个贫苦的妇人承认他是她的儿子。所以柏拉图说得真对，他说［《法律论》（*Laws*），第一，6］："人若受过真正的教育，他就是个最温良、最神圣的生物；但是他若没有受过教育，或者受了错误的教育，他就是一个世间最难驾驭的家伙。"

七 教育确乎人人需要，我们想想各种不同程度的能力，就可以明白这一点。愚蠢的人需要受教导，好使他们摆脱本性中的愚蠢，这是无人怀疑的。其实聪明人更需要受教育，因为一个活泼的心理如果不去从事有用的事情，它便会去从事无用的、稀奇的、有害的事情；正如田地愈肥沃，蒺藜便愈茂盛一样，对一个绝顶聪明的人如果不去撒下智慧与德行的种子，它便会充满幻异的观念；又如推磨的时候如果不撒下面粉的原料——麦子，磨石便会磨出声音，磨损，以致常常磨坏一样，一个活泼的心理如果没有正经的事情可做，它便会被无益的、稀奇的和有害的思想所困扰，会自己毁掉自己。

八 富人没有智慧岂不等于吃饱了糠麸的猪仔？贫人不懂事岂不等于负重的驴子？美貌无知的人岂不只是一只具有羽毛之美的鹦鹉，或是一把藏着钝刀的金鞘？

九 具有权力的人们，国王、亲王、官吏、牧师与教师，他们必须有智慧，正如向导要有眼睛，舌人要能说话，喇叭要出声音，或者刀要有刃是一样的。同样，地位较低的人要受教育，他们才能聪明地、谨慎地服从他们的长上，不是出于强迫，像驴子的服从一般，而要出于自愿，出于爱好秩序之心。因为一个理性的动物不应当受呼唤、禁锢与鞭笞的领导，而应受理性的领导。其他方法都是对于根据自己的形象去造人的上帝的一种侮辱，是使人事中充满强暴与不安的。

十 我们由此可以知道，凡是生而为人的人都有受教育的必要，因为他们既然是人，他们就不应当成为无理性的兽类，不应当变成死板的木头。并且由此可见，一个人愈是多受教导，他便愈能按照准确的比例胜过别人。我们可以用"智者"（Wise Man）的话结束这一章，他说："凡是以为智慧与纪律没有用处的人就会得祸；他没有（达到他的愿望的）希望，他的劳力不会有结果，他的工作会白费。"（《智慧篇》，第三章，11）

第七章　人最容易在少年时期去形成，除了这种年龄就不能形成得合适

一　从以上所说过的就可以明白，人类与树木的境遇原是相似的。因为，一株果树（一株苹果树、一株梨树、一株无花果树或者一株葡萄藤）能从自己的树干上自行生长，而一株野树则在经过一个熟练园丁的种植、灌溉与修剪以前，是不会结出甜美的果实来的，同样，一个人可以自行长成一个人形（正如任何野兽类似它的同类一样），但是若非先把德行与虔信灌输到他的身上，他就不能长成一个理性的、聪明的、有德行和虔信的动物。我们现在就要表明：这种步骤应该在植物幼小的时候去实行。

二　从人类的观点看来，这有六个理由。第一，人生无常。因为我们必须离开现世的人生是一定的，但是什么时候离开，怎样离开，却不一定。一个人没有准备就死去，那是一种最该畏惧的危险，因为他就是这样永恒地判定了罪。因为一个人在离开母亲的子宫时，如果四肢缺了一肢，他就得缺着那一肢过一辈子，同样，我们离开这个世界的时候，如果我们的心灵没有经过陶冶，不知道上帝，不参与上帝，我们以后就再没有机会了。事情既然这么重要，所以需得格外上紧，否则便会有人遭到毁灭。

三　即使死亡隔得还很远，长寿有把握，品性的形成同样要及早开始，因为人生不应该消耗在学习上面，而应该消耗在行动上面。所以，我们应该尽快对于人生的活动有所准备，因为在合适地学好我们的功课以前，也许会被迫停止我们的活动。其实，如果有人愿意终生从事学

习，造物主放在他的跟前让他去看的东西是无穷无尽的，如果他碰巧具有内斯托（Nestor）一样的人生，他便会知道，他的最有用的工作是认识造物主所预备的神智的珍宝，这样去为自己预备一道幸福生活的保障。所以，人类的感觉应该及早用于身外的世界，因为他终生都有许多要学习、要经验、要做成的事。

　　四　一切事物的本性都是娇弱的时候容易屈服，容易形成，但长硬以后，就不容易改变了。蜡在柔软的时候容易定型，定样；硬了的时候就容易破碎。一棵幼小的植物可以种植、移植、修剪，可以任意转向。当它长成一株树木以后，就不可能这样办了。新生的蛋，放在母鸡身下，很快就变暖，孵出了小鸡；它们一到陈旧的时候就不会这样了。假如一个骑士想要训练一匹马，一个农夫想要训练一头牛，一个猎人想要训练一只狗或一只鹰，一个领熊的人想要训练一只熊去跳舞，或者一个老妇人想要训练一只喜鹊，或是一只鸦，要它去模仿人类的声音，他们必须在它们很小的时候选来做这种种；否则他们便会劳而无功。

　　五　显然，这层道理对于人类本身也是适用的。我们把人类的脑比作过蜡，因为它接受外物呈现在它的感官面前的影像，它在儿童时代是很湿润柔顺的，适于接受一切外来的影像。往后一点，我们从经验发现，它渐渐变硬，变干了，事物就不那样容易印在或刻在它的上面了。所以西塞罗说："孩子们可以快速地收容无穷的事物。"同样，只有在儿童时代，筋肉还能接受训练的时候，手和别的部分才能施以训练，做出熟练的动作。假如一个人要想成为一个优秀的书法家、画家、裁缝、冶匠、细木匠或音乐家，他就必须从小从事那种技巧，因为那时他的想象是活泼的，指头是柔顺的；否则他便绝对做不出什么结果。假如要使虔信在任何人的心里生根，那就应在他年纪还轻的时候把它灌输进去；假如我们希望任何人有德行，我们就应在他的少年时期训练他；假如我们希望他在追求智慧方面得到巨大的进展，我们就应从婴儿时期就把他的能力领向这个方向，因为那时欲望正在沸腾，思想正很迅捷，记忆正很牢固。"一个尚待学习的老年人是可羞而又可笑的；训练与准备是青年人的事，行动是老年人的事。"（辛尼加：《书信集》，36）

六　为使人类能够形成人性起见，上帝给了他青春的岁月，那只合于教育之用，别的都不合适。马、牛、象和其他野兽，只是一些具有生气的块头，只要几年工夫就可以成熟，唯独人类要二三十年才勉强够用。假如有人认为这是由于机遇，或偶然的原因等等，他就确乎显出了他的愚蠢。对于其他一切事物，上帝都派定了它们的年限，唯独对于万物之主的人类，他却让他们由机会去决定吗？难道我们可以假定自然用缓慢的程序比较容易完成人类的形成吗？自然可以在几个月之内产生更巨大的体积，一点不会有困难。所以我们只认为造物主是故意延长青春的岁月，好让我们受到训练的期间长一些；他规定我们一时不要参加人生的活动，好让我们在余下的人生中和在永生中，更适于去参加。

七　在人身上，唯一能够持久的东西是从少年时期吸收得来的，这从同一例证可以看明白。一只瓶子即使打破了也会保存新用的时候所染得的气味。一株树木在幼小的时候，它的枝柯向四面八方伸展，它们保持这种位置几百年不变直到死去为止。羊毛第一次所染的颜色非常牢固，简直漂白不了。车轮上面的木箍，一旦弄弯以后，即便变成千百块碎片，也不会再变直了。同样，在一个人身上，头一次的印象是黏附得非常坚实的，只有奇迹才能消灭它们。所以，最谨慎的办法是，在很小的时候，就去把人形成到合乎智慧的标准。

八　最后，假如人不从小养成人生的清洁的习惯，那是最危险不过的。因为，当外感官开始发生作用的时候，人的心理是不能保持安静的，如果不去从事有益的事情，就会去从事最无用的、甚至有害的事情（这种进程由于腐败时代的恶劣榜样而更厉害），往后，即使它想忘掉它所已经学会的事，它已做不到或非常困难了；如同我们说过的一样。所以世上充满罪恶，官吏和牧师都压服不了，因为我们对于罪恶的源头没有给予认真的注意。

九　所以，假如每个人都把自己的孩子的幸福放在心头，假如民事方面与宗教方面的人事保护者珍视人类的幸福，他们便应该赶快对于上天的植物及时加以培植、修剪和灌溉，把它们谨慎地形成，使在学问、德行与虔信方面获得兴旺的进展。

第八章　青年人应该受到共同的教育，
所以学校是必需的

一　我们说过，那些天国的植物，即基督教的儿童不能像丛林一样生长，而是需要照料的，我们现在应该看看这种照料的责任应当落在谁的身上。本来，使自己负责的生命成为理性的、有德行的和虔信的，这是父母的最自然的责任。上帝自己就可以作证，证明这是亚伯拉罕（Abrahan）的习俗。他说："我看顾他，为要叫他吩咐他的众子和他的眷属，遵守我的道，秉公行义。"（《创世记》，第十八章，19）他向一般做父母的人要求这一点，这样吩咐道："我今日所吩咐你的话，都要记在心上，也要殷勤教训你的儿女；无论你坐在家里，行在路上，躺下，起来，都要谈论。"（《申命记》，第六章，6、7）他又借使徒的口说："你们做父亲的，不要惹儿女的气，只要照着主的教训和警戒，养育他们。"（《以弗所书》，第六章，4）

二　但是，由于人类职务和人类数目的增加，所以很少有人具有充分的知识或充分的闲暇去教导自己的子女。因此就兴起了一种贤明的制度，为儿童的共同教育选出一些有丰富知识和崇高道德的人。这种教导青年的人叫作导师、教师、教员或教授，作为这种共同教导之用的场所就叫作学校、小学、讲堂、学院、公立学校和大学。

三　根据约瑟夫斯（Josephus）的意见，我们知道，舍姆（Shem）大主教在洪水刚退之后就开办了第一所学校。后来，这所学校就叫作希伯来学校（Hebrew School）。谁不知道在迦勒底（Chaldea），特别是在巴比伦（Babylon），那里有许多研究艺术，包括天文在内的学校呢？后来（在尼布甲尼撒的时候），但以理（Daniel）和他的伴侣受到了迦勒底人的明智的教导（《但以理书》，第一章，20），摩西（Moses）在埃及的情形也一样（《使徒行传》，第七章，22）。遵照上帝的吩咐，学校在以色列的一切有儿童的城镇里面建立起来；它们叫作犹太人礼拜会（Synagoyues），里面常由利淮人（Levites）教授律法。这些学校一直存在到基督的降临，通过他与他的使徒的说教，变得很有名。罗马人设立学校的习俗是从埃及人、希腊人和犹太人学来的，它从罗马人传布到全罗马帝国，尤其在基督教因虔诚的君王与主教的关心通行各地以后更是如此。历史上说，查理曼（Charlemagne）每次征服任何异教种族以后，便为它派定主教和学者、建立教堂与学校；在他以后，其他基督徒皇帝、国王、贵族和官吏把学校的数目增加得很多，所以学校多极了。

四 为了整个基督教共和国的利益，这种虔诚的习俗不独应该保存，并且还应该增加，在每一个秩序良好的居民区（不管它是一个城市，一个乡镇，或是一个村落），都应该设立一所学校，或者一个教育青年的地点。这种要求的起因是：

五 （1）处理共同事务的良好制度。因为当一家之长自己没有时间去为他的家务备办一切时，他就利用各种各色的工匠，为什么他在教育方面不应该一样呢？他要面粉的时候便去找磨工；他要肉类的时候便去找屠户；他要酒的时候便去找卖酒的；他要衣服的时候便去找裁缝；他要鞋子的时候便去找鞋匠；他要房屋、要犁头或者要钥匙的时候便去找建筑师、冶匠或钥匙匠。而且，我们有教堂去进行宗教教导，我们有法庭和集会厅去讨论诉讼的理由，去对集会的人们宣布重大的公告；我们为什么不也给青年预备学校呢？农夫不喂自己的猪和牛，只雇牧人同时去喂，主人没有分心的事，就去处理自己的事务。因为一个人的注意力不被别的事情所搅扰，一心只做一件事情的时候，劳力的节省是很大的；这样，一个人才能对于好些人有用处，而好些人也才能对于一个人有用处。

六 （2）由于需要。因为父母很少有充分的能力或充分的时间去教导他们的子女。结果便有一类专干这件事情，把它当作一种专业的人，这样就可以使整个社会受益。

七 （3）即使有些父母有时间教育自己的子女，但是青年人最好还是一同在大的班级里面受到教导，因为把一个学生作为另一个学生的榜样与刺激是可以产生更好的结果与更多的快乐的。因为做别人所做的事情，到别人去到的地方，跟在人家后面不掉队，走在人家前面不落伍，这是我们大家所最自然而然地倾心的行动路线。

骏马有敌手要赛过或有先导马可追随的时候，才是它跑得最快的时候。

尤其是年轻的儿童，用榜样总比用训条容易领导，容易管束。假如你教给他们一种训条，它只会产生很小的印象；假如你指出别人在做某些事情，他们是不必告诉便会去模仿的。

八 （4）而且"自然"常用榜样告诉我们：凡是想要大量生产的东西便得在一个地方产生出来。比如，木材在丛林里面大量生产，草在田地里大量生产，鱼在湖里大量生产，五金在地里面大量生产。

而且专门化也发展到了这样一种地步，就是，生产松树、杉树或橡树的森林便大量地把它们生产出来，虽则别种树木在那里生长不了；同样，产金的地方便不产生同量的别种金属。这一真理在我们自己的身体上可以看得更明白。我们的每一肢体都分享身体同化过的养料，这是极其重要的。但它的份额并不是把原料运去，到那里再去消化，再去应用的；而是另有某些固定的器官，专做实施这种功用的工场，就是，接纳全身所需的食物，把它加热，把它消化，最后，把养料分给其他器官。比如，乳糜是由胃产生的，血是由肝产生的，生命力是由心产生的，精神力量是由脑产生的：这些元素准备好了之后，便恰当地分散到一切肢体，保存了全身的生命。所以，工场既然供给成品，教堂既然供给虔信，法庭既然供给公道，为什么学校不该产生、淳化，并且增加智慧的光辉，把它分布到全体人类社会呢？

九 （5）最后，假如采取的是合理的步骤，我们在艺术方面也可以看到同样的趋势。当一个种树的人在森林和灌木间经过，发现一株宜于移植的幼树时，他并不把它种在原来发现的地方，他会把它掘起来，种在一座果园里面，和千百株别的幼树一同加以照料。同样，饲鱼的人掘挖鱼池，让千千万万的鱼儿一道繁殖。在这种种情形之下，果园愈大则树木长得愈好，鱼池愈大则鱼儿长得愈大。所以像为鱼儿掘鱼池，为果树修果园一样，也应当为青年人修建学校。

第九章　一切男女青年都应该进学校

一　根据下列理由，不仅有钱有势的人的子女应该进学校，而且一切城镇乡村的男女儿童，不分富贵贫贱，同样都应该进学校。

二　一切生而为人的人，生来都有一个同样的目的，就是他们要成为人，即要成为理性的动物，要成为万物的主宰及其造物主的形象。所以，他们都应该达到这样一个境地，即在适当地吸取了学问、德行与虔信之后，能够有益地利用此生，并且好好地预备来生。上帝自己常说，他对人毫无偏袒，所以如果我们允许一部分人的智性受到培植，而去排斥另外的一部分人，我们就不仅伤害了那些与我们自己具有同一天性的人，而且也伤害了上帝本身，因为上帝愿意被印有他自己的形象的一切人所认知，所喜爱，所赞美。在这方面，人们的热情是会与那燃着了的知识火焰一同增长的。因为我们的爱和我们的知识是成正比的。

三　我们并不知道神意命定这个人或那个人做什么用，但是有一点是肯定的，就是，他从最贫苦、最卑下和最微贱的人们中产生了维护他的光荣的工具。所以，我们应该模仿天上的太阳，它把光、热与生气给予整个世界，使凡是能够生存、能够兴旺和能够发荣的东西都可以生存、兴旺和发荣。

四　有些人虽则看去天性鲁钝笨拙，这也毫不碍事，因为这使普遍培植这类智能一事更加刻不容缓。任何人的心性愈是迟钝孱弱，他便愈加需要帮助，使他能尽量摆脱粗犷和愚蠢。世上找不出一个人的智性孱弱到了不能用教化去改进的地步。一只筛子，如果你继续不断地用水泼去，它便愈来愈干净，虽则它不能够把水留住；同样，鲁钝和悟性孱弱的人，虽则在学问上面得不到进步，但是心性可以变得比较柔和，可以学会服从官吏和牧师。此外还有许多例子，说明天性愚笨的人领悟科学甚至胜过了天资较好的人。有一个诗人说得对："勤能补拙。"有些人小时候身体强壮，但是后来变得多愁多病，有些人青年时代多病矮小，后来却长得壮健魁梧；智性也是一样，有些人发展得早，但是不久就凋枯了，变鲁钝了，有些人原来很愚钝，可是以后变得敏锐、聪明。在我们的果园里面，我们不独喜欢果子结得早的树木，同时也喜欢果子结得迟的树木；因为西拉的儿子说，每一件东西都有它的值得赞美的时期，最后，虽则迟缓一点，总表明它没有白白生存一番。然则我们为什么在学问的花园里却只希望智力前进活泼的一批儿童受到宽容呢？谁也不要被排斥，除非是上帝没有给他感觉与智力。

五 女性完全不能追求知识（用拉丁文或用她们的国语），也是没有任何充分理由的（对于这一点我要特别提一下）。她们也是按照上帝的形象造成的，在上帝的仁慈与未来的世界里面，她们也是有份的。她们具有同等敏锐的悟性和求知的能力（常常比男性还要强），她们能够取得最高的地位，因为她们常被上帝亲自叫去统治过国家，对国王与君主提过有益的建议，研究过医药与别种有益于人类的事情，甚至还作过预言，痛责过牧师与主教。然则我们为什么让她们学了字母之后，又不许她们读书呢？难道我们畏惧她们的愚蠢吗？我们愈是运用她们的思想，则心里空虚所产生的愚蠢便愈难获得立足之地了。

六 但是我们不要把一切书籍没有辨别地全给她们，如同给予男性青年的一样（人们在这件事情上面没有表示过较大的谨慎，实在是大可悲叹的）；而只限于那些使人充分观察上帝及其作品之后就可以学得真实的德行与真实的虔信的书籍。

七 谁也不要责备我，去引用使徒所说的"我不许女人讲道"（《提摩太前书》，第二章，12），或是朱未那尔（Juvenal）在第六个讽刺里面所说的"你的合法的妻子不要是一个多嘴的人，她不可使用复杂的文字去表达最简单的事情，也不要对于历史具有深刻的研究"，或是引用希波利塔斯（Hippolytus）在攸利彼提斯（Euripides）所说的"我痛恨一个有学问的妇人。我希望我的屋子里决不要有一个知道得比一个妇人所应知道的还多的妇人。因为特别是在聪明人的身上，赛普利斯（Cypris）是会产生邪恶的欲望的"。这种种意见，我觉得与我们的要求并非真正相反。因为我们并不主张这样教育妇女，使她们的好奇倾向得到发展，而是要使她们的诚挚与知足能够增进，主要的是一个妇人应该知道和应该做的事情；这是指一切可以使她们能照料家庭，能增进丈夫与家庭的福利的事情。

八 假如有人问："如果工匠、乡里人、脚夫，甚至妇人都有了学问，结果会是什么呢？"我的答复是，假如这种青年普及教育能以合适的方法实现，他们便谁也不会缺乏思考、选择、遵行和做出好事的材料了。人人就会知道，人生的行动与努力应该怎样加以调节，我们应在什么限度以内前进，每个人要怎样才能保护他自己的地位。不但如此，他们由于体会上帝的言辞和作品，即使在工作与劳苦中也可以自己宽慰自己了，他们由于经常诵读《圣经》和其他好书，就可以避免对于血肉之躯极有危险的惰性了。总而言之，他们就能学会处处看到、赞美和认识上帝，这样就可以愉快地度过这个多虑的人生，并且可以对于来生怀抱更多的愿望与希冀。教堂里的这种状况对于我们岂不就是这个世界所能实现的唯一天堂吗？

第十章　学校教育应该是普遍的

一　我们已经说过，人人应该受到一种周全的教育，并且应该在学校里面受到。但是大家不可认为我们要求人人懂得（确切地或深刻地懂得）一切艺术与科学。这种知识的本身是没有用处的，并且人生短促，也没有人能够做到这一点。因为我们知道，每种科学都是极广泛、极复杂的（如同物理学、算术、几何学、天文学，甚至农业与种树术都是如此），即使智力很高的人，要想用考察与实验的方法去彻底精通它，也得占去他们一生一世的时光。彼塔哥拉斯便是这样专心去研究算术的，阿基密提（Archimedes）便是这样专心去研究力学的，阿格利科拉（Agricola）便是这样专心去研究冶金学的，隆哥利耳斯（Longolius）（他终生都致力于学习一种完善的西塞罗文体）便是这样专心去研究修辞学的。我们希望人人都去学习的是存在中的一切最重要的事物的原则、原因与用途；所谓人人，是指一切被派到世上来做演员与观众的人们。因为我们应该采取强有力的步骤，使没有一个人在人生的旅途中遇到任何他所完全不知的事，以致对它下不了健全的判断，不能把它纳入正当的用途而犯严重的错误。

二　所以我们应该集中我们的精力，一生一世，在学校里面，并且借助学校做到：（1）通过科学与艺术的研究来培植我们的才能；（2）学会语文；（3）形成诚笃的德行；（4）虔诚地崇拜上帝。

三　有人说得好，他说学校是造就人的工场，因为人之所以真正成为人，无疑是由于学校的媒介，所谓真正的人就是（按照我们前面的分析）：（1）一个理性的生物；（2）一个为一切生物之主并为自己之主的生物；（3）一个为造物主所爱的生物。假如学校能够培养心性聪明、行为谨慎、精神虔敬的人，事情便会是这样的。

四 所以，这三种品质必须在一切学校的一切青年身上培植起来，我可以从下列几个基本论点出发去证明：

1．从我们周围的环境去证明；

2．从我们本身去证明；

3．从人神，基督，我们的完善的和最完善的榜样去证明。

五 事物本身，在与我们有关方面说来，可以分为三类：（1）我们所能观察的东西，如同天地，以及天地之中的一切；（2）我们所能模仿的东西，如同一切事物中的稀有的秩序，这是人在行动中所应模仿的；（3）我们所能享受的东西，如同上帝的仁慈以及他在现世与永生所赐的种种的福。人在遇到这种自然秩序的时候，要处理得很好，就必须受到一种训练，去知道一切展览在这个稀有的大剧场中让他去观察的事物，去做他所应做的事，并且去享受最仁慈的造物主把他当作家里的客人一样所慷慨地给予的高明。

六 假如我们想想我们自己，我们就可以明白，学问、德行和虔信对于每个人都是同样重要的；无论我们从心灵的本体去看，或从我们被创造到这个世界来的目的去看，都是如此。

七 心灵的要素包含三种能力，使我们回想到没有经过创造的三位一体，就是智性、意志和记忆。智性的本分是观察事物之间的区别，甚至观察最细微的细节。意志是关于选择的——就是说，选择有益的事物而拒绝无益的事物。记忆是把用过智力与意志的一切事物保存起来，以备日后使用，并且提醒心灵，使它记得自己是依赖上帝的，知道自己的责任；在这一方面，它又叫作良心。

所以，为了使这种种能力能够正当地履行它们的职务就必须有能够照耀智性、指导意志、刺激良心的材料，使智性变敏锐与伶俐，使意志的选择不犯错误，使良心渴望把一切归于上帝。这种种能力（智性、意志与良心）是组成同一个心灵的，不能拆开，所以心灵的三种装潢，即博学、德行与虔信也是不能拆开的。

八　假如我们想想我们是为什么打发到这个世界来的，我们就可以从两种观点明白这有三层目的，就是，好使我们去为上帝，为上帝的创造物，并为我们自己服务，并且好使我们去享受从上帝，从上帝的造物，与从我们自己所生的快乐。

九　假如我们要去为上帝，为我们的邻人，为我们自己服务，我们对于上帝就必须有虔信；对于我们的邻居就须有德行；对我们自己就须有知识。但这三种元素是彼此密切相关的，一个人为了他自己的好处，不独要有学问，而且要有德行和虔信；为了他的邻人的幸福，不独要有德行，而且要有学问和虔信；为了上帝的光荣，不独要有虔信，而且要有学问和德行。

十　假如我们想想上帝命定给予人类的幸福，我们就知道，他在创造人类的时候，就明显地表明了他的意向，因为他把他送到了一个充满好东西的世界上来；并且为他准备了一个快乐的天堂；最后，还要把他变成他的永恒幸福的一个伴侣。

十一　"幸福"一词，我们所指的不是躯体的快乐（虽则这种快乐包括良好的健康状况、饮食和睡眠的享受，那是只能够从节制的德行产生的），而是心灵的快乐，那是从我们身外的事物，或从我们的本身，或从上帝生出来的。

十二　从事物本身所生的快乐是一个明智的人在思辨时经验到的快乐。因为他无论在什么地方，无论看见什么东西，无论想到什么事情，到处都可以发现一种吸引的力，常常使他忘却自己，与它们化为一体。《智慧篇》所说的便是这一点："与智慧言谈是没有苦楚的；同它相处没有忧愁，只有欢喜与快乐。"（《智慧篇》，第八章，16）有一个异教哲学家也说："人生没有比寻得智慧更快乐的事。"

十三　快乐本身是一种甜蜜的喜悦，这种喜悦是一个沉浸德行的人，由于好做公道所要求的一切事情，喜见自己的诚笃心情的时候所发生的。这种快乐比前一种快乐大得多，有一句成语说，"一颗善良的心就是一席永恒的筵席"。

十四　喜悦上帝是此生所能达到的最高的快乐，是一个人感到了上帝对他永远是仁慈的，他对于上帝的慈父般的、不变的恩惠感到欢喜，以致他的心和上帝的爱融合在一起。他不想再知道别的事情，也不想再做别的事情，而是被上帝的仁慈所倾倒，安然长眠，尝到永生的快乐。这是"上帝所赐出于意外的平安"（《腓立比书》，第四章，7），比这个更高尚的事情是不能够希望的，也是不能够想象的。

所以，学问、德行、虔信，这三个元素就是涌出一切最完美的快乐之流的三个泉源。

十五　最后，上帝本身显示在肉身里面（为的是在自己身上展示万物的完美），他用他的榜样告诉我们，这三种因素是应该存在每一个人身上的。因为福音者证明他不独身量增长，而且智慧同上帝和人喜爱他的心，都一齐增长（《路加福音》，第二章，52）。在这里，我们就可以看出装潢我们的受福的三位一体了。因为所谓智慧岂不就是知道事物的真相吗？使得我们被人喜爱的，假如不是可爱的品性，还会是什么呢？使我们得到上帝的眷爱的，假如不是敬畏救主，即内心的、认真的和热切的虔信，还会是什么呢？所以我们应该在我们自己身上实现我们在耶稣基督身上所看到的，他是一切完善的绝对理想，是我们所应模仿的标准。

十六　因为这个理由，所以他说，"学我的样式"（《马太福音》，第十一章，29）。这位基督是派给人类作为最有学问的教员，最神圣的牧师和最有权力的君王的，可见基督徒应当根据他的模型去形成，应当通过他们的智性去得到启迪，通过他们的良心去得到超度，通过他们的行事（各人在各自的职务中）去得到力量。所以，我们的学校一旦能使我们变得尽量类似基督的时候，它们便会终于成为基督教的学校。

十七　所以，这三个因素假如不联结在一起，如同由一副坚固的链条连着似的，那就是一种不幸的拆散。不能导向德行与虔信的教导，是一种何等恶劣的教导啊！因为没有德行，文学技巧算得什么呢？凡是在知识上有进展而在道德上没有进展的人（一句古话说），就不是进步而是退步。所以所罗门所说的关于美丽但是愚蠢的妇女的话，对于有学问而没有德行的人也是适用的，他说："妇女美貌而无见识，如同金环带在猪鼻上。"(《箴言》，第十一章，22）因为，宝石不镶在铅上而只镶在金子上面，这种配合使两者都更美丽，所以知识不该和不道德结合，而应和德行结合，这样，两者便可彼此增加光彩。因为敬畏救主是智慧的开端与结尾，也是知识的基础与极致。敬畏救主是知识的开端（《箴言》，第一章等处）。

十八 一个人的整个生活全视儿童时期所受的教导为转移，所以，除非人人的心都在小时候有所准备，能去应付人生中的一切意外，否则任何机会都会被错过。每个人在母亲的子宫里形成了全部肢体——手、足、舌头等等——虽则并不是人人都要做手艺匠、径赛家或演说家；同样，在学校里面，人人都应学到关于人的一切事项，虽则在日后的生活里，某些事项对于某一个人较有用处，其他事项对于另一个人较有用处。

第十一章　在此以前没有一所完善的学校

一　这个自信的标题似乎显得太武断了；但是我是在向事实本身挑战，我把读者当作法官，我只拿出见证，不做别的。我之所谓完全尽职的学校是一个真正锻炼人的地方；在那里，受教者的才智得到智慧的光辉的照耀，使它易于探究一切明显的和一切隐秘的事情（参看《智慧篇》，第七章，21），在那里，情绪和欲望与德行得到和谐，在那里，人心充满着并渗透着神爱，使一切送进基督教学校去吸取真正智慧的人都能受到教导，去在世间过着一种天堂的生活；总而言之，在那里，人们都能彻底学会一切事情。

二　但是有没有一个学校在这种完善的平面上存在过或是以此作为努力的目标呢？更不必去问有没有一个学校达到过这种境界了。我要提出另外的论证来指出这种学校是应当有的，可是从来没有出现过，否则我便好像是在追求一种柏拉图式的观念，梦想一种到处都不存在，此生毫无希望的完美的境界了。

三　路德博士（Dr. Luther）在劝告帝国各城镇设立学校的时候（1525 年），他在各种事项之中，要求这样两件事情。第一，要求在一切城镇村落设立学校，教育一切男女青年（这种需要我们在第九章已经证明过了），希望一切农夫和工匠能每天花两个钟头去在有用的知识、道德与宗教方面接受教导。第二，要求采用一种比较容易的教导方法，使学生对学习不感厌恶，而能被不可抵抗的吸引力所诱导，他说希望男孩子从读书所得的快乐不会比整天玩球和整天自己作乐所得的快乐少。这就是路德的见解。

四 这真是一种卓越的意见，配得上这样一个人物！但是谁不知道事情并没有超过他的愿望呢？因为什么地方有那种普及的学校，什么地方有那种吸引人的方法呢？

五 显然，什么事情也没有做，因为在较小的村庄和村落中，并没有设立学校。

六 设立了学校的地方，学校也不是为整个社会设立的，而只是为富人设立的，因为进学校得花钱，穷人除了遇到某种机会，比如有人怜惜他们以外，他们是不能够进学校的。在那些被排斥的人中，也许就有极优秀的才智之士，他们这样被糟蹋，被扼杀，真是教会与国家的大损失。

七 并且教导青年的方法通常都是非常严酷的，以致学校变成了儿童恐怖的场所，变成了他们的才智的屠宰场，大部分学生对学习与书本都感到厌恶，都急急离开学校，跑到手艺工人的工场，或找别种职业去了。

八 反之，凡是继续学下去的人（不论是出于父母或保护人的强迫，还是因为希望借他们的学识去取得某种荣誉的地位，或是自然醉心学术，是出于他们的本性），都没有获得一种认真的或广博的教育，获得的只是一种荒谬的和害人的教育。因为虔信与德行是教育的两个最重要的因素，可是最被忽视。在所有的学校里（即甚至在理应体现人类文化的最大进展的大学里面也一样），这种科目只占一个从属的地位，因而在大多数情形之下，学校培养出来的不是顺从的羔羊，而是凶狠的野驴和倔强的骡子；学校培养不出合乎德行的品性，培养出的只是一种虚伪的道德外表，一种令人生厌的、外来的文化皮毛，和一些专务世俗虚荣的眼光与手脚。那些在语文与艺术方面长久受过这种陶冶的人们，有几个知道自己应该成为其他世人实行节制、仁爱、谦逊、慈悲、严肃、忍耐与克制的榜样呢！

产生这种情形的原因显然是由于学校里从来没有想到过"道德生活"之故。这从几乎是全部学校所共有的纪律荡然的现象，从一切阶级的道德败坏，从虔诚的人们的不住埋怨、叹息和眼泪就可以看出来。难道还有人能为我们的学校的过去状况辩护吗？一种遗传的，从我们的始祖发生出来的病患渗透了一切阶级，以致我们抛弃引活生命之树，把我们的欲望过度地用在知识之树上，我们的学校也渗透了这种毫不知足的欲望，一直到现在都只在追求智力方面的进步，没有别的。

九 但是学校在这方面又用过什么方法或做出过什么成绩呢？说实话，唯一的结果只有下面这一点：就是只要一年工夫就可能精通的事情，它们却把心智用在那上面长达五年、十年，甚至十年以上之久。本来可以温和地输入智性中的东西，却粗暴地印上去，不，简直是塞进去，打进去。本来是可以明白地和明亮地放在心智跟前的事情，却去晦涩地、迷惑地、错杂地看待，好像它是一个复杂的谜语似的。

十 而且（虽则这一点我们现在打算忽略过去），智性也很少得到过实际事实的培养，它只是充满字句的皮毛，充满空虚的、鹦鹉学舌似的空话，充满无用的意见而已。

十一 单以学习拉丁文而论（拿这门科目举一个例子吧），我的天！那是何等的错综，何等的复杂，何等的累赘呀！做点厨房工作或其他杂役的人员，他们学一种与国语不同的语言，有时学两三种，学起来比孩子们在学校里面只学拉丁文还要快，虽则孩子们有的是充分的时间，把他们的全部精力都用在拉丁文上面。进步是何等不同啊！前者几个月之后就可乱说一气了，而孩子们却十五年或二十年之后才能借助文法书与字典，用拉丁文写几句.作来还不是没有错误的，还不是不感踌躇的。这种时间与精力的不光彩的浪费当然是从错误的方法产生的。

十二 关于这个问题，罗斯托克大学（University of Rostock）的名教授卢比勒斯（Eilhard Libinus）说得公道，他说："当我想到学校教导孩子所用的日常方法时，我就觉得它像是费力设计出来，故意使教员与学生都非付出巨大的劳动，感受重大的厌倦，受过无穷的麻烦，花费最多的时间便不能教会拉丁文或学会拉丁文似的。这种事情我每一想到就不能不感到战栗。"随后又说："我把这种事情经常加以思索之后，每次得到一个结论，认为整个制度一定是由一些邪恶和富于嫉妒心的天才、人类的敌人，介绍给学校的。"这是卢比勒斯说的，他不过是我所能够引证的，对我有利的许多权威之中的一个而已。

十三　但是何必要见证呢？在我们进过学校与大学的人中，有几个稍有一点真正学问的影子呢！我，我是一个不幸的人，我便是数以千计的人们中的一个，悲惨地丧失了一生一世的最甜美的青春，把生气勃勃的青春浪费在学校的无益的事情上面。唉，自从我的心理得到启迪以后，我一想到我的浪费掉了的青春，我的胸中便常常发出叹息，我的眼睛便常常流出眼泪，我的心里便常常充满了忧愁！我的忧思常常使我叫道：

"啊！但愿丘比特（Jupiter）能给我带回已成过去和业已消逝的岁月就好了！"

十四　但这类祷告是无用的。过去了的日子是永远不能再回头了。我们上了年纪的人是没有一个能够再变年轻，再去重新开始他的事业，用更好的方法再把事业做成功的。这是一件没有疑问的事情。此外只剩下了一件事，就是我们要尽力把这种建议贡献给我们的后来者。我们指出我们的教师是怎样把我们领向错误的，我们就能指出避免这种错误的方法。

第十二章　改良学校是可能的

一　医治根深蒂固的疾病是困难的，几乎常常是不可能的。但是假如有人贡献了一种有效的医治方法，病人会不会拒绝他来效劳呢？他是不是宁愿得到帮助，愈快愈好呢？如果他觉得医生不是纯凭臆测，而是有可靠的理由的，他是不是更会如此呢？无论如何，我们在这件事情上面已到了必须说明下面两点的时候，就是：（1）我们实际应许的是什么；（2）我们打算根据什么原则去做。

二　我们应许这样一种教育体系，使：

1. 一切青年都能受到教育（除了上帝没有给予悟性的是例外）。

2. 他们都能学到一切可以使人变成有智慧、有德行、能虔信的科目。

3. 教育是生活的预备，能在成年以前完成。

4. 实施这种教育的时候不用鞭笞，无须严酷或强迫，它可以实施得尽量温和轻快，尽量自然（正同生物的体格长大，丝毫不需勉强或强迫肢体去伸展一样；因为如果合适地得到食物、照料和运用，身体是会逐渐地、不知不觉地自行生长，并且变强壮的。同样，我主张把养料、照顾和运用谨慎地供给心智，把它自然而然地导向智慧、德行与虔信）。

5. 这种教育不是虚伪的，而是真实的，不是表面的，而是彻底的；这就是说，人类这个理性动物将不由别人的才智去领导，而由他自己的才智去领导；他不仅阅读别人的见解，掌握它们的意义，或把它们记下来、背下来，他要亲自钻研事物的根源，获得一种真能理解且真能利用所学的东西的习惯。

6. 这种教育将不是吃力的，而是非常轻松的。课堂教学每天只有四小时，一个先生可以同时教几百个学生，而所受的辛苦则比现在教一个学生少十倍。

三　但是，在看见这种事情以前，谁肯相信呢？人类有一种众所周知的特性，就是当一个非凡的发现没有发现以前，他们怀疑它的可能，可是一旦发现以后，他们又觉得诧异，认为为什么早不发现出来。阿基米德当初答应为海埃罗王（King Hiero）只手把一艘一百人都移不动的大船移到海里去的时候，他的建议受到人们的讥笑；可是成功以后，大家却为之目瞪口呆。

四　哥伦布当初疑心西部还有新岛屿的时候，除了卡斯提尔王（King of Castille）以外，谁也不肯听信他，谁也不肯帮助他去试一试。据说他在航程中的伴侣在屡次失望之后差不多要把他掷到海里，没有把事情做完就回去。但是，不管怎样，广大的新大陆终于被发现了，我们现在又都觉得奇怪，觉得它为什么过了这么长久没有被人知道。哥伦布开的一个有名的玩笑也说明了同一问题。有一次在一个宴会上，有些西班牙人忌妒这种发现的光荣被一个意大利人得去了，他们讥笑他，侮辱他说，那一半球的发现不是由于什么本领，而是由于机遇，别人谁也可以同样轻易地发现它。那时他便提出一个巧妙的问题，他问："一个鸡蛋不加支持怎样才能直立不倒呢？"每个人都试过了，都失败了，他便把蛋壳在桌上轻轻敲一敲，把它打破，就这样使它立住了。别人都大笑，说他们也会。"你们现在已经看见了这是怎样做成功的，你们当然会做了啊，"他说，"但是为什么在我以前谁也不会做呢？"

五　我相信，假如印刷术的发明者约翰·福斯特（John Faust）告诉过大家说，他有一种方法，可以使一个人在一星期以内抄出的书比十个最快的抄写者用平常的方法在一年以内所抄的还多；抄出的书会更好；一切抄本从头到尾会完全一般无二；校正过一份以后其余便绝对不会出错，我相信他所遇到的情形也会一样。谁会相信他呢？谁不会认为这是一个谜，或是一种虚假和愚蠢的夸张？但是现在每个儿童都知道这是一件庄严的事实了。

六 假如短枪的发明者施瓦尔茨（Berthold Schwartz）曾经向弓箭手说："你们的弓，你们的弩，你们的投石器全都没有多少价值。我可以给你们一种武器，它不必借助任何人力，只凭火做媒介，就不仅可以射出石头和铁，而且还可以把它们射得更远，射得更准，它们可以击中、拔除或打倒挡住它们的一切事物。"那时他们谁不会报之一笑呢？习俗是这样把一切新鲜事物看成神奇和不可置信的。

七 美洲的印第安人不懂得一个人为什么不用言语，不用递信的人，仅仅寄出一张纸条就能把他的心思告诉别人。但是在我们，哪怕一个智力最低的人也是懂得这道理的。

一个时代的困惑就这样成了下一个时代的笑谈。

八 我很知道，在我这件新事业上也会遇到这种情形；事实上我已经经验到了。有些人看见有人在通行的学校、书本和方法方面发现了缺点，敢于应许一些反常和异乎寻常的事情，他们是准会要生气的。

九 我很容易要求把我的结果当作我的最可靠的见证（我是这样信任上帝的）。但是我写这些文字的目的，为的既然不是一般没有受过教育的群众，而是受过教育的人们，我就应该拿出证明来，证明我们能使一切青年习染知识、德行和虔信，这样做不会产生教员和学生在旧制度下所同样不断地体验到的苦恼与困难。

十 有一个充分的证明是：每一造物不但容易被导向与它本性相投的方向去，而且实际上还是不能不走向想望中的目标去的，如果中途受到阻碍，它便感到痛苦。

十一 一只鸟儿学飞，一条鱼儿学游，一头野兽学跑，都不需要任何强迫。它们一旦觉得自己的肢体长得够强健了，它们立刻就自行去做这些事情。水自行从山上流下来，同样，有了燃料和流通的空气，火便自行着起来；一颗圆石头会滚下山去，一块方石头则会停住不滚，有了充分的光亮，眼睛和镜子便能接收事物的印象，环境适度温暖潮湿，种子便会发芽。事实上，这种种东西都在努力实践各自生来合适的职分，如果得到帮助，无论帮助如何微弱，它的职分便实践得更圆满。

十二　　我们在第五章说过，知识、德行和虔信的种子存在一切人类的身上（畸形的人例外），由此当然可见，他们所需要的只是一种和缓的推动和谨慎的指导而已。

十三　　但是反对的人说，不是每一块木头都可以雕成一个麦叩利神（Mercury）的。我的答复是：只要没有完全败坏，每一个人都是可以成为一个人的。

十四　　但是有人又会说，可是我们的内心力量被亚当的罪恶削弱了。我的答复是：是的，被削弱了，但是并没有被消灭。甚至以我们的体力而论，假如健康不佳，也是可以用散步、奔跑和人为的运动方式去恢复它的天然精力的。因为，虽则最初的造物在造成之后立刻就能走路、说话和思考，我们却非经过练习不行，但我们并不因此就认为学习这些事情不能避免困惑、劳苦与无把握。因为，假如我们学着去发挥身体上的机能，如进行吃饭、饮水、走路、跳跃之类活动时没有很大的困难，那么，如果有了合适的教导，我们为什么不能同样容易地学着去发挥心智方面的机能呢？并且，一个驯马的人能在几个月之内教会一匹马在一个圈子里面急走、跳跃和奔跑，根据马鞭的指示去操演；一个纯粹的马戏表演者能教一只熊去跳舞，教一只兔子去打鼓，教一只狗去耕田，去角力，或去占卦；一个衰弱的老妇人能够教她的鹦鹉、她的喜鹊或她的老鸦去模仿一个人的声音，或一支曲调；这种种事情虽然与天性相反，但是能在一个短短的时期内教会。然则，那些为天性所督促、所驱使一个人去做的事情，而不仅是它所容许或所领导他去做的，他却不易学会吗？如果有人正经提出这样一种论点，他是会见笑于驯兽者的。

十五　　但是有人提出异议，说该学的科目很困难，不是大家都能领会的。我的答复是：那是一种什么样的困难呢？难道世上会有一种极黑的东西，如果合适地放在光亮里都不能在镜子上面反映出来吗？一个人如果学会了画图的艺术，难道会有什么不能够在画布上面画出来的东西吗？如果园丁知道在什么时候撒种子，知道撒到什么地方，知道怎样一个撒法，难道世上真有什么种子或根芽是土地所不能够接收，所不能够用它的温暖去使它发芽的吗？并且，世上也没有一座岩石或高塔，高到了在合适的位置放了梯子，或在石上合适的地方凿好了台阶和装上防止跌落的栏杆之后还没有人爬得上去的（只要他有脚）。不错，在智慧方面，快乐地加入旅行的人很多，而能登峰造极的人是很少的，并且凡是走了相当距离的人无不是以劳累、喘息、疲倦和晕沉为代价的；但是这并不能证明人类的智性有什么达不到的目的，而只证明阶梯排列得不好或数目不够、有危险、没有修理而已。换句话说，就是方法麻烦。只要方法上的阶梯排列得合适、数目充足、坚固和安全，无论什么人都是能够借以达到他所希冀的高度的，这是一件毫无疑问的事实。

十六 大家会说，有些人的智性非常迟钝，要他们去求知识是不可能的。我的答复是：我们差不多找不出一块模糊的镜子模糊到了完全反映不出任何形象的地步，我们也差不多找不出一块粗糙的板子粗糙到了完全不能刻上什么东西的地步。此外，假如镜子被灰尘或斑点弄脏了，镜子首先就应打扫干净；假如木板粗糙，木板就应磨光；那时它们便能实践它们的功用了。同样，假如教员肯充分卖力气，人是可以被琢磨好的，最后，一切人便会懂得一切事情了（我是坚持我的警句的，因为我的基本原则证明是对的）。才智自然有区别，当迟钝的人还只达到知识的某个阶段时，天赋较好的人早已步步上升，学了一件又学一件，获得很多有用的新知识了。最后，虽然世上也许会有一些才智低到不能接受教育的人，像多节的木头不适于雕刻一样，但是我的意见对于具有一般能力的人还是适用的，靠着上帝的仁慈，他们的能力总是够用的。事实上才智极低的人是很少的，和生来肢体不全的人一样少见。因为盲、聋、跛、弱实际很少是与生俱来的，而是由于自己疏忽之故；才智特别低的人也是一样。

十七 此外还有一种反对的说法：说有许多人，缺乏的不是学习的能力，而是学习的意愿，去违反这种人的意志而强迫他们是不愉快的，也是没有用处的。我的答复是：有一个故事，说到一个哲学家，他有两个学生，一个很懒，一个很用功。两个学生都被老师打发走了；因为一个虽有能力学习但不肯学习，另一个虽则渴望求得知识，却没有能力去求得知识。但是，假如我们指出，学生之所以憎恶学问，原因是在教员自己身上，不知道事情又当怎样？亚里士多德说得对，他说一切人类生来都是渴于求知的，事情确是如此，这是我们在第五章和第十一章已经知道了的。但是在实际上，父母的溺爱往往妨碍了孩子们的自然倾向，他们后来又被好玩的同伴引上懒惰的途径，而城市与宫廷生活中的一切以及外界环境又使他们远离本来的倾向。因此他们不想探索不知的事，不易集中他们的思想（因为正同舌头一样，它被某种滋味渗透了，便难分辨别种滋味，心智也是一样，它被某件事情占据了的时候，便难再去注意别的事情）。在这种种情形之下，外来的分心的事必须首先除掉；那时天性就可以施展原有的力量，求知欲就可以再度显示出来。但负责教育青年的人中有几个知道必须先教他们怎样去求知呢？车匠在车木头以前，先用斧砍出一块木头；铁匠在打铁以前，先把铁烧热；织工在纺羊毛以前，先把羊毛弄干净，洗清洁，梳好，绉好；鞋匠在做鞋以前，先把皮子准备好，裁好，弄光滑；但是我要请问，谁曾想到过一个做教员的人在向学生传授知识以前，必须同样先使他的学生渴于求得知识，能够接受教导，因而准备接受一种多方面的教育呢？做教员的人对于学生差不多总是见面的时候是个什么样子，便把他们当作一个什么样子；他们车他们，打他们，梳他们，绉他们，把他们训练成一定的形状，希望他们变成一种完成了的和琢磨好的产品；如果结果不如他们的期望（我且请问你，这怎样能够？），他们便生气、发怒、恼火。我们看见有些人对于这种制度感到战栗、畏缩，我们还觉得惊奇呢。其实最可惊的倒是怎样有人能够忍受得了。

　　十八　这里是一个合适的地方，来略微谈谈性格的区别。有些人是伶俐的，有些人是迟钝的；有些人是温柔和顺从的，有些人是强硬不屈的；有些人渴于求取知识，有些人较爱获得机械技巧。从这三对相反的性格，我们一共得到六种不同的区分。

　　十九　那些伶俐的、渴于求知的、容易受影响的人应当归入第一种。这种人较之其余一切的人都更适于受教育。我们用不着替他们预备一种我们所谓知识养料的食物，因为，他们像良好的树木一样，是会在智慧中自行成长起来的。什么都不要，只要远见；因为不可让他们走得太快，以致不到时候就把自己弄疲倦了，弄凋谢了。

　　二十　此外还有一些伶俐但倾向迟钝懒惰的人。这种人是应该加以督促，使其前进的。

　　二十一　第三，我们有一些伶俐而且渴于求知，但同时又很倔强不易驾驭的人。这种人常常是使学校受到困难的大根源，他们大部分被绝望地放弃了。但是，如果正确地对待他们，他们常常可以成为最伟大的人。这类人有一个好例子，就是雅典的大将塞密斯托克利斯（Themistocles）。年轻的时候他是野性难驯的，所以他的导师对他说："我的孩子，你是不会长成任何平庸的人的；你将来对于你的国家不是有极大的用处，便会有极大的害处"。后来，大家都以他的稀奇的性格为异，他就常说，"野性难驯的马儿，只要恰当地加以训练，是可以变成千里驹的"。实际上亚历山大大帝的马彪塞法老斯（Bucephalus）就是这样的。因为当亚历山大看见他的父亲菲利普（Philip）打算把这匹不受羁勒，不让人去骑的牲畜弃去的时候，他就说："这些人在糟蹋一匹何等雄骏的马匹啊。他们没有本事，不知道怎样去对付它！"他立刻用手牵了那匹马，施展稀有的技巧（因为他从来没有用过马鞭），使它不独在那一次，而且从此以后永远把他驭得很好，世界上再也找不出一匹比它更高贵、更配得上它的伟大的主人的马儿来了。普卢塔克（Plutarck）告诉我们这个故事，他说："这个故事使我们想到，有许多富有天分的人毁在他们的教员手里，这些教员没有能力去管理或指导那些自由人，他们不是把他们当作马匹看待，而是把他们当作驴子看待。"

　　二十二　第四，我们有温柔、渴于求知，但又迂缓迟钝的人。这种人是能够跟随上述那种人前进的。但是为使这点变为可能起见，教员应当估计到他们的短处，不应该使他们负担过重，不向他们提出任何过分的要求，应当有耐心，应当帮助他们，应当给他们以力量，应当使他们走上正轨，以免灰心丧气。这种学生虽然成熟较迟，但是他们也许更能持久，如同成熟较晚的果实一样。在铅上面盖印记虽则很困难，但是盖上了就可以支持很久，同样，这种人的性格较之天分较高的人要来得稳定一些，对于学过的东西不容易忘记。所以，在学校里面，他们是应当得到一切机会的。

二十三 第五种是心智低弱，同时又很怠惰的人。这种人只要不顽梗，也是可以得到很大的进展的。不过需要巨大的技巧和耐心而已。

二十四 最后，我们有一些智性低，同时性情又很偏强恶劣的人。这种人很少能有什么用处。但是"自然"对于有毒的事物，总是预备了解毒剂的，不结果实的树木适当移植以后也能结出果实，所以我们不应该完全灰心，至少应该看看他们的倔强的性格是不是能够加以克服，把它清除掉。只有到了证明不可能的时候，歪扭多节的木头方才可以丢弃，因为要把它雕成一个麦叩利神是不可能的。卡托（Cato）说过，"硗瘠的土地不必去种植，而且根本不必去耕"。但是智性低到这样无从施教的人，千人中不易找到一个，这就是上帝仁慈的一个大证据。

二十五 这些话的实质和普卢塔克下列的话是一致的，他说："对于少年儿童的性格，谁也不能负责；但是用适当的训练使他们变得有德行，是我们力所能及的。"你要好好地注意这一点，他说这是"我们力所能及的"。因为对于一棵欣欣向荣的嫩苗，园丁是一定可以施展他的移植的技巧，把它培成一株树木的。

二十六 下列四个理由表明，一切青年虽然心性这么各不相同，但是可以采用同样的方法去教育。

二十七 第一：因为一切人类的目标都是一样的，就是，知识、德行和虔信。

二十八 第二：因为一切人类的心性虽则各不相同，但是他们具有同样的人性，具有同样的感觉与理性的器官。

二十九 第三：因为性格的差别只是由于自然的和谐里面多出了或缺少了某些因素所致，正像身体上的疾病只是由于湿燥、寒热的状况反乎寻常是一样的道理。比如，所谓才智伶俐岂不只是脑子里的生气敏锐、运动迅速，能以高速度通过感觉并迅速了解外物吗？但是，这种迅速的运动如果不受到阻碍，它就会浪费智性，使脑子变脆弱或迟钝。因此许多早慧的孩子不是从小死去了，便是变蠢了。

反之，所谓愚蠢岂不只是由于脑液胶黏，非经常加以触动不会运动吗？所谓傲慢不驯岂不只是由于精力过剩，过于顽梗，须借管束去克制吗？所谓懈怠岂不只是精力太少，必得加以补充吗？医治身体方面的疾病的最好办法不是引用甲种极端去驱逐乙种极端（因为这样反而更会加剧斗争），而是去缓和一切极端，使一方面不要太少，另一方面不要太多；同样，医治心理方面的错误的最好方法是这样一种教育的方法，它使天性中过多、过少的东西因此得以中和起来，使一切心理因素因此得以变和谐，变得美满。所以，我们的方法是没有一个因素趋于极端的才智的（事实上这是最常见的），这样我们就既不会缺乏约束活泼的心智的缰勒（目的是希望他们不要没有到时候就自己消磨以尽了），也不会缺乏鞭策迟钝的人们的靴距和刺针。

三十　第四，如果不是积习已深，心性上的每种过与不及之点都是可以互相抵消的。在战争中，新兵和老兵是混合在一道的；衰弱的和强健的，迟钝的和活跃的，战斗时都在同样的标准之下作战，都服从同样的命令。但是一旦战胜之后，他们便各尽所能，去追逐敌人，各尽所需，去掠取战利品。在知识的阵营里面也是一样的；迂缓的和迅捷的，愚鲁的和机敏的，顽强的和柔顺的，都混在一起，他们需要指导时，都受同样的训条与榜样的指导。但是一旦在校的日子过去以后，他们就应各按自己的速度去完成下余的学习。

三十一　我说才智不同的人应当混合起来，我所注重的是对学生的额外帮助，不止限于施教的地点。比如，教员倘若发现某个学生比其他学生都聪明，就可以给他两三个愚蠢的孩子，让他去教；倘若他看见某个学生比其他学生都可靠，他就可以让他去监视并管束那些品格较差的孩子。只要教员经常监督他们，使一切事情都照理性所规定的去进行，他们双方都可以从此得到巨大的利益。现在引子算是说完了，应当去讨论这本书的真正论旨了。

第十三章　改良学校的基础应当是万物的严谨秩序

一　我们通过考察知道，真正维系我们这个世界的结构以至它的细枝末节的原则不是别的，只是秩序而已；就是，按照地点、时间、数目、大小和重量把先来的和后来的，高级的和低级的，大的和小的，相同的和相异的种种事物加以合适的区分，使每件事物都能好好地实践它的功用。所以，秩序就叫作事物的灵魂。因为一切秩序良好的东西，只要它能保持它的秩序，它就可以保持它的地位和力量；到了不能保持它的秩序的时候，它就变脆弱，就倾跌和颠覆。这可以从自然与艺术的例证看得很明白。

二　我且请问，这个世界是因什么媒介才保持了它的现状的呢？是什么东西使它这样非常稳定呢？这是由于每一种造物都肯服从自然的命令，把它的行动限定在一种合适的限度以内的缘故；所以，在小事情上面小心地遵守秩序，宇宙的秩序就保持住了。

三　时间的巨流是因什么媒介才这样准确地和连续地分为年、月、日的呢？没有别的，只是由于苍天的不变的秩序之故。

四　是什么使蜜蜂、蚂蚁和蜘蛛能做出非常精细的工作，叫人容易惊羡而不容易模仿呢？没有别的，只是由于它们有种天才，能在它们的建设中把秩序、数目和质料和谐地结合起来而已。

五　是什么把人体组成这么稀有的一副工具，使它虽则只有极少的资源可以利用，但是几乎能够发生无穷无尽的功用呢？我的意思是说它的肢体有限，为什么却能做出非常复杂的、不必再有他望的工作

54

呢？毫无疑问，这是由于肢体及其组成部分的和谐排列之故。

六 一个单个的心灵为什么能够统治它所寄居的整个身体，同时又能指挥那么多的动作呢？没有别的，只是因为肢体的连接具有和谐的秩序，那种和谐的秩序使它们服从心灵的最轻微的指示，立刻发生动作而已。

七 一个单个的人、一个国王或皇帝，为什么能够统治整个国家呢？虽然国内有多少人就有多少条心，但是他们都服从那一个人，为他服务，如果他的事情顺利，每一个百姓的事情一定也会繁荣起来，这是为什么呢？原来这又是由于秩序之故。有了秩序做媒介，人们便都被法律与服从维系住了，其中有些人直接服从最高的统治者，与最高的统治者发生直接的接触，而别的人则又服从这些人，这样一直推演到最低贱的农奴。这种安排就像一副链条，链条上的每一个环节都是紧密地接连的，头一个环节动或是不动，其余一切的环节便都跟着动或不动。

八 海埃罗没有人帮忙，为什么能移动一件一百个人都移不动的重物呢？这当然是由于利用了一件聪明地设计出来的机械之故，机械里面的柱、轮以及其他部分的排列使这一部分在那一部分上发生作用时，力就大大变大了。

九 大炮的骇人听闻的作用，可以轰倒墙垣，震撼堡塔，挫抑敌军，它所依靠的没有别的，也只是材料的合适安排，使主动因素与被动因素密切联系而已；就是说，它所依靠的是硝石与硫黄（最冷的物质和最热的物质）的适当混合，是炮的合适构造，是熟练地装置火药与弹丸，是对射击目标的正确瞄准。假如这些条件之中有一件没有适当地履行，整个工具便没有用处了。

十 有了印刷术书籍就可以迅速地、洁净地、正确地印出来，这又是怎样正确地进行的呢？当然也是由于秩序之故。铅字必须雕好、铸好、磨光，并且合适地放在字箱里面，然后按照正确的秩序排列出来，纸张也须备好，打湿，伸开，并且放在印刷机上。

十一 我可以再举一个机械方面的例子。一部马车，一部木与铁的构造，为什么容易被缚着的马匹拖走，能够用来运人运货呢？没有别的，只是由于车轮、车轴和车杠中的木与铁的巧妙排列而已。假如其中有一个部分坏了，整个构造便没有用处了。

十二 人在惊涛骇浪的海里，坐着几片木头造成的一个东西，为什么就能自信得很呢？ 他们为什么能够走到对跖人那里，并且能够安全稳当地回来呢？ 没有别的，只是由于船上的龙骨、桅杆、舵和指南针等等东西装配得合适，所以能使他们这样去做。 假如其中有一件不能发生作用，他们就有覆舟或沉没的大危险。

十三 最后，测算时间的机械——钟，不过是一些安排得好、设计得好的铁的部件的排列而已，为什么它能够和谐地、均匀地运行，能够指出分、时、日、月，有时甚至能够指出年份呢？ 它为什么不独能够指示给眼看，而且也能在晚上，对远方的人用一些符号，指示给耳听呢？ 这种器械为什么能够在一定的时刻使一个人从睡眠中惊醒，能够发出光亮使他看见呢？ 它为什么能够指出月亮的弦、行星的位置和日月食呢？ 一件机械，一件没有灵魂的东西，能这样有生命似的连续地、常规地运行，岂不真是一件可怪的事吗？ 在钟的发明以前，这种东西的存在岂不是同树木能走，或石头能说话一样的看来是不可能的吗？ 然而现在却人人都能看到它们的存在了。

十四 发生这种作用的潜在力量是什么呢？ 没有别的，只是秩序的万能的支配力而已；就是说，力量发生于把一切有关的部件按照它们的数目、大小和重要程度组合起来，使每一个部件都能够尽它自己应尽的职分，能够与其他部件和谐地合作，并且帮助其他在产生应有的结果上不能不有的部件；就是说，每一个部件的大小必须小心地加以调节，使它合乎其他部件的大小；每一个部件都必须正确地与周围各部件相配合；并且应当遵守平均分配力量到各部件的一般法则。在这种情形之下，一切程序较之一个心灵所支配的活的身体更加准确。但是，假如其中任何一个部件的位置错了，碎了，破了，或是松了，弯了，即使它是最小的一个转轮，是最无关系的一根轮轴，或是最小的一个螺丝，那时整个机械便会停止不动，至少也会走错，这就明白地告诉了我们：一切事物都是有赖于它的各个部件的和谐工作的。

十五 所以，教学艺术所需要的也不是别的，只不过是要把时间、科目和方法巧妙地加以安排而已。一旦我们发现了正确的方法以后，那时无论教导多少学童都不会比用印刷机在一天之内印一千份最整洁的文章，或用阿基密提的机械去移动房屋、堡塔和极重的重物，或坐船经过大洋，去新世界旅行更为困难。整个的进程也会和一座得到重锤做动力的钟的运行一样，不会发生摩擦。看到照我的计划去进行教育和看到这种自动机将是一样地快乐，它的进程和这种巧妙地做出来的机械是同样不会失败的。

十六 所以，我们应该代表全能的主这样地去组织学校，使它们在这些方面能十分像一座用最巨大的技巧做成的、用最精细的工具巧妙地雕镂着的钟一样。

第十四章　教导的严谨秩序应当以自然为借鉴，并且必须是不受任何阻碍的

　　一　所以我们应当开始以上帝的名义，去寻找教与学的方法所能根据的磐石一般的原则。如果我们想要找出医治自然的缺点的方法，我们就必须从自然本身去寻找，因为艺术若不模仿自然，它必然什么都做不了。

　　二　关于这一点，不要多少例子就可以说明白。我们看见一条鱼儿在水里游泳；游泳就是它的行进的自然方式。假如有人想要模仿它，他便必须把他的肢体按照同样的方式去运用；他必须用手臂去代替鱼翅，用脚去代替鱼尾，像鱼用翅一样去用他的手脚。甚至船舶的构造也是这样地来设计的，它们必须用桨或帆去代替鱼翅，用舵去代替鱼尾。　我们看见一只鸟儿在天空中飞翔，飞翔就是它的行进的自然方式。当提达拉斯（Daedalus）想要模仿它的时候，他就得装上翅膀（翅膀很大，能够载得起这么沉重的一个物体）使它们动作。

　　三　动物的发声器官是一根管子，里面有肌肉所组成的环圈，上端有甲状软骨，像个盖子一样，下端有肺，像个风囊一般。

　　笛子、哨子以及其他管乐器便是按照这种模型制造出来的。

　　四　我们发现产生云里的雷和降下火与石的物质是与硫黄一道燃烧的硝石。火药便是模仿这一点，用硫黄和硝石制造出来的。一旦火药在大炮里面点着了并发射出去的时候，那时就发生一种假雷电，有雷，也有闪电。

五　我们发现水总是保持一种水平面的，即使在相连但相隔很远的器皿里面也是一样。有人做过实验，使水在管子里面通过，结果发现，它会从任何低的高度升到任何相当于水源高度的高度。这是一种人为的安排，但也是合乎自然的；因为动作发生的方式虽则是人为的，然而动作所根据的法则却是合乎自然的。

六　我们仰观苍天，就发现天是不断运行的，由于行星的种种旋转，就产生了可爱的季节变换。有人模仿这一点，设计了一种器械，可以表示穹苍按日旋转的状况。它有许多齿轮，齿轮的装置不独使一个齿轮可以被另外一个齿轮所推动，而且个个齿轮都可以继续不断运动。这个器械必须由能动的部件与不动的部件组成，就像宇宙本身的构造一样，因而，我们就有相当于地球本身、宇宙中的不动的因素的坚固的钟座、栋柱、圆圈，至于代表天上能动的轨道的就有各种齿轮。但是由于我们不能叫某一个齿轮去旋转并叫它把其他齿轮都带动（像造物主把力量给予天体中的光体，叫它们自己去运行，并且带着别的光体运行一样），所以动力必须从自然去借来，因此就利用一个重锤或一根发条。我们或用一个重锤悬在主轮的轴上，利用它的张力去转动它所附着的轴和其他齿轮；或把一根长长的钢条，用力缚在轴上，利用它的想自由、想伸直的力量，去使轴与齿轮旋转。为使旋转不要太快，要像穹苍的旋转一样徐缓起见，于是另外又加一些齿轮，其中最后的一个只由两个齿轮去转动，发出一种嘀嗒的声音，类似光亮的来去或昼夜的变换。机构中除了指示时刻的部件以外，又加上一些巧妙地设计出来的轮制，这些轮制可以使它到了适当的时候就动作，然后又停止，正像自然一样，由于穹苍的运行，让春夏秋冬四季按时到来，按时离去。

七　现在就很明白了，秩序是把一切事物教给一切人们的教学艺术的主导原则，这是应当、并且只能以自然的作用为借鉴的。一旦这个原则彻底地被掌握以后，艺术的进行立刻便会同自然的运行一样容易，一样自然。西塞罗说得很恰切，他说："假如我们把自然看作我们的向导，她是决不会把我们领入歧途的。"他又说："在自然的指导之下，迷途是不可能的。"这是我们的信仰，我们的建议是要经心地注视自然的作用，要去模仿它们。

八　但是也许有人会讥笑我们的期望，会引用希波克拉提斯（Hippocrates）的话来责备我们说："人生是短促的，艺术却是长久的；机会是不居的，经验是靠不住的，判断是困难的。"关于为什么很少有人能攀登智慧的高峰，这有五种障碍：（1）人生短促，因此有许多人对于人生的准备还没有完成，便在青年时代死掉了。（2）心灵所应领会的事物太繁杂，因此要把万物都纳入我们的知识领域便成了一件非常烦腻的工作。（3）缺乏获得艺术的机会或是机会消灭得太快（因为年轻时最适于心理的培养，可是用到游戏上面去了，而在以后的岁月中，则照现在人类的情形看来，无益之事，出现的机会远远多于正经的事）；否则就是合适的机会来了之后，我们还没有捉住便又消失掉了。（4）我们的心智贫弱，缺乏健全的判断。结果，我们达到的只是外面的皮壳，决不能够达到谷粒本身。（5）最后，假如有人想要利用耐心的观察和尽量反复的实验，去领会事物的真正性质，做起来是太令人感到烦厌的，同时又是靠不住的和没有把握的（比如，在这种精确的观察中，哪怕最小心的观察者也可以发生一个错误，一旦发生一个错误之后，整个观察就都没有价值了）。

九　假如这都是真的，那么我们又怎敢希望获得一种周全的、有把握的、容易的、彻底的求学之道呢？我的答复是：经验告诉我们，这都是真的，但是同一经验又告诉我们可以找到适当的补救方法。这些事情是上帝，宇宙的全慧的安排者，注定要它们这样的，为的是我们的好处。他给我们一个短促的人生，是因为在我们现有的腐败状况之下，我们不能有益地利用一个更长的人生。因为，我们这些生生死死，自生至死岁月不多的人若是一味放任自己的愚蠢；如果我们跟前有了几百几千年的岁月，我们那时有什么不会去做的呢？所以，上帝只愿把他认为可以充分预备一个更好的人生的时间给予我们。为了这个目的，假如我们知道怎样去利用，人生是够长的了。

十　繁杂的事物也同样是上帝为了我们的好处而注定的，省得缺乏占据、练习并且教育我们的心灵的材料。

十一 上帝让机会迅捷不居，只能迅速地去把握，为的是使我们学会在机会到来的时候立刻去捉住机会。

十二 经验之所以靠不住，目的在使我们的注意可以得到激发，使我们可以感觉到钻研事物的本性的必要。

十三 最后，判断之所以困难，目的在于激发我们的热忱，督促我们不断努力，使渗透万物的上帝的潜在的智慧能够更加显露出来，让我们得到大大的满足。

"假如每件事情都容易懂得，"圣奥古斯丁（St. Augustine）说道，"人类就不会敏锐地去追求智慧，也不会以得到智慧为乐了。"

十四 所以，对于上帝的远见放在我们的路上，使我们更加敏锐和更加精力饱满的种种阻碍，我们必须看看怎样才能借助上帝把它们丢置一边。这只能通过下列的方法去达到：

1. 延长我们的生命，使它们长到足以完成我们所提出的计划。

2. 精简教学科目，使它们与人生的期限相称。

3. 抓住机会，不使它们没有被利用就跑掉了。

4. 开发心智，使它易于领会万事万物。

5. 打下一种牢固不拔的和不会欺骗我们的基础，去代替肤浅观察的不稳结构。

十五 因此，我们将把自然当作我们的向导，去找出下列各种原则：

1. 延长生命的原则。

2. 精简科目，使知识能够更快地获得的原则。

3. 抓住机会，使知识一定能被获得的原则。

4. 开发心智，使知识容易获得的原则。

5. 使判断力变锐利，使知识能够彻底地被获得的原则。

对于以上各点中的每一点，我们都要拿出一章来讨论。精简教学科目的问题要放在最后讨论。

第十五章　延长生命的基础

　　一　亚里士多德和希波克拉提斯都埋怨过人生短促，非难过自然，说它把长久的岁月给了牡鹿、乌鸦以及其他动物，却把生来负有重大责任的人类的生命限制在狭小的范围里面。但是辛尼加反对这种看法，他说得很明智："我们所得的生命并不短促，除非我们自己使它短促。我们并不苦于岁月缺乏，而是浪费了给予我们的岁月。假如我们知道怎样利用人生，人生是很长的。"他又说："假如我们把我们的生命好好地安排，它们是够长的，它们可以让我们做成最伟大的事业。"（见 *De Brevitate Vitae*，第一、第二章）

　　二　事实上这种看法是对的，假如真是对的话，那么，如果我们的生命证明不够长，不能使我们做完伟大的事业，那便只能十分责备我们自己，因为我们浪费了我们的生命，一方面由于我们没有照顾它们，以致它们没有达到自然的限度，一方面由于我们把生命消磨在没有价值的目标上了。

　　三　有一个可靠的权威［希波利塔斯·瓜利诺（Hippolytus Gua-rino）］说过，并且说出了良好的理由，他说哪怕身体最弱的人，如果生来没有畸形，也是具有充分的活力，可以活到六十岁的；至于一个身体十分强壮的人就应当活到一百岁了。假如有人在这种年龄以前死了（当然，众所周知大多数人是在儿童时代、青年时代或者中年时代就死了的），那只能怪他们自己，因为他们纵容或忽略了生命的自然需要，以致损害了他们自己的健康，损害了他们的儿女的健康，加快了他们的死亡。

四 有些人在中年以前就达到了别人在长期的人生中所达不到的境界，这种例子证明短促的人生（即五十、四十或三十岁的人生）只要用得合适，也足以实现最高的目标。亚历山大大帝死的时候只有三十三岁，但是他不仅精通一切科学，而且也是世界的征服者，他的征服单靠武力的成分少，而靠他的聪敏的计划和执行计划的迅捷的成分多。佐凡尼·彼科·密朗多拉（Giovanni Pico Mirandola）死时比亚历山大的年纪还轻，但是他通过对哲学的研究，竟至精通了人类知识的一切部门，被认为是当时的一个奇迹。

五 我们可以再举一个例子，耶稣基督，我们的主，在世界上只停留了三十四年，在这三十四年中就完成了超度世人的工作。他之所以这样去做，无疑是要证明（因为有关他的每一事件都是寓有深意的）一个人所享的生命不论长短，都是足够供他为永生做准备的。

六 我在结束这个问题以前便不能不去征引辛尼加的一句名言（在他的第九十四封书信里面），他说："我发现有许多人对人类是公道的，但是很少有人对上帝是公道的。我们天天悲伤我们的命运；但是我们迟早总有一天是要离开这个世界的，然则离开的迟早又有什么关系呢？假如人生是充实的，人生就是长久的了，假如精神能把自己的力量用在自己身上，假如它学会了自制的秘诀，人生便是充实的了。"他又说："我求求你，我的琉西利阿斯（Lucilius）！让我们努力去使我们的生命像世间的宝石一样，不要块头大，只要重量大吧。"随后又说："所以，如果有人善于运用他所得到的年限，不管年限多么短促，我们便应把他看作有福的人。因为他已经看到真的光亮了。他不是庸众中的一个；他度过了一个充实的人生，是已成熟了的。"他又说："一个完美的人可以存在一个短小的躯体里面，所以一个完美的人生也可以在一个短促的岁月里面去发现。生命的长短只是一种偶然。你不是问人生哪一条路通得最远吗？这是走向智慧的路。凡是得到了智慧的人就不仅走得最远，而且也达到了最高的目标。"

七 对于这种被埋怨的短促的人生，我们和我们的孩子（所以学校也在其内）可以有两种补救的办法。我们应当尽量当心：

1. 使我们的身体不要受到疾病与死亡的侵袭；

2. 把我们的心灵放在一种能够获得一切知识的环境里面。

八　身体必须避免疾病与意外的侵袭，第一，因为它是灵魂所住的地方，一旦身体毁坏了，灵魂便得立刻离开这个世界。假如身体不健康，任何部分受了损害，它的客人——灵魂，便得住在一个薄待客人的住所。所以，我们如果想要尽可能长久地住在这个上帝的仁慈叫我们来住的世界宫殿里面，我们就必须深谋远虑地对待我们的身体结构。

第二，这个身体不仅是作为推理的灵魂的住所，而且也是作为灵魂的工具，没有这个工具，灵魂便会听不见什么，看不见什么，说不出什么，做不成什么，甚至想都想不了什么。存在心灵中的事情是没有不先存在感觉中的，所以智性所用的一切思想材料全是从感觉得来的，它进行思想的方式可以叫作"内在的感觉"，就是说，是依靠那些达到它的跟前的事物的影像去思想的。所以，如果脑筋受了伤害，想象便会受到伤害，如果身体得到一个印象，心灵也会得到一个印象。因此，我们可以毫不迟疑地说，人人都应该祈求自己具有存在于一个健康的身体里面的一个健康的心灵。

九　我们的身体要过一种有规律的、有节制的生活，才能保持健康精壮，关于这一点，我们打算拿一株树木做例子，用医学的观点说明一下。一株树木要能保持它的健壮，它便需要三件东西：（1）不断的水分供应；（2）充分的蒸发；（3）相间的休息与活动时间。

需要水分，是因为树木没有水分就会凋萎枯槁，但是水分的供应也不可太多，太多就可以使树根腐坏。同样，身体需要养料，因为没有养料，身体就会由于饥渴而趋于衰竭；但是身体所得的养料也不可太多，致使胃部不能消化。人们取食愈有节制，食物的消化便愈容易。一般人不大注意这个法则，吃多了食物，以致降低了他们的精力，缩短了他们的寿命。因为死亡起因于疾病，疾病起因于不卫生的汁液，而不卫生的汁液是起因于消化不良。消化不良起因于营养过多，是因为胃内的食物太充塞，不能消化之故，所以只好把半消化的汁液供给身体各部分，在这种情形之下，不生病自然是不可能的。西拉的儿子说："许多

人是因为过食而死的，但是当心的人就延长了寿命。"（《便西拉智训》，第三十七章，31）

十 为了能够保持良好的健康，养料不仅分量要有节制，而且质料也要清淡。树木幼小娇弱的时候，园丁是不会用酒或牛乳去灌溉的，他只用合于树木的液体去灌溉，这就是水。所以，做父母的人要当心，不要用山珍海味去毁了自己的孩子，尤其是正在学习或应学习的孩子。但以理和他的伴侣都是贵族出身的青年，他们必须追求智慧，吃的只是素菜和白水，结果反而比一切吃着国王饭食的青年更能干、更活泼，尤其更有价值的是更聪明，对此我们岂不知道吗？（《但以理书》，第一章，12以下）但是关于这种种细节，我们以后将在别的地方再说。

十一 树木还必须蒸发，需要充分得到风、雨、霜露的振刷；否则它就容易陷于健康不良，结不出果实。同样，人类的身体需要动作、刺激和运动，不管人为的也好，自然的也好，在日常的生活中，都必须得到供应。

十二 最后，树木在一定期间需要休息，以免老是抽枝、开花、结果，而有时间去履行它的内部功用，去发展树汁，这样去加强自己的力量。基于这个理由，所以上帝规定冬天应当跟着夏天来到，意思在使地球上的一切生物，甚至地球本身都得到休息，因为他吩咐过田地每七年要荒芜一次，不可耕种（《利未记》，第二十五章）。同样，他又为人类和其他动物规定了夜晚，好使他们通过睡眠与肢体的休息得以把白天运动所消耗的精力重新聚集起来。甚至比较短促的时限，如祈祷时间之类也是设计出来，使身体和心灵得到休畅；否则便会出现一种紧张和不自然的状态。所以在白天的工作里面穿插一些舒畅、娱乐、游戏、欢娱、音乐之类的消遣，去振刷内外的感官是有益处的。

十三 凡是遵守这三个原则的人（即饮食有节制，身体有运动，并且利用自然所供给的休息机会），他是不会不尽可能长久地保持生命与健康的。至于那些由于高于我们的摆布所摆布的意外事件，我们自然没法去考虑。

所以，我们知道，良好的学校组织主要在于工作与休息分配得当，有赖于读书、松缓、紧张的间隙与娱乐的分配。

十四 为了达到这个目的，我们可以把读书的时间巧妙地加以分配。三十年的工夫看来似乎是不重要的，是容易说出口来的。但是这些年数中却包含着许许多多的月份，比月份更多的日数，和计算不清的钟点。在这样长久的一段期间里面，我们是可以得到很大的进步的，不管进步的步骤如何缓慢，只要是在继续不断地进步就行。关于这一点，我们可以从植物的生长看出来。哪怕眼光最敏锐的人都是看不见植物的生长的，因为它的进行实在是太慢了；但是每一个月可以看出一些增长，到了三十年之后，那时就谁也可以看出幼树已经长成一株巨大成荫的树木了。同样的道理也适用于我们的身体的生长。我们看不出身体是在生长，我们只能看出它们已经长了。心灵获得知识的情形也一样，如同我们从下列著名的拉丁对句所看到的：

> 点滴复点滴，
> 顷刻成大垤。

十五 凡是认识进展的天然力量的人就容易懂得这层道理。一株树木的每一个芽每年只能生出一根嫩枝；但是在三十年中，同一株树木就有千百枝大大小小的树枝，无数的树叶、花儿和果实了。然则为什么不能使一个人的活动在二十或三十年之内达到任何高度或深度呢？让我们再来把这个问题仔细考察一下吧。

十六 一天有二十四小时，假如为生活的日常使用，我们把这二十四小时分做三部分，拿八小时来做睡眠之用，拿八小时来供给身体的外部需要（例如，照料健康、饮食、着衣、脱衣、赏心的娱乐、友谊的交往等等），我们剩下八小时来供生活上的正经工作。这样一来，我们一星期就有四十八个工作时了（第七天留下来休息）。一年就有二千九百四十五小时，十年、二十年或三十年之中，就成了一个无量的数目了。

十七 假如一个人每小时能够学会某项知识的一个片段，学会某种技艺的一条规则，学会一个单纯的悦意的故事或谚语（这是不必费力就可以学会的），然则他所存留的学问将会是何等的丰富呢?

十八 所以辛尼加说得对，他说："假如我们知道怎样利用人生，人生是长久的;假如人生用得合适，它是足以完成最伟大的事业的。"所以，重要的是我们要懂得最好地利用我们的生命的艺术，我们现在就要来考察这一点了。

第十六章　教与学的一般要求，即一定能产生结果的教与学的方法

一　我们的主，耶稣基督在《福音书》里所打的比喻真是好极了，他说："上帝的国如同人把种子撒在地上。黑夜睡觉，白日起来，这种子就发芽渐长，那人却不晓得如何这样。地生五谷是出于自然的：先发苗，后长穗，再后穗上结成饱满的籽粒。谷既熟了，就用镰刀去割，因为收成的时候到了。"（《马可福音》，第四章，26）

二　救世主在这里告诉我们，在一切事物里面发生作用的都是上帝，人所能做的只是用一颗虔诚的心，去接受教导的种子；然后生长与成熟自然就会自行继续，为人所看不出来。所以，教育青年的教员的责任不是别的，只需熟练地把教导的种子散布到他们心灵里，并经心地灌溉上帝的植物就够了。增加与生长自然就会从此来到的。

三　谁会否认撒种与种植需要技巧和经验呢？假如一个没有经验的园丁把幼树种在一座果园里面，大多数幼树死掉了，少数长得茂盛的则是由于机遇之故，不是由于技巧。但是受过训练的园丁的工作是很小心的，因为他受过良好的教导，知道在什么地方去做，知道在什么时候去做，知道怎样去做，并且知道什么不必去做，自己才不至于失败。事实上甚至一个有经验的人有时候也不免失败（因为一个人不能够事先考虑得十分周到，一点不犯错误），但是我们现在所讨论的并不是周到与机遇的抽象问题，而是怎样用周到去排除机遇的技术问题。

四　直到现在为止，教导的方法还很不可靠，很少有人敢说："在若干年月之内，我可以把这个青年教到某种某种程度；我一定用某种某

种方法去教他。"所以我们应该看看,我们能不能够把训练才智的艺术奠定在一种坚实的基础上面,使我们能够得到可靠的与准确的进步。

五 由于只有尽量使艺术的步骤符合自然的步骤才能正确地奠定这种基础(这是我们在第十五章已经知道了的),我们打算遵循自然的方法,拿一个孵化幼鸟的鸟儿来做我们的榜样;假如我们看见园丁、画家和建筑家步随自然的后尘得到了好结果,我们就该明白,教育青年的教育家是应该采取同一行径的。

六 假如有人觉得这种做法不足重视,过于平常,他就应当想想,我们是在从日常习见、举世周知,并且在自然与艺术方面(教学的艺术是例外)产生了良好结果的事情,去推求那些比较不很被人知道,但系我们现在的目标所需的事情。大家知道了那些形成我们的方案的基础的原则所根据的事实之后,我们是可以希望我们的结论来得更加显明的。

原 则 一

七 自然遵守适当的时机。

比如:一只鸟儿要想繁殖它的种类,它不会在万物都被寒冷冻僵了的冬天去繁殖,也不会在万物都被酷热烤焦了的夏天去繁殖;并且它也不会在秋天去繁殖,因为那时候一切生物的生命力跟着太阳的光辉日趋低落,初冬挟着敌视的姿态正在到来;它只在春天去繁殖,因为那时太阳给万物带回了生命与精力。并且繁殖也分好几个步骤。当天气还冷的时候,鸟儿把鸟卵怀在体内去给它们温暖,因为在体内,它们就不致受到寒冷的侵袭;一旦天气渐趋温暖,它便把蛋儿放到巢里,但是要到温暖的季节到来以后,娇嫩的幼鸟有了逐渐习惯光亮与温暖的机会的时候,才把它们孵化出来。

八 模仿。——同样,园丁当心地不违背季节去做任何事情。所以他不在冬天去种植(因为那时候树汁留在树根里面,预备日后升上去,把养料带给树木);他也不在夏天去种植(那时树汁已经分散到树枝上面去了);他也不在秋天去种植(那时树汁又再回到树根里面);他只在春天去种植,因为那时候水分已在开始从树根往上升,树木的上部在开始发芽了。对幼树很重要的是此后所需的各种处理，如下肥、修剪、剪枝之类，也必须选择恰当的时候。甚至树木本身的发芽、开花、生长、成熟，也是有它的正当时机的。

同样，谨慎的建筑家也必须选择正当的时机去砍伐木材、烧砖、下脚、建造以及粉刷等等。

九 偏差。——学校犯了一种直接违反这个原则的双重错误。

1. 没有选择运用心灵的正当时机。

2. 心灵的运用没有正确地划分阶段，使一切进展能经各个必经的阶段去得到，一点也不漏掉。当孩子还是一个儿童的时候，他是不能够受教的，因为他的悟性的根芽离地面还太远。一旦老了，那时再去教他又太迟了，因为那时智性和记忆已在衰退。在中年的时候，教导是困难的，因为智性的力量分散到了形形色色的事物上面，不容易集中起来。所以，我们应该选定青年时期。这时生命和心灵都是生意盎然的，都在蓄积力量；一切事情都是精力饱满的，都可以深深地生下根。

十 纠正。——所以我们的结论是：

1. 人类的教育应从人生的青春开始，就是说，要从儿童时期开始（因为儿童时期等于春天，青年时期等于夏天，成年时期等于秋天，老年时期等于冬天）。

2. 早晨最宜于读书（因为在这里，早晨等于春天，正午等于夏天，黄昏等于秋天，夜间等于冬天）。

3. 一切学科都应加以排列，使其适合学生的年龄，凡是超出了他们的理解的东西就不要给他们去学习。

原 则 二

十一 自然先预备材料，然后再给它形状。

比如：鸟儿想要产生一个和自己相似的生物，它便先用自己的一滴血去怀下胚胎；然后再预备生蛋的鸟巢，但是不到幼鸟已经形成，在蛋壳里面动弹的时候，不把它们孵化出来。

十二 模仿。——同样，小心谨慎的建筑家在开始兴造一所建筑以前，便先去收集许多木材、石灰、石头、铁，以及其他种种必需的东西，使自己日后不因缺乏材料以致被迫停止工作，或发现建筑物的坚固性受了损害。同样，画家想要画张图画，便去预备画布，把它支在架子上面，在上面涂上底色，和好颜料，把画笔放在便于随手取用的地方，最后才开始作画。

同样，园丁在开始工作以前，他就去准备好园地、本枝、接穗和工具，以免工作时还要去找必需的用具，否则会破坏整个工作。

十三　偏差。——学校是违背了这个原则的犯人：第一，因为它们不经心，事先不去准备书籍、地图、图像、表解之类的机械帮助，不为一般的使用把它们准备好，而只在到了需要这样或那样的时候，他们才去做实验、画图、笔录、抄写等等工作，这种工作由一个不熟练的或是不当心的教员（这种教员的数目一天天在增加）做出来，结果是可悲的。这就正像一个医生到了用药的时候才不得不到花园与树林里面去徘徊，去收集和蒸馏药草和树根一样，医治每一种疾病的药剂他都应该随时放在手边。

十四　第二，因为甚至在学校所用的书籍里面，也没有遵守先材料、后形状的自然秩序。到处都是恰恰相反的情形。总是不自然地把事物的分类放在关于事物本身的知识前，虽则在被分类的事物没有出现以前，分类是不可能的。关于这一点，我可以用四个例子来说明。

十五　（1）在学校里面语文先学，科学后学，因为智性在学习语文方面耽误了好些年，然后才去学习科学、算学和物理学等等。但事物是主要的，文字只是偶然的；事物是本体，文字只是衣着而已；事物是核，文字是壳，是皮。所以两者是应该同时呈现到智性眼前的，事物尤其如此，因为它们和语文同样是悟性的对象。

十六　（2）甚至在语文学习方面，正确的次序也被颠倒了，因为学生不是从某个作家或从一种熟练地编辑出来的片语集开始的，而是从文法开始的；其实作家（和他们用自己的方式所写的片语集）可以供给言语的原料，即字眼，而文法则只能供给形式，即关于字的组成、次序和结合的法则。

十七　（3）在人类知识的百科全书式的读物里面，艺术总放在前面，科学总放在后面；虽则科学所教导的是事物的本身，而艺术所教导的则是操纵事物的方法。

十八　（4）最后，先教的是抽象的规则，然后才勉强找几个例子去解释；虽则光体显然应比光体所照的人先出现。

十九　纠正。——所以，为使学校得到彻底的改进起见，下面各项是必需的：

1．书籍与教学所需的材料必须事先准备好。

2．悟性应该先在事物方面得到教导，然后再教它用语文去把它们表达出来。

3．一切语文都不要从文法去学习，要从合适的作家去学习。

4．关于事物的知识应该放在关于它们的组合的知识之前。

5．例证应比规则先出现。

原 则 三

二十　自然选择一个合适的物件去动作，或是先把它加以合适的处理，使它变得合适。

比如：一只鸟儿不把别的东西放在它所伏着的巢里，它只把一件能孵出小鸟的东西放在里面，就是一个蛋。假如一块小石头，或任何其他东西掉到巢里去了，它就会认为没有用处，把它扔掉。但孵卵的过程中，它却把温暖给蛋里的物质，照顾它，直到孵出小鸟为止。

二十一　模仿。——同样，建筑家尽量挑选质地优良的木材，砍下来，把它弄干，弄方，锯成木板。然后选择建筑的地点，把那地方扫除干净，打下一个新的基础，或是修整旧有的基础供他利用。

二十二　同样，假如画布或画面不合画家的颜料，他便设法使它们变得更加合适，加以摩擦、打磨，使它们合于他的用途。

二十三　园丁也（1）从能结果实的树上选择一枝具有充分活力的嫩枝；（2）把它移植到一座花园里面，小心地种在地内；（3）除非他看见它已经生了根，他不给它接穗，去增加它的负担；（4）他在接上新穗以前，先去掉原有的枝条，甚至沿着树干切去一块，使树汁除了灌活接穗以外，不作别用。

二十四　偏差。——学校是违背这个原则的犯人，不是因为它们收容了智性低劣的人（因为我们认为，一切青年都应该入学），主要是因为：

1. 这些幼小的植物不是移植到花园里的，即不是完全信托给学校，使凡是应当训练成人的人在他们的训练没有完毕以前，谁也不许离开这个工场。

2. 一般地说把最可贵的知识、德行与虔信的接穗接得太早了，在树干还没有生根以前就去接；就是说，在那些天性没有学习倾向的人的学习欲望还没有被激发起来以前就去接。

3. 在接穗以前，旁枝或吸根没有去掉；就是说，心灵还没有习于约束与秩序，从一切懒惰的倾向中解脱出来。

二十五　纠正。——必须使：

1．凡是进了学校的人都要坚持学习。

2．在开始任何专门学习以前，学生的心灵要有准备，使能接受那种学习（参看下章原则二）。

3．应为学校清除一切障碍。

"因为训诲是没有用处的，"辛尼加说，"除非去掉了当前的障碍。"关于这一点，我们要到下章再讨论。

原 则 四

二十六　自然的作为不是杂乱无章的，它在前进的时候，是界限分明地一步一步进行的。

比如：生一只鸟儿的时候，它的骨骼、血脉、神经是在个别的不同时间里面形成的；在某一个时候，它的肉变结实了，在另外一个时候，它得到了覆盖身体的皮肤或羽毛，再在另外一个时候，它学会了怎样飞。

二十七　模仿。——一个建筑家打基础的时候，并不同时又去修墙，更不去修建屋顶，这些事情他只在适当的时候与适当的地点分别去进行。

二十八 同样，一位画家并不同时画二三十幅图画，他只去画一幅。因为，虽则他可能时时在别的画面上加添几笔，或注意到别的事情，但是他的精力所集中的是一幅，而且只有一幅。

二十九 同样，园丁一次并不种植好几株幼苗，他只一株一株地种，以免自己弄糊涂或毁坏自然的作为。

三十 偏差。——学校因为想要一次教给学生好些事情，于是就产生了混乱。例如，拉丁文和希腊文的文法，或许还有修辞学和诗词，以及许许多多别的科目。因为大家知道，在古典学校里面，阅读与作文的主题差不多一天之内每小时都在改变。假如这还不算混乱，我倒愿意知道它算什么。这就正像一个鞋匠同时想做六七双新鞋子，他一只一只轮流拿起来，才几分钟又放下了；又像一个面包师一样，他想把各种面包都放到他的炉灶里面，但是立刻又得把它们拿出来，放进去一种的时候便得把另外一种拿走。这种傻事情谁会去做呢？鞋匠要做完了第一只鞋子才做第二只。面包师在炉灶里面的面包完全烤好以前不把新的面包放进去。

三十一 纠正。——我们要学这些人，不要使学文法的学生再学辩证法，也不要在他们的功课里面加上修辞学，去把他们弄迷糊。我们也要等拉丁文学好了再教希腊文，因为心灵同时从事几件事情的时候，它是不能把精力集中在一件事情上面的。

伟人约瑟·斯卡利泽（Joseph Scaliger）便很明白这层道理。据说他（也许是根据他父亲的建议）从来一次不去从事一个以上的知识部门，他只把精力集中在一个部门上面。由于这个缘故，所以他不仅精通了十四种语文，而且精通了人类领域中的一切艺术和科学。他对于这些东西一件一件地专心地学，非常成功，在每一门学科上面他都赛过了那些终生终世专学那一门的人。凡是曾经步随他的后尘，模仿过他的方法的人，也无不做出了很大的成绩。

三十二 所以，学校应当这样组织，使学生在一定的时候只学一件事情。

原 则 五

三十三　在自然的一切作为里面，发展都是内发的。

比如：以一只鸟儿而论，首先形成的不是足爪、羽毛或皮肤，而是体内各部分；体外各部分要到后来有了合适的时机再去形成。

三十四　模仿。——同样，园丁并不把穗接在外表的树皮里面，也不接在木材的外层，而是切一个切口，切到木髓里面，把接穗尽量深深地插进去。

他就这样把接口弄得很牢固，使树汁不能跑掉，而被迫流到枝条里面，竭尽全力去把枝条灌活。

三十五　同样，树木得到天上的雨水和地下的水分作养料，它之吸收养料也不是经由外层的树皮，而是经由最内层的微孔。由于这个缘故，所以园丁并不灌溉树枝，而只灌溉树根。动物也不把他们的食物送给外部的肢体，而把食物送给胃，由胃去消化，并供养整个身体。所以，如果教育青年的教育家肯去特别注意知识的根芽，即悟性，这种根芽不久就会把它们的生命力输送给树干，即输送给记忆，最后输送给花儿与果实，这就是说，熟练地运用语文，实际工作的能力就会产生出来。

三十六　偏差。——有些教员在这一点上犯了错误，他们不对他们所教的孩子把学科彻底讲解清楚，却无止无休地要他们默写，要他们死记硬背。即使其中有人愿意讲清楚教材，也不知道怎样去讲清楚，就是说，不知道怎样去照料知识的根芽，不知道怎样进行知识的接穗。他们这样把学生弄得精疲力竭，就像一个想要在树上切一个切口的人一样，不去用刀，却用一根棍棒或者一个木槌去代替。

三十七　纠正。——所以：

1. 学生首先应当学会理解事物，然后再去记忆它们，在这两点经过训练之前，不可强调言语与笔墨的运用。

2. 教师应该知道一切可以使悟性变锐敏的方法，应当熟练地应用那些方法。

原 则 六

三十八 自然在它的形成进程中是从普遍到特殊的。

比如：一只鸟儿要从一个鸟卵产生出来，先形成的并不是鸟头、一只鸟眼、一根鸟毛或一只鸟爪，而是按照下列的程序。整个鸟卵得到了温暖；温暖产生运动，这种运动生出一个血脉系统，这就构成了一只整个的鸟儿的轮廓（划分了将要变成鸟头、鸟翼、鸟足等等的各部分）。在这个轮廓没有完成以前，个别的部分是不会被完成的。

三十九 模仿。——建筑家把这种情形当作他的模范。他首先在他的头脑里，或在纸面上，或用木头替建筑大体做出一个计划。然后再奠基，筑墙，修建屋顶。在这种步骤没有完成以前，他是不会注意到完成一座房屋所必需的小节，如同门、窗、梯级等等东西的；最后他才加上装潢，如绘画、雕刻和地毯之类。

四十 一个艺术家也是同样进行工作的。他并不开始就画一只耳朵、一只眼睛、一个鼻子或一张嘴，而是先用木炭勾出一个面孔或全身的轮廓。如果他觉得这个轮廓类似原来的形状，他才用笔去轻轻勾画，一切细枝末节仍旧省略不画。最后他才加上光与影，用种种颜色把各部分仔细画完全。

四十一 雕刻家的步骤也一样。当他想去雕一座雕像的时候，他就拿一块大理石雕成一个粗略的形状。然后他更加细心地工作，把最重要的特点雕出个轮廓。最后，他才最准确地镂出个别的部分，把它们精巧地着上颜色。

四十二 同样，园丁拿的是一株树上的最简单、最全面的部分，就是一根嫩枝。后来，这根嫩枝有多少蓓蕾，它就能够长出多少枝柯了。

四十三 偏差。——由此可见，不先把整个知识领域的一般轮廓放在学生跟前就去详细教授科学的各个部门是错误的，谁也不应该这样受到教导去精通知识的某一个部门，而没有彻底懂得它与其余一切部门的关系。

四十四 由此又可知道，艺术、科学和语文教学，如果先不教明初步概念，便是教得不好的。我记得很清楚，当我们开始学习辩证法、修辞学和玄学的时候，我们一开始便被冗长的规则，被评注和评注的小注，被作家比较和纠缠的问题累坏了。教我们拉丁文文法的时候连一切例外的与不规则的地方全教了；教我们希腊文的文法的时候也把全部方言都教了，我们这些可怜的人们被弄得昏头昏脑，差不多弄不清它是讲的什么了。

四十五 纠正。——医治这种没有系统的毛病的方法是：孩子们刚刚开始学习的时候，他们应当学到一般文化的基本原则，就是说，所学的科目要这样排列，使后学的功课不要带来新的材料，而只扩充孩子们业已学会的初步知识。正如一株树木一样，即使活了一百年，它也并不发出新的枝丫，只是听任原有的枝丫去发展，去扩大而已。

（1）每种语文、科学或艺术必须先教它的最简单的原理，使学生对它能得到一种概念。（2）第二步就可以把规则和例子放在他的跟前，进一步去发展他的知识。（3）然后他就可以系统地学习那门学科，并且学习它的例外的与不规则的地方。（4）最后，就可以给他一种评注，虽则只有在绝对必要的情况之下才能给他。因为凡是开始就彻底学会了一门学科的人是很少用得着评注的，他是不久就可以自己去写评注了的。

原 则 七

四十六 自然并不跃进，它只一步一步地前进。

一只小鸟的发展包括某些不能够省略或延搁的渐进的步骤，一直到它最后破壳而出为止。当它破壳而出时，雌鸟并不让幼鸟去飞、去觅食（实际上它也做不到），它只自己喂它，用自己的身体替它保持温暖，这样去促进它的羽毛生长。当幼鸟的羽毛业已长好的时候，它并不立即把它从巢里抛出去，使它去飞，而是首先教它在鸟巢里面展动它的翅膀，或蹲在鸟巢边上，然后再到靠近鸟巢的巢外去飞，先从一枝树枝飞到另外一枝树枝，然后再从一株树木飞到另外一株树木，再后才从一个山头飞到另外一个山头，最后一直到它具有充分的自信，能在旷野飞行为止。我们容易看出，这种种步骤之中的每一步骤都是必须在适当的时候去做到的；不仅时候应当合适，而且步骤也应当是渐进的；不仅要渐进，而且要是一种不变的渐进。

四十七　模仿。——建筑家也是这样进行工作的。他并不从山墙或墙壁去着手工作，而是从基础去开始。一旦基础打好以后，他并不去修屋顶，而是去造墙壁。一句话，各个阶段的接连次序是依它们的相互关系而定的。

四十八　园丁也要同样采用渐进的原则。野生的树干必须找出来，掘起来，移植过去，加以修整，加以修剪；接穗必须插进去，接口必须弄牢固，这种种步骤没有一个是能够省去或改变次序的。但是，如果这种种步骤做得合适，遵守了正当的次序，结果不成功是很少可能的，事实上是不可能的。

四十九　偏差。——所以，假如教员不为本身设想并为学生设想，不把他们所教的学科分成阶段，使每一阶段不仅可以直接导入另一阶段，而且每一个阶段都可以在一定的时限以内教完，这显然是很荒谬的。因为除非立定目标，预备好达到目标的方法，并且计划好利用这种方法的适当制度，那是容易有所省略或颠倒的，结果就是失败。

五十　纠正。——所以：

1．各个班级的一切功课都应该仔细分成阶段，务使先学的能为后学的开辟道路，指出途径。

2．时间应该仔细划分，务使每年、每月、每日、每时，都有一定的工作。

3．时间与学科的划分应该严格遵守，务使无所省略或颠倒。

原 则 八

五十一　自然如果开始了什么工作，不到工作完成，决不离弃。

假如一只鸟儿受了自然冲动的督促，开始去孵卵，它不到孵出了小鸟是不离开的。假如它只孵几个小时，卵内的胚胎便会冷掉，死掉。甚至小鸟孵出以后，它也并不停止给它们的温暖，它一直要孵到小鸟已长强壮，生了羽毛，能御寒冷为止。

五十二 模仿。——画家开始作画以后，如果中途不间断，直到画成为止，他也就会画出最好的作品。因为在这种情形之下，颜色就会结合得更好，粘得更牢。

五十三 由于这个原因，一座建筑在建成以前最好一点不间断；否则太阳、风雨就会糟蹋它，后加的部分就不会那样坚实，四方八面便会有裂缝、弱点和松散的接口。

五十四 园丁工作时也是明智的，因为他一旦开始了接穗，不到工作做完就不中止。因为，假如中途耽误了，工作没有做完，树汁在树木或接穗里面干掉了，树木便被糟蹋了。

五十五 偏差。——所以，假如孩子们连续上了几个月或者几年学之后，又长久地退出学校，去做别的事情，那是有害的；假如教员一会儿开始这门学科，一会儿又去开始那门学科，什么都没有满意地做完，也是同样有害的；最后，假如他不为每一小时派定一定的工作，把工作做完，使他的学生在每个时限之内得以向着所望的目标得到明显的进步，那也同样是致命的。凡是缺乏这种火焰的地方，一切事物都会变僵冷。有一句谚语说"趁热打铁"，这不是没有理由的。因为冷却之后去打是没有用处的，那时它又得重新放到火上，这样就要浪费许多时间和铁质。因为铁块每热一次，就要损失一些。

五十六 纠正。——所以：

1．凡是进了学校的人，就应该继续留在学校，直到变成一个具有充分的学识、德行与虔信的人为止。

2．学校必须设在一个安静的地点，要远离尘嚣和分心的事物。

3．凡是学习计划规定该学的就必须学，一点不要规避。

4．任何学童都不得凭借任何口实离开学校或逃学。

原 则 九

五十七 自然小心地避免障碍和一切可能产生伤害的事物。

比如，当一只鸟儿正在孵化鸟卵的时候，它是不会让冷风，更不会让雨或雹去接触鸟卵的。而且它也会把蛇与鸢鸟等等赶走。

五十八 模仿。——同样，建筑家也尽可能使他的木料、砖头和石灰保持干燥，不让他所建成的东西被破坏或塌下来。

五十九 画家也保护一幅新画成的图画，不使它受到风、炎热与尘土的侵袭，除了他自己的手以外，不会让别人的手去碰它。

六十 园丁也用一道栏杆或用一道篱垣去保护幼小的植物，不使兔子或山羊去啮它，或把它连根拔了起来。

六十一 偏差。——所以，当一个学生正在开始学习一门学科的时候，给他介绍一些争论之点，也就是让一个正在学习新事物的心灵采取一种怀疑的态度，这是愚蠢的。这不等于把一株刚刚开始生根的植物连根拔了起来吗？［休哥（Hugo）说得对，他说："凡是开始就去考察可疑之点的人，是决不能够进入智慧的庙堂的。"］但是，假如青年人没有受到保护，避免不正确的、难理解的、写得不好的书本以及不良伴侣的侵袭，情形恰恰就是这样的。

六十二 纠正。——所以我们要注意：

1. 学生除了适合他们班级的书本以外，不可得到别的书本。

2. 这种书本要是可以正当地称为智慧、德行与虔信的源泉的。

3. 在学校里面和在学校附近，学生都不许和不良的伴侣混在一起。

六十三 假如这种种建议全都能被遵守，学校是很少不能达到它们的目的的。

第十七章　教与学的便易性原则

一　关于教育者怎样才能确有把握地达到他的目标的方法，我们已经考虑过了，我们现在要看看这些方法怎样才能适合学生的心灵，使它们用来容易而且快意。

二　步随自然的后尘，我们发现教育的过程会来得容易。

1. 假如它开始得早，在心灵没有腐化以前就开始。

2. 假如心灵有了接受它的适当准备。

3. 假如它是从一般到特殊的。

4. 假如它是从较易到较难的。

5. 假如学生不受过多学科的压迫。

6. 假如在每种情形之下，进展都是缓慢的。

7. 假如按照学生的年龄，采用正当的方法，智性不被强迫去做天性所不倾向的事情。

8. 假如每件事情都通过感官去教授。

9. 假如每件所教的事情的用途不断在望。

10. 假如每件事情都用一种，并且是同一种方法去教。

我说，要使教育来得容易而且快意，这种种就是应当采用的原则。

原　则　一

三　自然从小心地选择原料开始。

比如，一只鸟儿要孵卵，它就选择新鲜的、内容纯粹的卵。假如小鸟的形成业已开始，那便盼望不出任何结果来了。

四 模仿。——建筑师想要建造一座建筑物，他就需要一块开阔的地段。假如地上已经有了房屋，他就必须把它掀倒，才能建造新屋。

五 艺术家也要一块清洁的画布才能画出最好的作品。假如画布上面已经画过了画，或是不干净，或是粗糙，他就必须把它弄干净或弄光滑，才能用它。

六 我们要保存珍贵的药膏，我们就必须得到空瓶子，如果瓶子正作别用，便须小心地洗去它们所盛的东西。

七 园丁也宁愿种植幼小的树木，如果种的时候太老，他便把它们的枝丫砍去，以免树汁分散。由于这个原因，所以亚里士多德把"剥夺"也放在自然的原则中，因为他认为，当旧的形状没有去掉以前，在任何材料上是印不上新的形状的。

八 偏差。——由此可见：（1）最好在心灵还很清新，没有养成把精力分散到形形色色的事务上面的习惯以前，就使它去专心探求智慧；教育开始得愈迟，它便愈难得到支持，因为那时心灵已经被别的事情占住了。（2）假如一个孩子是由几个教师同时教导的，结果一定不好，因为他们很难采用同样的方法，如果他们不采用同样的方法，孩子的心灵便会一会儿被引到这个方向，一会儿又被引到另一个方向去了，它的发展就会这样受到阻碍。（3）当儿童或较大的孩子开始受教时，如果不先进行道德教育，那就是一种非常缺乏判断的表现；因为他们如果学会了支配自己的感情，他们就更适于接受别种教导。驯马的人用一块铁衔使马接受他们的绝对支配，他们在教马遛步以前，先要取得马的服从。辛尼加说得对，他说："先学德行，后学智慧，因为没有德行，智慧便难学到。"西塞罗也说："伦理学可以使心灵适于进一步接受知识种子。"

九 纠正。——所以：

1. 教育应当从早开始。

2. 学生的每门学科不可有一个以上的教师。

3. 在做其他事情以前，先要运用教师的力量使德行变和谐。

原 则 二

十　自然使它的原料真能获得它的形状。

比如小鸟在卵内充分形成了的时候，便寻求进一步的发展，它动，它冲破蛋壳，或用嘴把它啄破。一旦脱离了它的囚牢以后，它就在母亲所供给的温暖与养育中得到了快乐，它期望地张开嘴，贪婪地把食物吞进去。它喜欢空旷的天空，它练习翅膀，后来就快乐地去运用它的翅膀；总而言之，它表示一种热切的愿望，要去实践它的一切自然功用，虽则在整个发展的进程中，它是一步一步地前进的。

十一　模仿。——园丁也必须为植物合适地供应水分与温暖，使它乐于精壮地生长。

十二　偏差。——所以，强迫孩子们去学习的人，就是大大地害了他们。因为他们能够期望什么结果呢？假如一个人没有食欲，却又被迫去吃食物，结果只能是疾病与呕吐，至少也是不消化、不痛快。反之，假如一个人饿了，他就急于要吃食物，立刻可以把食物加以消化，容易把它变成血肉。所以爱索克拉提斯（Isocrates）说："凡是热忱求学的人就会是具有学问的人。"昆提利安（Quintilian）也说："知识的获得要靠求知的志愿，这是不能够强迫的。"

十三　纠正。——所以：

1. 应该用一切可能的方式把孩子们的求知与求学的欲望激发起来。

2. 教导的方法应该减轻学习的苦楚，使学生在功课上不受到任何阻碍或耽误他们的进步。

十四　孩子们的求学欲望是由父母、由教师、由学校、由所教的学科、由教学的方法、由国家的权威激发起来的。

十五　孩子们的求学欲望能由父母激发起来，假如他们当着子女的面，揄扬学问与学者，或应许给他们美好书籍和衣服，或其他精致的东西，鼓励他们去用功；假如他们称赞教师（尤其是教他们的儿子的教师），称赞教师对于学生的友谊，称赞教师的教学技巧（因为爱与慕是最能激发模仿欲的感情）；最后，假如他们不时打发学生带着小小的礼物到教师那里去，这样一来，他们就容易使子女爱好他们的功课，爱好他们的教师，并且信任他们的教师了。

十六　孩子们的求学欲望能由教师激发起来，假如他们是温和的，是循循善诱的，不用粗鲁的办法使学生疏远他们，而用仁慈的情操与言语吸引他们；假如他们称赞学生当时所学功课的美好、快意与安易，假如他们不时称赞用功的学生（对于年幼的学生，他们可以给予苹果、坚果和糖食等等），假如他们把儿童私下地，或在班上叫到跟前，把他们应学的事物的图像给他们看，或向他们讲解光学或几何器械、天球仪以及诸如此类可以激起他们羡慕的东西；或是间或让儿童带信给他们的父母，总而言之，假如他们和善地对待学生，他们就容易得到学生的好感，学生就宁愿进学校而不愿意待在家里了。

十七　学校本身应当是一个快意的场所，校内校外看去都应当富有吸引力。在校内，房屋应当光亮清洁，墙上应当饰以图像。这种图像应当是受人崇拜的人物的照片、地图、历史图表，或别种装饰。在校外应当有一个空旷的地点可以散步和游戏（因为这对儿童是绝对必要的，我们以后就可以知道），并且还应当附属一个花园，让学生们时时进去，在那里欣赏树木、花草、植物。假如这样，孩子们进学校就很可能像赴市集一样快乐，永远盼望在那里看到、听到一些新鲜的事物。

十八　所教的学科如果合于学生的年龄，解释得清清楚楚，它们本身对于青年人就是有吸引力的；假如解释能用幽默的，至少是比较不甚严肃的语调加以调剂，那就尤其如此。因为这样一来，快乐和有用就合二为一了。

十九　要使方法能够激起求知的愿望，它首先就必须来得自然。因为凡是自然的事情就都无须强迫。水往山下流是用不着强迫的。一旦水坝等等阻止水流的东西移开以后，它就立刻会往下流。我们用不着劝说一只鸟儿去飞；樊笼开放之后它立刻就会飞的。眼睛看到美丽的图画，耳朵听到优美的曲调，用不着督促就会去欣赏的。在这种情形之下，必须约束的时候比必须督促的时候还多。至于自然的方法所必需的要求是看了上章和随后的规则就可以明白的。

第二，如果想使学生发生兴趣，我们就应用心使方法合口味，务使一切事物，无论如何正经，都可以亲切地、诱人地放到他们跟前；比如用对话的形式，即诱导学生争相答复，并解释深奥的问题、比较和寓言之类。不过关于这一点，我们要到合适的地方再细说。

二十　政府当局和学校的主管人可以出席公共仪式（如同宣告、辩论、考试和升级之类），赞扬用功的学生，给他们小小的礼物（不可偏袒），这样去激起学生的热忱。

原 则 三

二十一　自然发展一切事物都是从头开始的，开头虽则显得无关紧要，但是具有巨大的潜伏力量。

比如，形成一只鸟儿的物质不过是盛在蛋壳里面的几滴东西，它们容易得到温暖，容易孵化而已。但是这几滴东西却潜伏地包含了整个鸟儿，因为后来鸟体是由集中在它们当中的生命力形成的。

二十二　模仿。——同样，一株树木，无论如何巨大，它是潜伏地包含在果核或者树枝尖端的一个嫩枝里面的。假如它们有一放在地内，它所包含的内在力量就可以生长一株整个的树木。

二十三　可怕的偏差。—— 一般地说学校直接违背了这个原则，犯了一个可怕的错误。大多数教师努力把植物代替种子，树木代替嫩枝，放在地里，因为他们不从基本的原则去开始，却乱七八糟地把不同的结论或作家的足本作品放到学生跟前。但是教导所根据的当然只是极少数的原则，正如土地由四个元素组成是一样的道理（虽则形式各不相同）；从这些原则（按照它们的分化力的显明限度）就可以推出无数的结果，正同一株树木一样，成百的枝条，成千的树叶，花儿和果实都是从原有的一根嫩枝生发出来的。啊！愿上帝怜悯我们这个时代，愿他打开某一个人的眼睛，使他能够看清事物间的真实关系，能把他的知识传授给其余的人类吧。有了上帝的帮助，我希望，在我的《耶教智慧大纲》(*Synopsis of Christian Wisdom*) 里面，我能认真地这样努力去做，我只希望对于上帝在合适的时候吩咐继续这件工作的人们能有一些用处。

二十四 纠正。——同时我们可以得到三个结论：

1. 每一种艺术都应当包含在最简短和最实用的规则里面。

2. 每一条规则都应当用最简短和最清晰的字句表达出来。

3. 每一条规则都应当伴同许多例证，以便逢到新的事例时，规则的用法一看就明白。

原 则 四

二十五 自然从容易的进到较难的。

比如，一个蛋的形成并不是从最坚硬的部分蛋壳开始的，而是从蛋的内容开始。最初外面包着一层薄膜；不久硬壳就出现了。鸟儿学飞，先习惯用腿站，然后徐缓地运动它的翅膀，然后再多用力量，直到自己能从地上飞起为止，最后就得到了充分的信心，能在天空中飞了。

二十六 模仿。——同样，一个木匠的学徒先学砍树，然后把树锯成木板，把木板钉在一起，最后才学用木板建成整所的房屋。

二十七 形形色色的偏差。——所以，用同样未知的事物做媒介去教未知的事物是错误的，如同下列的情形：

1. 假如对刚学拉丁文的孩子，用拉丁文去教拉丁文的规则。这就正像用希伯来文的规则去解释希伯来文，或用阿拉伯文的规则去解释阿拉伯文一样。

2. 假如不用德文拉丁字典，而用拉丁德文字典去帮助这些初学的人。因为他们并不需要拉丁文的帮助去学他们的国语，而是要用已知的语言做媒介去学拉丁文（关于这种错误，我们到第二十二章再细说）。

3. 假如让一个不懂他们的语言的外国教师去教孩子。因为如果他们没有共同的媒介可以用来和他交谈，对于他所说的话只能去猜度，那么除了一种巴培尔塔（Tower of Babel）以外还能有什么结果呢？

4. 假如各国家的孩子（就是法国的、德国的、波希米尔的、波兰的或匈牙利的孩子）都按同样的文法规则［比如美兰克吞的或累马斯（Ramus）的文法］去教，那是背离正当的教学法的，因为这种种语文对于拉丁文的关系各不相同，如果要把这些国家的孩子的拉丁文彻底教好，这种关系是必须好好地懂得的。

二十八　纠正。——这种种错误可以避免：

1．假如教师和学生说同样的语言。

2．假如全部讲解都用学生所懂得的语言去讲解。

3．假如文法与字典是用那种能为学习新语言做媒介的语言写成的（就是说，用国语去学拉丁文，用拉丁文去学希腊文）。

4．假如能让新的语言的学习逐渐进行，使学生先去学会了解（因为这是最容易的），然后再学写作（因为这里还有思索的时间），最后才学说话（这一点最困难，因为说话的进行是很迅速的）。

5．假如拉丁文和德文合并在一起，应把德文放在前面，因为它是学生所最熟悉的，把拉丁文放在后面。

6．假如教材能这样排列，使学生先知道最靠近他们的心眼的事物，然后去知道不大靠近的，随后去知道相隔较远的，最后才去知道隔得最远的。所以，孩子们头一次学习什么东西（如同逻辑或修辞学），所用的解释不应该从学生不能领会的学科，如神学、政治学或诗学之类去采取，而应从日常生活中去取用。否则孩子们是既不会懂得规则，也不会懂得规则的运用的。

7．假如能使孩子们先运用他们的感官（因为这最容易），然后运用记忆，随后再运用理解，最后才运用判断，这样才会次第井然；因为一切知识都是从感官的感知开始的；然后才由想象的媒介进入记忆的领域；随后才由具体事物的探讨对普遍生出理解；最后才有对于业已领会的事实的判断。这样，我们的知识才能牢实地确定。

原 则 五

二十九　自然并不使自己负担过重，它有一点点就满足了。

比如，它不向一个鸟卵索取两只小鸟，只要产生一只它就感到满意了。园丁并不在一根树干上面接上无数接穗，即使他觉得树干极强健，顶多也只接两枝。

三十　偏差。——所以，假如学生同时要学许多东西，比如同一年内要学文法、辩证法、修辞学、诗词、希腊文等等，就会浪费他的精力。(参看上章，原则四)

原 则 六

三十一　自然不性急，它只慢慢前进。

比如，一只鸟儿并不把它的卵放在火上，去使它们快些孵化出来，而让它们在自然温度的影响下慢慢地发展。后来它也并不把食物填它的小鸟，去使它们快些长大（因为这种办法反而会阻遏它们的生长），而是小心地为它们选择食物，按照它们的脆弱的消化力所能支持的分量慢慢地给它们。

三十二　模仿。——建筑家也并不过分急迫地在基础上面修建墙壁，然后立刻又去安上屋顶；因为，除非基础有时间变干燥、变坚固，否则，它们受了上面的压力便会下沉，整个建筑便会倒塌。所以，巨大的石屋是不能在一年之内建成的，它们必须有适当长久的时间来建造。

三十三　园丁也并不希望一株植物在第一个月就能长大，或在头一年年终就结果实。所以，他并不每天去照料，每天去灌溉，他也并不用火或生石灰去为它保暖，他只要有了天上降下的水分和太阳供给的温暖就满意了。

三十四　偏差。——所以，对于青年人，这是一种酷刑：

1. 假如强迫他们每日听六堂、七堂或八堂课，外加自习。

2. 假如使他们过度受到默述、练习和需要记忆的功课的压迫，以致产生恶心甚至痴癫。

如果我们拿一只窄口的瓶子（因为我们可以把它比做一个孩子的才智），把大量的水猛烈地倒进去，而不让它一滴一滴地滴进去，结果会是什么呢？毫无疑问，大部分的水会流到瓶子外边去，最后，瓶子所盛的水比慢慢地倒进去的还少。有些人教学生的时候，不是尽学生所能领会的去教，而是尽他们自己所愿教的去教，他们的做法也一样蠢；因为才力是要加以支持的，不可负累过度，教师和医生一样，是自然的奴仆，不是自然的主人。

三十五　纠正。——所以，学习可以更容易，更快意：

1．假如课堂教学尽量减少，即减到四小时，假如给自习以同样多的时间。

2．假如尽量少强迫学生去记忆，就是说，只记最重要的事情；对于其余的，他们只需领会大意就够了。

3．假如一切事情都按学生的能量去安排，这种能量自然就会同学习与年龄一同增长。

原 则 七

三十六　自然不强迫任何事物去进行非它自己的成熟了的力量所驱使的事。

比如，一只小鸟在它的肢体合适地形成并巩固以前，并不被迫去离开蛋壳；在它的羽毛长好以前并不被迫去飞；在它飞得好以前并不被掷到巢外。

一株树木在树汁从根上升让它长出嫩枝以前，并不长出嫩枝，在树汁所成的叶儿和花儿要求进一步发展以前，它也不让果实出现，在花儿所含的果实得到一层果皮的保护以前，它也不让花儿落掉，在果实成熟以前，不让果实掉下来。

三十七　偏差。——青年人的能力是受到强迫的：

1．假如孩子们被迫去学一些和他们的年龄与能力还不相称的东西。

2．假如要他们用熟记的方法去学习，或去做没有先向他们彻底讲解和证明的事情。

三十八　纠正。——从以上所说的，可见：

1．无论什么事情，除非不仅是青年人的年龄与心理的力量所许可，而且真是它们所要求的，都不应该教他们。

2. 凡是没有被悟性彻底领会的事情，都不可用熟记的方法去学习，并且，若不是绝对有把握，知道孩子具备了记忆某件事情的力量，不可要求他去记忆。

3. 无论什么事情，除非已经把它的性质向孩子们彻底讲清了，又把进行的规则教给了他们，不可叫他们去做那件事情。

原 则 八

三十九　自然采取一切可能的方式去协助它的工作。

比如，一个蛋有它的自然温度；但是，它又得到了太阳的温暖与孵它的鸟儿的羽毛的帮助。上帝，自然之父，对于这一点是有远见的。新孵出来的小鸟也在需要的时限以内，尽量得到雌鸟的温暖，由它训练小鸟去履行各种生活的职分。这我们可以从鹳鸟的情形看出来，当幼鸟练习运用它们的翅膀的时候，它们便把幼鸟背在背上，绕着鸟巢飞行，这样去帮助它们。保姆也是这样去帮助幼儿的。她们先教他们把头支起来，然后再坐起来；随后去用腿站立，去运动他们的腿部，预备走路；再后才逐渐地行走，安稳地迈步。当她们教幼儿说话的时候，她们把字句向他们反复地说，给他们指出字句所指的事物。

四十　偏差。——所以，假如教师叫学生去工作，却不先向他们彻底加以解释，或指示他们怎样一个做法，当他们初次试做的时候不去帮助他们；假如他让学生去苦干，干不成功便发脾气，这从教师方面说是残酷的。

这不是磨难青年人是什么？这正像一个保姆当儿童还不敢自己站立的时候便去强迫他行走，走不好就打他一样。自然的教法与此大不相同，它告诉我们，叫我们对于弱者没有充分的力量以前要有耐心。

四十一　纠正。——由此可见：

1.不应该因为学生不愿学习便去鞭挞他们（因为，假如学生不愿学习，那不是别人的过错，而是教师的错处，他或者不知道怎样使学生能接受知识，或者根本便没有这样去做）。

2. 对学生所应学习的学科应该对他们彻底讲解清楚，使他们了解，如同了解他们的五个指头一样。

3. 教导应该尽可能通过感官去进行，使它能费较少的劳力被记住。

四十二 比如听觉应该永远和视觉结合在一起，舌头应该和手臂联合训练。所教的学科不仅应该用口教，这只能顾到耳朵，同时也应该用图画去阐明，利用眼睛的帮助去发展想象。此外，学生应该学会用他们的嘴去说话，同时用手去表示他们所说的话，所以，在学过的东西没有彻底印在眼睛、耳朵、悟性和记忆里面以前，任何新课都不能进行。所以，为了这个目的，最好做一些阐释性训条和规则，或者图像和表解，在教室的墙上，用图画的方式去表明教室里所教的一切。假如这样做了，就能大大帮助一个教师把他的教导印入学生的心灵，说来简直是难以置信的。假如学生学会了把所听、所读的一切全记在他们的笔记本或成语集上，那也是有益的，因为这样一来，想象就可以得到帮助，后来就比较易于记起它们了。

原 则 九

四十三 自然所产生的事物没有不能明显地看出其实际用途的。比如，一只鸟儿形成以后，不久就可以看出它的翅膀是为飞翔之用的，它的腿是为奔跑之用的。同样，一株树木的每一部分小至包着果实的果皮和花儿，都有它的用处。

所以：

四十四 模仿。——假如教师教授任何事情的时候，同时把它在日常生活中的用途告诉学生，学生的工作就会来得轻松些。这条规则在教语文、辩证法、算术、几何、物理学等等时必须小心地遵守。假如忽略了它，你所讲解的事物就会变成从新世界来的怪物，学生不关心它们存不存在，他的态度便会是信仰，而不是知识。当事物被他注意到了，把它们的用途向他说明了以后，就应当把它们放到他的手里，使他相信自己的知识，并因知识的应用感到快乐。

所以：

四十五 只有那些易于指明用途的事情才应教给学生。

原 则 十

四十六 自然的一切作为全是划一的。

比如，一切鸟儿的产生，实际上一切生物的产生，都与你所任意选出的一只鸟儿的产生是相似的。不同的只是次要的细节之处而已。植物的情形也是一样，一颗植物从种子发芽到发展，一株树木的种植与生长，可以毫无例外地说明其他一切植物的发展。一株树上的一片树叶和其余的树叶全都相似，在这方面，它并不是年年改变的。

四十七 偏差。——所以，方法不同是会把青年人弄糊涂，使他们厌恶学习的，因为不仅不同的教师采用不同的方法，甚至每个教师也变换他们的方法。比如，教语文用一种方法，教辩证法又用一种方法，虽则两者都可以按照宇宙的和谐和事物与字句间的普遍而亲切的关系，采用同一种方法去教授。

四十八 纠正。——因此：

1. 一切科学必须用同样的教学方法，一切艺术必须采用同样的教学方法，一切语言也必须用同样的教学方法。

2. 在每个学校里面，一切功课都应该采取同样的安排和对待。

3. 每门学科的教本应当尽量采用同一个版本。

这样，困难就可以避免，进步就容易。

第十八章　教与学的彻底性原则

一　人们往往埋怨很少有人离校时受到了彻底的教育，埋怨大多数人所记住的只是一种外表，只是真知识的一种影子而已。这种埋怨是有事实为证的。

二　考察结果表明，产生这种现象的原因，似乎是双重的：一是学校专教无意义的、不重要的功课，因此忽略了较重要的功课；二是学生忘却了他们所学的东西，因为这些东西大部分只通过了他们的脑子，却没有牢固地固定在那里。后面这一种错误是非常普遍的，很少有人对它不悲叹。因为假如我们能够记住曾读到、听到和我们的心灵所曾欣赏过的一切事物，随时可以应用，那时我们便会多么有学问啊！我们确实应用过许多我们所学过的事物，但是我们记住的数量是不够的，事实上我们还继续在把流水泼到一个筛子上去。

三　但是难道这是没有法子可以补救的吗？当然有的，只要我们再度回到自然的学校里，去考察它所用来使它所创造的事物能够耐久的方法就行。

我认为可以找出一种方法，使每个人的心理不仅能够明白他所学过的东西，而且更多都可以；因为他容易回忆一切从教师或从书本所学过的，同时，他又能对于他的知识所涉及的客观事实做出健全的判断。

四　这是可能的：

1. 假如我们只教真正有用的学科。

2. 假如这些学科教得不离题也不中断。

3. 假如在教细节之前，先去彻底打好底子。

4. 假如这种底子是小心地打好的。

5. 假如后教的一切全都根据这种底子，不根据别的。

6. 假如在每种分成几个部分的学科里面，各部分能尽可能联系起来。

7. 假如一切后教的都以先教的为依据。

8. 假如极力注意相似学科之间的相似之点。

9. 假如一切学科的排列全都顾到学生的智力和记忆以及语言的性质。

10. 假如经常通过实践去把知识固定在记忆里面。

现在我们将把这些原则一个一个仔细考虑一下。

原 则 一

五 自然决不产生无用的事物。

比如，当自然开始形成一只鸟儿的时候，它并不给它鱼鳞、鱼鳃、兽角，也不给它四只脚，或任何其他它不能用的器官，而是给它一个头、一颗心和翅膀等等。同样，一株树木不会得到耳朵、眼睛、毛茸或毛发，它只得到树皮、韧皮、木材和树根。

六 艺术方面的模仿。——同样，没有一个希望在他的田地、果园和花园里面结出果实的人会去种植莠草、苎麻、蓟草和荆棘，他只会去种良好的种子和果树。

七 一个想要修建一座好房子的建筑师，不会去收集谷梗、尘芥、垃圾或柴块，而会去收集石块、砖头、橡木板，以及诸如此类的质地良好的材料。

八 学校方面的模仿。——所以，在学校里面：

1. 一切事情除非在这个世界和未来的世界里面无疑地都有用——它在未来世界的用处更重要［哲罗姆（Jerome）提醒过我们说，对于我们在天上有用的知识必须在地上去获得］，否则不必学习。

2. 假如我们有必要把好些仅仅在这个世界有价值的事情教给青年人（这是无可避免的），我们必须当心，当我们的现世生活得到一种真实的好处时，我们的天堂幸福不可因此受到阻碍。

九 然则为什么要学习没有价值的学科呢？有些学科对于知道了的人没有用处，不知道的人也不感到缺少，学习它们又有什么意义呢？有些学科是时过境迁，当人生的职务变得更要全力以赴时就一定会忘掉的，学习它们又有什么意义呢？我们的人生很短促，即使我们不在无价值的学科上面浪费工夫，它已经够忙了。所以，学校必须这样组织，使学生除了有价值的事情以外，不学别的（至于消遣的价值与重要性，到了适当的地方再说）。

原 则 二

十 当物体形成时，自然决不省略任何产生它们所必需的东西。

比如：形成一只鸟儿的时候，自然并不忘记它的头、翅、腿、爪、皮肤，以及任何这种有翅生物的重要部分。

十一 学校方面的模仿。——同样，学校教育人就必须用尽方法去教他们，使他们不仅胜任此生的职务，而且适于永生。说真的，人类的全部努力是应着眼在未来的人生的。

十二 所以，不仅科学应当在学校里教授，道德与虔信也应当在学校里教授。科学的训练可以增进悟性，增进言语能力，增进手的技巧，使一切有用的事物都能够得到合适的考虑、解释并付诸实行。假如这些因素之中省略了任何一个，那便是留下了一个大大的间隙，结果不但教育有缺憾，并且整体的稳定都会受到危害。无论什么事情，除非它的各个部分全都彼此密切地联系着，否则它是不能够稳定的。

原 则 三

十三 除非有了基础或根柢，自然不在任何事物上面起作用。

一株树木在生好树根以前不生枝条，生了就会枯萎和死去。由于这个理由，所以一个明智的园丁除非看见砧木生好了根，否则，他是不会去接上一根接穗的。

在鸟兽身上，我们知道，代替树根的是内脏（因为生命力在内脏里面），身体的这一部分是其余一切部分的基础，所以要最先形成。

十四 模仿。——同样，一位建筑家不会不先打好一个坚固的基础便去建造房屋，否则，整个房屋不久就会倒塌。同样，一位艺术家先涂上一层底色，才去细加描绘，否则颜色就易退落和消失。

十五 偏差。——下列各种教师忽略了替他们的教导去打好这样一种基础，即那些：（1）不耐烦去使学生变得勤奋用心的教师；（2）没有在开始的时候对于整个学科给予一种概念，使学生得以知道实际上计划完成了多少的教师。因为，假如学生工作的时候不自愿，不用心，不明白，那又如何能够获得持久的结果呢？

十六 纠正。——所以：

1．每门功课都应该这样开始，使它能引起学生的真正爱好，做法是向他们证明，它是如何的美好、有用、快意，是如何需要。

2．应当在仔细学习一门语言或艺术以前，先把它的一般概念（是一种素描，越轻微越好，但要包括它的各个部分）告诉学生，使他刚一开始就能明白它的目标、限度和内部结构。因为正像骨骼是全身的基础一样，一门艺术的概述就是整门艺术的基础。

原 则 四

十七 自然把根柢打得很深。

比如，一只动物的脏腑是深藏在它的体内的。树木的根越深，树木便越稳固；如果树根仅仅穿入草皮下面，树就容易连根拔起。

十八 偏差的纠正。——所以，求学的欲望应当彻底在学生身上激发起来，学科的一般观念应当彻底印入学生的脑际。在这一步没有小心地做到以前，关于艺术或语文的更详细的解释就不应当尝试。

原 则 五

十九 自然发展一切事物都从根柢开始，不从别处入手。

一株树木的木材、树皮、树叶、花儿和果实都是从树根来的，不是从别种来源来的。因为，虽则雨水会落在树上，园丁会给它浇水，但是水分都必须由树根去吸取，然后分送到树干、枝柯、树枝、树叶和果实。由于这个缘故，所以园丁的接穗虽则是从别的来源得来的，但是他必须把它插入砧木，使它能和砧木合为一体，从树根吸收水分，并在这样取得养料之后得到发展。树木的一切全是从树根得来的，用不着从别种来源去供养树叶和树枝。一只鸟儿要有羽毛遮盖身体也是一样。羽毛不是从另一只鸟儿身上取来的，是从身体的最内层长出来的。

二十　艺术方面的模仿。——谨慎的建筑家也是这样建造房屋的，就是要使它屹立在它自己的基础上，从自己的栋梁得到支持，而不必借助外来的支撑。因为，假如一座建筑需要外来的支持，这就是一种不完善和有倾倒趋势的证明。

二十一　一个人布置鱼池或池沼的时候，他就找一个水源，用水沟或水管把水引到蓄水池内；他不从别种来源去取水，也不利用雨水。

二十二　从这种教训就可以知道，对青年的正确教育不在于把他们的脑袋塞满从各个作家生拉硬扯地找来的字句和观念，而在使他们的悟性看到外面的世界，以便从他们的心灵本身涌出一道活流，如同树叶、花儿和果实从树上的蓓蕾生出来，到了第二年又生出一个新的蓓蕾，又从新的蓓蕾生出新的嫩枝和枝上的树叶、花儿和果实一样。

二十三　学校方面的可怖的偏差。——直到现在为止，学校没有教过它们的学生去发展他们的心灵，如同幼树从它们自己的树根去发展一样，而是采用其他树木的枝条去点缀自己，如同《伊索寓言》上面的乌鸦一样，用其他鸟儿的羽毛去装饰自己；学校没有耐心去开发潜伏在学生身上的知识的泉源，而用从别处取来的水去灌溉他们。就是说，学校没有把客观存在的世界指示给学生，指示的只是这个或那个作家所写下或想到的关于这件或那件事物的事情，以致凡是懂得许多人关于许多事物所持的相反见解的人，就被看成了最有学问的人。结果是，大多数人都没有知识，而只有从不同作家搜索得来的引语、文句和见解，这样去把他们的知识镶补起来，像一张镶补成功的被褥一样。"啊，你们这些模仿者，你们这群奴才相的家伙！"荷累斯（Horace）嚷道。真是一群奴才相的家伙，他们习于负载不属于他们自己的负载。

二十四 但是我且问你，我们所求的既是关于事物的真正性质的知识，我们为什么让自己被别人的见解引入歧途呢？难道我们除了跟随别人跑到十字路口，深入僻巷，用心学习背离正道的偏向以外就没有其他更好的事可干吗？啊！同胞的人们！让我们赶快奔向目标，抛弃这种怠惰的流浪吧！假如我们的目标坚定地放在我们的眼前，我们为什么不从最短的捷径奔向这个目标去呢？我们为什么要用别人的眼睛而不用我们自己的眼睛呢？

二十五 教授一切知识部门的方法表明，这种情形确实应该责备学校；学校确实是教我们用别人的眼睛去看，用别人的脑筋去使自己变聪明的。因为这类方法并不教我们去发现源泉，去从源泉引出流水，而是把从不同作家取来的水摆在我们的眼前，教我们从此回到源头上去。因为字典（至少是我所知道的字典，也许 Cnapius 所作的一本是例外，但是正是在这本字典里面，也还有不够的地方，这到第二十二章就要说）并不教人怎样去说话，而只教人怎样去了解；文法并不教人怎样去造句，而只教人怎样去分析句子；没有一本国语字典能够帮助人们在会话里面把成语熟练地连接起来，或变换着使用，而只任意供应一群语句而已。教物理学的人很少有人利用过目击的演示和实验，而是一味引用亚里士多德等人的著作。没有人在行为的内在根源上面下过功夫，这样去形成道德，而纯凭关于德行的外来的解释与分析，给人一种肤浅的道德伪装。关于这种情形，将来我说到艺术与语言的特殊教法的时候，可以更加看得明白，但是当我提出我的泛智说（Pansophia）的轮廓的时候，那时就更明白了。

二十六 前人对于这种情形并没有较明白的认识，现在的人对于这种错误也没有及早加以矫正，真是可怪；因为以往的进步之所以这么迟缓，我们在这里确乎已经找到了它的真实原因。建筑家会不会掀倒一座房屋，这样去把建筑术教给他的学徒呢？啊，不会的；他只在建筑一所房屋的时候告诉他怎样选择材料，怎样把每一块石头放到合适的地点，怎样预备它们，怎样举起它们，怎样安放它们，怎样把它们结合在一起。因为懂得怎样建屋的人并不需要告诉他怎样掀倒房屋，能够缝衣的人不必经过任何教导，就能拆衣。但是建屋或是缝衣的艺术不是从掀倒房屋或拆散衣服可以学会的。

二十七 在这一方面如此错误的方法显然还没有得到矫正，（1）因为许多人的教育，即使不是大多数人的教育，内容只是一串名目而已，没有别的；就是说，他们能够背诵艺术的术语和规则，但是不知道怎样实际应用它们；（2）因为没有一个人的教育达到了那样能把支持、力量与广博给予自己的周全知识的地步，而只是一种异物的混合，其中这部分是从这个来源得来的，另一部分又是从另一个来源得来的，各个因素的结合没有逻辑的原则，所以产生不出有价值的结果。因为由不同作家的言论和见解汇集而成的知识像农夫在休假日支起的树木一样，虽则也有枝条、花儿、果实、花环和花冠，但是不能生长，甚至不能耐久，因为它的装饰不是从它的根儿生长出来的，只是挂在上面的。这样的树木结不出果实，附在上面的枝条会枯萎，会掉落。但是一个彻底地受过教育的人就像一株从自己的根儿生长，由自己的树汁营养的树木，由于这个缘故，它就生长（一天比一天茁壮），就生出树叶、花儿和果实。

二十八 纠正。——所以，我们得出了下列结论：人类必须尽可能研究天、地、橡树和山毛榉之类的东西，去学会变聪明，而不依靠书本学习；就是说，他们必须学会了解并考察事物的本身，不是别人对事物所已做的观察。假如我们人人都从本源，从事物本身，不从其他来源去获得知识，我们就可以步随古代智者的后尘了。所以我们可以立下这样一条法则：

1. 一切知识都应该从有关事物的不变的原则去推演。

2. 任何知识都不应该根据书本去教，而应该实际指证给感官与心智，得到实际指证。

3. 对任何学科，都不可单用分析法；事实上应该偏重综合法。

原 则 六

二十九 自然对于任何事物的用途愈多，则事物明显的再区分就愈多。

比如，任何动物的肢体的关节分得愈多，它的动作就愈复杂，我们把一匹马和一条蛇比较一下就可以知道。同样，一株树木如果枝丫和树根分布得合适，彼此之间有间隔，它便愈稳定，愈美观。

三十　模仿。——在青年人的教育方面，我们应该当心，务使所教的一切事物全都划分明白，各自保持它的部位，不仅教师因此可以确知他已得到多少进展，实际在做什么，而且学生也同样可以确知。假如学校里面所用的一切书本在这方面全都学习自然的榜样，那也是很有帮助的。

原则七

三十一　自然决不静止，而是继续前进；决不牺牲正做的工作去开始新的工作，而只进行业已开始的工作，把它做完。

比如，形成胚胎的时候，首先出现的是脚、头和心，这些器官并不被抛弃，而是被完成。一株移植过的树木，并不抛弃以前长在树上的枝丫，而是继续供给它们树汁和生命力，使它们每年都能生出更多的嫩枝。

三十二　模仿。——所以，在学校里面：

1．一切功课应该这样安排，使后学的能够依靠先学的，使先学的能靠后学的固定在心灵里。

2. 所教的每一种学科一旦被悟性彻底领悟之后，也就必须被记住。

三十三　因为，在我们这种自然的方法里面，一切先学的都应该成为一切后学的基础，这种基础是绝对必须彻底地打好的。因为只有彻底地懂得，并且记住了的东西才能够叫作心灵的财产。

昆提利安说得对，他说："知识的获得靠记忆。假如我们忘记了我们听到或谈到的，教导就是徒劳。"卢多维考斯·维未斯也说："记忆应当自幼加以练习，因为练习可以使它发展，所以我们应该用心，尽量练习它。在青年时期，劳苦是觉不到的，因之，记忆就可以毫无麻烦地发展，就可以变得富有保持力。"他在《哲学导论》(*Introduction to*

Philosophy）中又说："记忆不应当得到休息，因为没有一种能力比它更易活动，能从活动得到更好的发展。你要每天找点东西给记忆去记记，因为你愈是多让它记，它就愈能诚实地记住，你愈少给，它便记得愈不诚实。"自然的榜样告诉我们这是真的。一株树木愈是多多吸取树汁，它便长得愈强壮，反之，它愈是长得强壮，它就愈能通过它的纤维多多泻出树汁。一只动物的发展也是和它的消化力成正比的，反之，它长得愈巨大，它便愈需要养料，消化得愈多。这是每一种能够发展的自然物的特性。所以在这方面是不应该姑息儿童的（当然不应该施加过分的压力），因为这样才能替可靠的进步打好基础。

原 则 八

三十四　自然把一切事物在连续的组合里面连接起来。

比如，当一只鸟儿形成了的时候，肢体与肢体连接，骨头与骨头连接，筋肉与筋肉连接。一株树木的情形也一样，树干是和树根连接的，树枝是与树干连接的，嫩枝是与枝柯连接的，蓓蕾是与嫩枝连接的，树叶、花儿和果实又是和蓓蕾连接的；所以，这些东西虽则都有成千上万，但整个都是构成一株树木的。一所房屋也是一样，假如要能耐久，墙壁就必须建在基础上面，天花板和屋顶就必须建在墙壁上面，总而言之，一切部分，从最大的以至最小的．都必须连接和装配起来，它们才能形成一所房屋。

三十五　模仿。——由此可见：

1．终生的学业应该组成一个百科全书式的整体，其中一切部分都来自同一来源，并且有它自己的地位。

2．教给学生的每一件事情都应该具有充分的理由，以免轻易产生疑问，或者容易忘记。

这种种理由确乎是像钉子、钩子和铗子一样，能够把一件东西牢记在记忆里面，使它不致消失。

三十六　用给予理由的方法去强化一切知识就等于从事物的原因去解释事物。这就是说，不仅指出了每件事物的性质，而且说明了它为什么不能成为别个样子的理由。因为知识不是别的，它只是我们精通了一件事物的原因，与它熟悉而已。比如，假如学生问，说 totus populus 和说 cunctus populus，哪句较正确，如果教师只说"cunctus populus 这句习语是对的"，但是没说理由，那样，学生不久就会忘却。反之，假如他说"cunctus 是 conjunctus 的缩写，所指的物件如果是同质的就要用 totus，如果观念是集合的，如同这里一样，就要用 cunctus"，这时还说学生会忘记，那是不可想象的，除非他的智力极其有限。再说，假如学生发生一个文法上的问题，问我们为什么说 mea refert，说 tua refert，却又说 ejus refert，就是说，我们为什么在第一人称和第二人称用造格（他们以为是这样的），在第三人称却用生格；假如由我答复，我就会说，refert 是 res fert 的缩写，所以这几句习语是 mea res fert, tua res fert, ejus res fert（它们的缩写是 mer refert, tua refert, ejus refert），所以 mea 和 tua 不是造格，而是主格，那时学生难道还有不受刺激，更去用功的吗？

所以，学生应当学习并彻底学习一切字的字源、一切结构的理由，和形成不同学科的规则所依据的原则（科学的原则应当首先印入心灵，办法是不仅要说明理由，而且应当在事物本身上实际指证出来）。

这种办法对于学生将证明是最相投的，所以它最能为最彻底的教育铺平道路；因为他们的眼睛将看到一个非凡的范围，因为他们将养成一种习惯，能够轻易地、自然地从一件事情走向另外一件事情。

三十七　所以在学校里，每件事物都应该通过它的原因去教导。

原 则 九

三十八　自然在质量两方面对树根和树枝保持一种适当的比例。

地上树枝的发展是和地下树根的发展成比例的。这不能不是这样；因为假如树木只向上长，它就不能保持它的直立的位置，因为帮它保持直立的位置的是树根。反之，如果它只向下长，那便没有用处，因为结果的是树枝，不是树根。动物也一样，体外器官和体内器官之间也有一种密切的关系，因为如果体内器官是健康的，体外器官就也是健康的。

三十九 模仿。——同样的道理对教育也是适用的。教育必须先用在内在的知识之根上，这样去发展力量获得力量，同时又必须使它日后能够长成树枝与树叶。这就是说，教导学生的时候，要教学生实际应用他的知识，如同通过说话去教一种语言，不仅心中了了而已。

四十 所以：

1. 对于每门学科，都要考虑它的实用问题，务使不学无用的东西。

2. 凡是学过的东西都应该由一个学生传授给另一个学生，使没有知识不被利用。因为只有在这种意义之下，我们才能懂得"假如别人不知道你是知道的，你的知识便是无用的"这说法的意思。所以，没有一个知识的泉源是应该开发的，除非从那里可以流出小溪来。关于这一点，我们到下面一个原则还要细说。

原 则 十

四十一 自然因为常动，所以才变丰产和强健。

比如，一只鸟儿孵卵的时候，它不仅给它们以温暖，而且为使它们在各方面同等地得到温暖起见，它每天转动它们（这容易从鹅、鸡和鸽子的情形看出来，因为它们孵卵是我们看得见的）。小鸟出壳以后它便运动它的嘴，它的四肢和它的翅膀，它便伸展自己的身体，从地面上升，它便反复学走，学飞，直到充分强壮，能飞能走为止，这样去运动它自己的身体。

树木愈受风吹，生长得便愈快，根也生得愈深。雨暴、冰雹、雷电的刺激确乎是有利于一切植物的健康的，由于这个缘故，所以，凡是最受风雨侵袭的地点是应当可以产生比较坚硬的木材的。

四十二 手艺方面的模仿。——同样，建筑家让风与日光去使他的建筑变干燥，变坚固。冶匠想使他的铁质变坚硬并加以锻炼，他就把它反复放到火上和水里，这样冷热反复，反复地把铁弄软，最后就使它变得坚硬、耐久了。

四十三 由此可见，所教学科若不常有适当的温习与练习，教育就不能彻底。最合适的进行方式，我们可以从生物体内营养程序，即收集、消化和分配中的自然动作去学。因为在一只动物身上（植物也是一样），它的每个器官都在寻找可供消化的食物，一方面供养它自己（因为它保留并同化一部分它所消化的食物），一方面分给其他器官，这样去保持整个机体的福利（因为每一器官都为其他器官服务）。同样，教师可以大大地提高他的教导的价值，假如他：

1. 替自己找到并获得才智的食粮。

2. 同化并消化他所找到的。

3. 分配他所消化了的给别人去分享。

四十四 这三种因素可以在一对著名的拉丁文偶句里面找出来：

> 多问、多记并多教；
> 青出于蓝而胜于蓝。

当一个学生因为不懂某门学科而去问他的教师、问他的伴侣或问他的书本的时候，就是发出问题。当所得的知识交给记忆，或为更求稳当起见，把它写下来的时候（因为很少有人十分幸运，具有记住一切事物的力量），记住跟着就出现了。当所得的知识传给同学或其他伴侣的时候，那就是教。

对于这些原则的头两个原则，学校是很熟悉的，对于第三个原则，则是不大熟悉的；但是采用它却是极端需要的。有一句话，说："教导别人的人就是教导了自己，"这是很对的，因为不仅时时复习可以把一件事实不灭地铭刻在心灵上，而且"教"的本身对于所教的学科可以产生更深刻的理解。所以，天才的约阿希姆·福尔丁斯（Joachin Fortius）就常说，假如任何事情他只听到或读到一次，它在一个月之内就会逃出他的记忆；但是假如他把它教给别人，它便变成了他身上的一个部分，如同他的手指一样，除了死亡以外，他不相信有什么事情能够把它夺去。所以，他的劝告是，假如一个学生想获得进步，他就应该把他正在学习的学科天天去教别人，即使他的学生需得雇来，也应去教。他说："你值得在某种限度以内牺牲你的身体安适，去得到一个愿意听你的教导，即在你求取智性方面的进步的时候来听你的教导的人。"

四十五 假如每一班的教师都肯把这个极好的方法介绍给他的学生．这当然对于许多人都是有用的，而且也容易实行。这可以照下列的办法去做：在每一节课上，当教师简要地做完了他所预备的工作，讲解过字的意义以后，就让一个学生站起来，按照原来的次序，把刚说过的重述一遍（好像他是其余的人的老师一样），他的讲解要用同样的字眼，要举同样的例证，如果他错了，就应替他改正。然后另外叫起一个，再作同样的表演，旁人仍旧静听。在他以后，再叫第三个、第四个，以至需要多少个就叫多少个，直到看得出人人都已明白了那堂功课，都能解释为止。这样做的时候，你要格外当心，先叫起聪明的孩子，使愚蠢的孩子有他们做榜样，比较易于跟上去。

四十六 这种练习有五层用处。

1. 教师准可以得到用心的学生。因为学生既然时时有被叫起来重述教师所说的话的可能，他们人人就会怕失败，怕在别人跟前变成笑柄，因而就会用心听讲，不放过任何一件事情。而且，敏于注意的习惯，经过几年练习之后便会成为第二天性，它就可以使学生把现实生活处理得很好。

2. 教师可以准确地知道学生对于他所教给他们的一切事情是不是已经彻底领会。假如他发现他们没有彻底领会，他就会为了他自己和他的学生的利益去重复他的讲解，讲得更明白。

3. 假如同一件事情常常得到重述，到了最后，智力最低的学生也就能领会了，这样，他便能和别人齐头并进了；而聪明一点的学生则因这样彻底精通了功课，也会感到喜悦。

4. 采取这种经常重述的方法，学生对于功课便会比通过自修，哪怕是最用功的自修都更熟悉，他们就会知道，他们只要每早和每晚把功课读一遍，功课便会容易地、快意地留住在他们的记忆里面。用这种重述的方法，学生担负起教师的职务，他的心情就会格外热切，就会格外爱好学习；同时他在许多人的跟前讲解一件事情的时候，便会养成一种镇定的习惯，这对他一生一世都有极大的用处。

四十七 根据这种观念，学生在散学以后彼此相遇，或一同散步的时候，他们应该对照笔记，讨论刚学过的知识，或谈论任何吸引他们注意的新鲜事情。当一群学生这样会聚讨论时，如果其中能有一个（抓阄或选举都可以）来代替教师，主持讨论，那是大有好处的。假如由同伴选出来的学生拒绝那个职位，他就应当受到严重的谴责。因为这种教与学的机会只有追求与竞争的道理，万万不能拒绝。

关于写作练习（这是对于进步的一大帮助），我们要到讨论国语学校与拉丁语学校的各章（见第二十七和第二十八章）再谈。

第十九章　教学的简明性与迅速性原则

一　"但是这些设计太麻烦，而且有点大而无当"，许多读者会在这里这样说："彻底地教导一门学科就得有多少教师，多少图书，费多少劳力啊！"我的答复是：无疑是这样的，除非我们的劳作缩短，这件工作是不容易的；因为我们这宗艺术本来是和我们的心灵所要征服的宇宙一般长久，一般广阔，一般深远的。但是谁不知道冗长和困难的事情可以缩短呢？谁不知道织工能把成千上万的线条用最快的速度，织成形形色色的布匹呢？谁不知道磨工最容易研磨成千上万的谷粒，并且能够极准确地把谷糠和谷粉分开，一点不感困难呢？人人知道，工程师能够用较小的机器举起巨大的重物，一点没有麻烦，人人又都知道一件一盎司重的东西，如果放在距离横杆支点较远的地方，就能抵得住好些磅数。

所以，我们知道，伟大的成就常常只是一个技巧问题，而不是一个力量问题。难道唯独学者就不知道怎样熟练地处理他们的事务吗？羞耻心一定可以迫使我们跟其他职业中的创造精神去较个胜负，去找出一种补救学校迄今所受的困难的方法。

二　我们在发现疾病和疾病的根源以前，不可能找出医治疾病的方法。如此阻碍学校的努力，妨碍学校的成功，以致大多数人在整个求学期间竟没有涉猎到科学与艺术的全部领域，其中有些人甚至根本没有入门，到底是什么原因呢？

三　产生这种情形的原因无疑是：第一，没有一定的路标作为学生每年、每月或每天所应达到的目标，并且完全缺乏系统。

四 第二，没有指出确实可以达到这些目标的途径。

五 第三，天生应当联合的事物没有联合，反而分开了。比如我们教小学生阅读，但是几个月之后才教他们写字。在拉丁语学校里面，让孩子们花上好几年去学字，一点也不顾到字义，以致他们的童年完全被文法学习占去了，一切哲理兴趣都留给了以后。同样，我们只准学生学，从来不准他们教，虽则这些事情（读与写，字句与事物，学与教）全都应该联合起来，像赛跑一样，脚的上提和脚的再度下放是相连的，又如会话，听话和答话是相连的，又如打球，掷球和接球是相连的。

六 第四，我们很少把艺术和科学当作一种百科全书式的整体的部分去教过，而是零星地去对付。这就是它们为什么在学生的眼里看来竟像一堆木头或木柴，很不容易看出其中的确实关系和连锁的原因。结果是某些学生领会了这件事实，另一些学生领会了另一件事实，但是谁也没有受到一种真正彻底和周全的教育。

七 第五，我们用了许多不同的方法。每个学校，甚至每个教师都用一种不同的方法。尤其糟糕的是，教师们爱在教这一门学科或语言时用这种方法，在教另一门学科或语言时又用另一种方法，最糟糕的是，甚至在教同一门学科时他们也改变他们的方法，以致弄得学生很难知道自己是被希望用什么方法去学习的。这就是许多的耽误和学生之所以疲惫不堪，甚至连新的学科都常常不想尝试的原因。

八 第六，我们还不知道有一种可以用来同时教导全班学生的方法；我们所教的只是个别的学生。对大群的学生教师用这种办法当然是不可能的。在学生方面，假如每人都得继续预备他的工作，直至轮到自己为止，他们也一定会觉得非常厌倦，感到极端烦腻。

九 第七，假如教师有几个，这又是一个混乱的源泉；因为每一小时的学科都不一样。至于教师不同和书本不同一样，令人分心，那就更不必说了。

十 第八，在学校里面和在学校外面学生对于所读的书本都有绝对的自由，教师对于他们的书本的选择完全不给予任何帮助。因为人人怀抱一种观念，以为多读书就可以多得进步的机会，其实这种纷纭的情形只能令人分心而已，没有别的。所以，很少有人精通全部学科，原是不足为奇的。所可怪的，乃在有人竟能在这种迷宫中找出他的道路——事实上只有天资最高的人才能做到这一点。

十一　所以，将来，这类阻碍和延误都必须避开，我们必须直接奔向我们的目标，一切当前无用的事全都可以置之不理。有一句谚语说得好："小办法够用的时候就不必用大办法。"

十二　我们可以选择太阳来模仿，因为它给自然的作为提供了一个显著的例证。太阳的工作是很辛苦的，差不多是没有限度的（就是把它的光线散布到全世界，为种类无限的一切元素、矿物、植物和动物供给光亮、温暖、生命和力量），但是它对它们全是平等的，并且年年能以最可惊羡的方式循环实践它的责任。

十三　因此，我们要参照上述学校管理的需要，去考究太阳活动的种种原则。

1．太阳并不单独对付任何单个的事物、动物或树木；而且同时把光亮和温暖给予整个世界。

2．它用同一光线把光亮给予万物；它用同样蒸发与凝结的步骤把水分覆盖万物；它使同一的风吹在万物身上；它用同样的温暖与寒冷使万物发生运动。

3．它使春夏秋冬同时在一切地方出现。由于它的媒介，树木就变绿，开花，结果（虽则其中有些自然比其余的早）。

4．它总是保持同样的秩序；日与日相似，年与年相似。它总是用同样的方法在一件事物身上起作用。

5．它从事物的基本形状去产生事物，不从别的来源去产生。

6．一切应该联合的事物，它都把它们联合产生；木材和它的树皮与树心联合产生，花儿和它的树叶联合产生，果实和它的果皮与叶柄联合产生。

7．它使一切事物经过一定的阶段去发展，使一个阶段能为下一阶段铺平道路，每一阶段都自然而然地跟随上一阶段。

8．最后，凡是没有用处的东西，它都不使它存在，万一偶然产生出来了，它就把它毁掉。

十四 模仿这一点：

1. 每个学校只应该有一个教师，至少每班只能有一个教师。

2. 每门学科只应该用一种书。

3. 全班都应该得到同样的练习。

4. 一切学科与语言都应该采用同样的方法去教授。

5. 每件事都应该彻底地、扼要地、简练地教，使悟性经过一个钥匙开启以后，就能自行解释新的困难。

6. 一切天生相连的事物都应该联合教授。

7. 每门学科都应该分成明确的步骤去教授，使一天的功课可以扩充前一天的，引起后一天的。

8. 最后，一切无用的事物，一定要抛弃。

十五 假如这些改革能够介绍到学校里去，整个科学的圈子无疑就可以完成，完成之易会出乎我们的意料，就像太阳每年完成环行天上的圈子一样。

因此，我们要做工作，看这些建议能不能实行，看阻碍它们实现的困难如何才能克服。

问 题 一

一个教师怎样能同时教许多孩子，不管多到多少呢？

十六 我认为，一个教师同时教几百个学生不仅是可能的，而且也是要紧的；因为，对教师，对学生，这都是一种最有利的制度。教师看到跟前的学生数目愈多，他对于工作的兴趣便愈大（正同一个矿工发现了一线丰富的矿苗，震惊得手在发抖一样）；教师自己愈是热忱，他的学生便愈会表现热心。同样，在学生方面，大群的伴侣不仅可以产生效用，而且也可以产生愉快（因为人人乐于劳动的时候有伴侣）；因为他们可以互相激励，互相帮助。对于这种年龄的孩子，竞争确是一种最好的刺激。并且，假如一个教师的班次不大，也许这一点或那一点不会被全体学生所听到。但是，假如同时有许多学生听他讲课，各人尽量领会自己所能领会的，每当复述功课的时候，一切人都回到了他们的心灵里，因为一个人的心灵可以激励另一个人的心灵，一个人的记忆也可以激励另一个人的记忆。总而言之，一个面包师搓一次生面，热一次火灶，就可以做出许多面包，一个砖匠一次可以烧许多砖，一个印刷匠用一套活字可以印出成千成万的书籍，所以，一个教师一次也应该能教一大群学生，毫无不便之处。我们岂不知道一株树干能够支持无数的树枝，并为它们供应树汁，岂不知道太阳能够把生气给予整个世界吗？

十七 这应怎样去做呢？让我们再拿以前的例子，看看自然的做法吧。树干本身是不伸展到最外层的树枝去的，它只待在它自己的位置上，把树汁供应最近的大树枝，由大树枝传给别的树枝，再由别的树枝传给其他的树枝，这样一直传到最小的枝丫。同样，太阳并不照耀每一株树，每一株植物，或每一只动物，它只从天上放射出它的光线，同时照亮半个世界，这样去给每个生物供应它所需要的光亮与温暖。我们在这里要注意，太阳的活动是可以得到土地的坐落的帮助的。比如山谷和凹地就收集光线，因而得到更多的温暖。

十八 假如事情按照下列的方式去安排，一个教师是容易对付很大一群学生的。就是说：

1. 假如他把全体学生分成班级，比如十人一组，每组由一个学生去管理，管理的学生又由上一级的去管理，如此等等。

2. 假如他绝对不进行个别教学，不在学校以外私下地进行，也不在学校以内公开进行，而只同时一次去教所有的学生。因此，他绝不应该走近任何一个学生，或让任何一个学生单独走到他跟前，他只应坐在他的座位上面，让所有的学生全都看得见，听得清，如同太阳把光线照在万物的身上一样。另一方面，学生必须把他们的耳朵、眼睛和思想向他集中，必须注意教师用口告诉他们或用手、用图解向他们讲解的一切。这样，一次的打击，杀死的便不是一只苍蝇而是许多苍蝇了。

十九 3. 我们利用一点点技巧，就可以集体地和个别地吸引学生的注意，可以使他们获得一种观念（事实本来是这样），认为教师的嘴就是一个源泉，从那里可以发出知识的溪流，从他们身上流过，认为每逢这个源泉开放的时候，他们就应当把他们的注意当作一个水槽一样，放在它的下面，一点不要让流出的东西漏掉了。教员还应格外当心，除非全体学生都在静听，他决不可说话，除非他们全在注意，否则不可进行教学。在这方面，辛尼加所说的话是很恰当的，他说："我们不应该对不愿听话的人去说话。"所罗门也说："哲人眼前有智慧。"（《箴言》，第十七章，24）这就是说，我们不应该对风说话，而应该对人的耳朵说话。

二十　注意不是单靠为首的学生或其他负责的孩子来提醒和保持的。教师本身是一个最重要的因素，假如他遵守下面这八条规则，他的努力就可以成功。

1. 假如在进行教学的时候，他肯耐心地不断介绍一些有趣的和实际有用的事情；因为这样，就可以激发学生的兴趣，吸引他们的注意。

2. 假如在开始任何新的学科的时候，他用一种引人入胜的方式把它放在学生的跟前，或向他们发出问题，这样去激起学生的兴趣。发出的问题可以涉及以前学过的东西，这样去阐明它与前面学科的关系，也可以涉及新的功课。因为，假如我们把学生对于那门学科的无知的情形毫不留情地揭露出来，他就会满怀热望，要去精通它，要去彻底懂得它。

3. 假如他站在一个高高的讲台上面，眼光同时看着全体学生，谁也不准做别的事，只准用心听，只准看着他。

4. 假如他在可能时都利用感官，尤其视觉去帮助他们的注意（我们在前面第十七章原则八和上述规则3已经说过了）。

5. 假如他间或中断他的讲解，插口说：告诉我（指出某个孩子），我刚才说的是什么呢？重述那句句子吧！告诉我，我是怎样说到这一点的呢？以及诸如此类的话，至于话的确切性质，那就要以他所教的班级为转移了。如果发现了不用心的学生，他就应该当场受到责备或惩罚。这样一来，学生就会热切和用心了。

6. 同样，假如他问一个学生，而那个学生踌躇不决，他就应该依次间第二个、第三个、第十个，或是第三十个，让他们答复，而不必重述原来的问题。结果，人人便会谛听他对其中一人所说的话，自己拿来应用了。

7. 假如有些孩子对于某个问题不能答复，他就应该问全班的学生，当着其余学生的面去赞扬答得最好的学生，使他们的榜样能够刺激其余的学生。如果某个学生答错了，他就应该得到纠正，同时，错误的根源（这在贤明的教师是不难发现的）也应该弄清楚，并应指出避免重犯同一错误的必要。这种办法之有助于迅速的进步是很不容易体会到的。

8. 最后，功课完毕以后，要让学生对于想要得到解释的，不论是当时的功课，或是以往的功课，都有提问的机会。私下提问是不应该容许的。每个想要提问的学生都应该当众去问教师，或请他那一组的组长去问（假如组长自己不能够解决那一困难的话）。这样一来，全班就都可以得到益处，从问题和从答案所得的益处一样多。如果任何一个学生能用他的聪明的问题帮助阐明一个重要之点，他就应该受到表扬，以便鼓励其余的学生去用功，去好学。

二十一　这种天天训练记忆的办法对于青年人不独目前有用处，而且对于他们终生终世都是有用的。因为，假如这种训练持续几年，使他们养成一种全心全意去对待当时所做的事情的习惯，他们后来自己就会继续这样去做，丝毫不需外来的压力。假如学校根据这个原则去组织，我们将来就一定可以增加许多伶俐聪明的人！

二十二　关于这一点，也许会有一种反对的说法，说我们需要个别注意，使每个学生保持书本的清洁，使他用心地去做习题，使他正确地去学习功课，说，假如班次大，这就得花费很多时间。我的答复是：教师用不着去听每个学生的功课，也用不着去考查每个学生的书本；因为他有各组的组长帮忙，每个组长都可以考查他那一组的同学。

二十三　作为一个稽查长的教师应该首先照管一个学生，然后再去照管另外一个，尤其要注意的是去测验他所不信任的学生诚实与否。比如，如果要学生重述功课，他就应该先叫一个学生去重述，然后再叫另一个，先叫全班最好的一个，再叫全班最坏的一个，其余的学生便都用心听着。这样，他就可以保证每个学生都做好准备了，因为谁也没有把握相信自己不会被考到。假如教师看见某个学生毫不踌躇就开始了他的功课，相信对于其余的部分他也同样很明白，他就可以让另外一个学生接下去，假如另外那个学生也显得预备好了，那时就可以轮到第三个。这样一来，他听了几个学生之后就可以确信全班的学生都在他的支配之下了。

二十四 默写也应当采用同样的方法。应当由一个或一个以上的学生去宣读写下的文字，标点要正确，声音要清晰，其余的学生便去改正自己写在本子上的。教师也要随时亲自查看本子，并处罚工作不用心的学生。

二十五 改正笔译似乎要多花一些时间；但是，在这里，采用同样的方法也是有益的。当各组的组长取得了注意以后，应当立即叫起一个学生，随他的意思选定任何一个学生做对手。后者站起以后，第一个学生立刻就一句一句地宣读他的翻译，其余的学生便都用心倾听，同时教员要考查这个练习，使它做得正确。那个学生在每句句子之后停一停，那时他的敌手就有机会去指出他所听出的任何错误。然后可以由同组的其他学生去批评他的翻译，再后可以由全班的学生去批评，最后由教师作补充。这时，其余的学生便在他们自己的练习上面改正错误。但是那个对手不能这样做，他应该保持他的练习的原样，好交给他的同伴去批评。第一句句子正确地改正过以后，立刻就弄第二句，这样下去，直到做完练习为止。那时那个对手就要同样宣读他的翻译，原来挑战的那个学生就要注意他所读出的确是原来的翻译，没有加上后来改正过的。这时每一个字每一句短语又要像以前一样受到批评。

此后又要选出一对敌手，在时间所许可的限度以内照样重练。

二十六 在这方面，组长要尽两种责任。在开始改正以前，他们应当使全体学生把练习准备好，当改正正在进行的时候，他们应当注意，使每个学生去改正他的练习，如果其中含有被批评的错误的话。

二十七 这样做的结果将是：

1. 教师的工作可以减轻。

2. 没有一个学生会被忽略。

3. 学生会比以前更用心。

4. 对一个学生所说的话会对全体学生同样有益。

5. 这么多不同的翻译当然会有不同的表达方式，这种不同的表达方式不仅可以增进和加强学生对于教材的熟悉程度，并且可以使他在语言的运用上臻于熟练。

6. 最后，一旦第一对、第二对和第三对练完以后，其余的学生便常常没有多少错误，或根本没有错误可改了。在这种情形之下，剩下的时间就可以用在全班学生身上，使那些对于这段文字还没有十分把握的学生可以提出他们的困难，或使那些自以为自己的翻译胜过以前所译的学生宣读他们的翻译，接受批评。

二十八　这里所提出的方法已经用一种翻译练习加以阐明了。练习，如果是关于文体、修辞学、逻辑学、神学或哲学的，这种方法用起来也同样方便。

二十九　我们这就知道了一个教师可以教一百个学生，所费的精力和教几个学生一样小。

问 题 二

怎样能用同样的书去教一切学生呢?

三十　一次的事物太多是可以分散注意的，这是一件无可争辩的事实。所以，假如学生除了专为他们所在的班级编辑的书本以外不用别的书本，好处是极大的；这样一来，古时候的庙宇里面给予膜拜者的"汝当如此"的命令就永远可以有效地运用了。因为眼睛愈少分心，注意就愈易集中。

三十一　假如教导所需的一切材料，黑板、记录、基础读本、字典、艺术表解等等东西经常都有准备。因为，假如（事实上常是这样的）教师必得为学生们预备练习簿，必得替他们写习字范本，假如他必得口授文法规则，口授某个作家的原文或译文，那会浪费多少时间啊！所以，各班所用的一切书籍必须预备充分，翻译须附有待译成国语的原文。这样一来，本来须得用来口述、抄写和翻译的时间就能用得更为有益，作为讲解、复述和模仿之用了。

三十二　我们用不着害怕这样一来教师就可以偷懒。因为，一个传教士如果读过《圣经》上的一段原文，加以解释，指出它的用途之后，他就算是尽了他的责任，至于他是不是亲自从原文译出的，或是用的某种标准译文，这对他的听众是没有关系的；同样，教师的材料是亲自安排的，或是由别人替他安排好的，这对学生是没有关系的。重要的事情是，每件必需的东西都得准备在手边，它在教师指导之下使用得要正确。这类东西最好件件都事先准备好，因为，一方面，错误可以较少，另一方面，实际教导的时间可以剩得更多。

三十三　所以，这种书籍是应该为每个学校编写出来的——要按照前面所规定的达到容易、彻底和时间经济的目标的规则去写——应该构成一种全部学科的完全的、彻底的、准确的缩影。总而言之，它们应该真正表现整个的宇宙，因而把整个宇宙的真相印在学生们的心灵上面。还有一点最重要的是，它们应该写得简单、明晰，应该充分帮助学生，使他们在必要时可以不必假助教师，自己就能进行学习。

三十四　为了这个目的，它们最好写成一种对话体裁。这样一来，（1）使教材及其解说去适合青年的心灵便是可能的了，这两者在他们看来就能不至于显得充满困难了。没有比对话体更适于鼓动信心的，利用对话，心灵就可以逐渐被导向预期的目标。剧作家就是利用这种形式去发表他们关于道德败坏的见解，以此去规劝人们的；柏拉图的一切哲学著作，圣奥古斯丁的一切神学作品全是用这种形式写成的，西塞罗也常用这种形式去屈就读者的水平。（2）谈话的形式可以刺激和保持记忆，而问与答的交替，各种表达的形式，可能引用的有趣的对话，甚至剧中人物的变换，都不仅可以抵消对于那门学科的任何厌恶，并且可以引起进一步求知的热望。（3）用这种方法去进行教导，就可以产生一个强烈得多的印象。我们对于亲眼看见的事件，较之单听别人传说容易记得，同样，通过戏剧或对话来进行的教导，较之单由教师用通常的方法去教，更能存在于学生的脑际，这是可以由经验去证明的。

（4）我们的生活大部分都是富于友谊性的谈话的，所以它应该是容易引导青年人去获得有用的知识的，同时他们又可以学会流利地、好好地去发表他们自己的意见。（5）最后，这种对话可以当作一种轻松的消遣，可以给学生们的私下的集会增加生气。

三十五　所用的书应当属于同一个版本，它们应当页页相同，行行相同。这是重要的，一方面为了参考方便，一方面某段一定在某页，是可以帮助记忆的。

三十六　假如能把班上所用的一切书本的内容做成一份提要，挂在教室的墙上，那也是很有用处的。这种提要应当是大大省略紧缩以后的原文，或阐释性的图像与浮雕，使感觉、记忆与悟性天天得到联合的练习。古人说，埃斯扣雷彼（Aesculapius）庙的墙上挂满了希波克拉提斯亲手写在那里的有关医术的训条，这不是没有目的的。上帝也使这个世界的大剧场充满了图像、雕塑和他的智慧的活的象征，好用来教导我们（关于这种图像的帮助，我们到讨论个别的班级时还要细说）。

问 题 三

一所学校里面所有的学生怎样同时能做同样的事情呢？

三十七　假如全班的学生同时都做同样的功课，显然是一种有用的安排，因为这样一来，教师所受的麻烦就会减少，学生所得的利益就会增大。只有到了全班的注意都集中在同一个目标，全班都轮流去改正别人的错误的时候，热烈的竞争才能发生。教师必须尽力模拟一个新兵的队长。新兵队长并不分别训练他的兵士，而是同时带领一队兵士出去，指示他们怎样使用武器；即使他向某一个兵士单独解释任何事项，其余的兵士也得通过同样的练习，以保持他们的注意。

教师应该遵循完全相同的路线去行事。

三十八　在他能够这样做以前，必须使：

1．教导从每年的一定时间开始，如同太阳对于植物界的影响是从一定的时间，即春天开始一样。

2．学科的划分要使每年、每月、每周、每日，甚至每小时都有一定的工作，因为这样就会使计划好的一切工作易于完成。不过关于这一点，我们将到合适的地方再细说。

问 题 四

怎样能够按照一种，并且同一种方法去教授一切呢?

三十九 关于一切科学只有一种自然的教法，一切艺术和语文也只有一种自然的教法，将在第二十章、第二十一章和第二十二章再说。任何必要的偏离都不够构成一类新的方法，那些偏离是由于教材的特点者少，而由于教师的本身者多，教师必须根据学生的能力和他们在他所教的实际语言或艺术方面的进步，去得到指导或去指导他们。所以，普遍采用自然的方法对于学生是大有好处的，就像平坦而无歧途的道路对于旅行者一样。假如普遍的原则能够首先确定，不容争议，就比较容易指明特殊的偏离来了。

问 题 五

许多的事情怎样能用少数的话说清楚呢?

四十 把学生的心灵塞满书本与字句的废物，那是白费精力的。因为，一片面包皮、一口酒，当然比一肚子无用的东西或精肴更富于营养，一个人的口袋里面与其有一百二十磅铅，当然不如有几块金子。辛尼加对于教导的说法很对，他说:"执行教导要与撒布种子一样，不要重量，要重质。"所以，我们在第五章的结论是对的，就是:在人身这个小宇宙里面，一切都是潜伏地存在着的。你给他光明，他立即就看见了。

在黑暗中工作的人，确乎有了最微弱的一线光亮就够了。所以，我们必须选辑或编写一些范围小，排列切实的科学与语文手册——包括整个学科，在短小的篇幅里面包含大量的材料（《便西拉智训》，第三十二章，8）——就是说，它要用少量最简单最明晰的文字写成，同时本身就能导向更深入的研究的少数规则与定义，把全部教材放到学生跟前。

问 题 六

一次怎样能做两三件事呢?

四十一　自然的榜样表示几件事情是能同一次用同一个行为去做成的。这是一件无可怀疑的事实,就是一株树木同时在地上地下两方面都生长,它的木材、树皮、树叶、果实全是同时发展的。同样的观察也可以用在动物身上,动物的肢体也全是同时发展,同时变强壮的。再则,每个肢体也做好几种事。比如,脚不仅支持一个人体,而且使他用各种方式前进与后退。口不仅是身体的入口,而且也是一个咀嚼的器官,是一个喇叭,要发声的时候就可以发声。肺吸一次气就可以使心情变宁静,把头脑弄清爽,帮助我们发出声音。

四十二　在艺术方面,我们也发现同样的情形:(1)在日晷上面,晷针的一个阴影所指示的有当日的时刻、太阳移动的黄道宫、日夜的长短、月内的日期,以及其他好几种事情。(2)一根杆子可以给车指引,转弯,把车停住。(3)一个优秀的演说家或著作家同时教导别人,激动别人,取悦别人,即使他的题目使他难于把这三种因素联合在一道,也还是一样。

四十三　青年人的教导应该按照这个样子去组织,务使每项活动能够产生几种结果。可以定下这样一条通则,就是每种学科都应该与它有关的科目一道教授;就是说:文字应该和文字所涉及的事物一道研究;至于阅读与写作,文体的练习与逻辑思维的练习,教与学,娱乐与认真的学习,都应当不断结合在一道。

四十四　所以,文字应当永远和事物一道教授,一道学习,就像酒永远同盛酒的桶一道买进或卖出,剑同剑鞘在一道,树同树皮在一道,果实同果皮在一道一样。因为文字除了是事物的皮壳以外还有什么呢?所以,无论用哪种语言教,甚至用国语也是一样,文字的解释应当顾到文字所指的事物;反之,学生们也应当学会用语言去发表他们一切所见、所听、所做或所可尝的东西,这样,他们运用语言能力的进展就永远可以和悟性的增长并驾齐驱了。

所以，规则是这样的：

学生应当受到训练，用文字去表达他所看到的一切事物，应当教他懂得他所使用的一切文字的意义。谁也不许谈论他所不懂的任何事物，他也不可在领悟任何事物的时候不能同时用文字去表达他的知识。因为凡是不能表达自己的心思的人就像一座雕像，凡是一味多嘴，而并不懂得自己所说的人就像一只鹦鹉。

但我们要训练的是"人"，要训练得愈快愈好，这个目的只有语文教导和事实教导同时并进时才能达到。

四十五　由此可见，我们应该把那些专教文字，不能同时使人知道有用的事物的书籍，全部从学校排除出去。我们的劳动应当用在真正重要的事情上面，所以（如同辛尼加在他的第九封书信里面所说），我们应当专心去增进我们的悟性，而不必去扩大我们的词汇。任何必需的阅读全都可以很快地在课余做完，不必去做吃力的解释，也不必力图模仿；因为这样花去的时间不如用在研究自然上面。

四十六　阅读与写作的练习永远应当结合在一道。哪怕学生初学字母时，他们也应当写写那些字母，以便掌握它们；因为除此以外找不出一种更快意，或更能刺激他们去工作的方法。因为，一切儿童都有一种画画的天生欲望，这种练习就可以使他们感到快乐，他们的想象就可以从感官双重动作得到激发。后来，当他们能够轻松地阅读时，他们就应当在必须学习的教材上面去运用他们的能力，这是指的可以给他们实际知识，或可以使他们得到德行或虔信的教材。当他们学读拉丁文、希腊文或希伯来文的时候，也可以采用同样的计划。反复阅读，并反复抄写各种变格和动词的变位法，直到彻底学会阅读、书写、字义和格尾的形成为止，好处是很大的。在这种情形之下，我们便从一个单个的练习得到四重结果。这种集中的方法是万分重要的，应当用到一切学科上去，务使如辛尼加所说的，凡是从阅读学来的东西都可以由书写给以形式，或如圣奥古斯丁说他自己的，我们前进时可以书写，书写时可以前进。

四十七　我们选择文体练习题目时，照例是不当心的，前后题目之间并没有联系。结果，它们便只是文体练习而已，没有别的，对于推理的能力影响很小；事实上人们为之花费许多时间，下过许多功夫以后，它们常常证明是绝无价值的，对于人生毫无用处。所以，教授文学鉴赏时，应当利用那些可以练习全班学生的推理能力的科学或艺术的教材。教师应当把题目的作者及其生存的时代告诉学生，或使他们根据教材去做模仿性的练习，这样，由于一次的努力，文体的观念就可以获得，推理的能力就可以增进，并且，由于教师或学生不断地谈论之故，说话的能力也就可以得到练习了。

四十八 在第十八章的结尾，我已经说过，学生们是能把刚刚学过的科目教给别人的，这种方法不仅可以使他们懂得彻底，而且可以使他们的进步来得更快，所以它在这里是不应当被忽视的。

四十九 最后，假如用来舒畅学生心情的娱乐能够重视生活的比较正经的方面，使他们在消遣的时候也能受到一种确定的影响，这是极为有用的。比如，可以给他们一些工具，让他们玩农作或玩政治游戏，当大兵，当建筑家等等，去模仿各种各样的手艺。在春天，我们可以带他们到花园里去，或到乡下去，可以把植物的种类告诉他们，使他们竞争，看谁认得最多。这样一来，他们就可以接触到医学的初步，不仅我们由此可以明白他们对于医学谁有一种自然的倾向，并且还可以替好些人造出这种倾向来。并且，为鼓励他们，对于其中进步最大的学生还可以给以医生、开业医师或医学生的假称呼。在其他消遣上面，也可以采用同样的计划。在做战争游戏的时候，学生们就可以当大将、将军、队长或旗手。在玩政治游戏的时候，他们可以当国王、部长、大臣、秘书、大使等等，依据同样的原则，他们可以当领事、议员、律师或官吏；因为这种娱乐常常可以导致正经的事情。这便可以满足路德的愿望，就是学校里青年人的学习可以组织得使他们觉得是同整天玩球一样快乐，这样，学校就可以首次成为实际生活的真正序幕了。

问 题 七

学科怎样才能循序渐进地划分阶段呢？

五十　关于如何才能做到这一点的问题，我们在第十六章的原则五、原则六、原则七、原则八和第十八章的原则五、原则六、原则七已经说过了。重要之点是应当为古典学校编写合适的书本，这些书中应有指导教师正确使用书本的指示，从而使学问、德行和虔信能从一个阶段进入另一阶段，直至达到最高的阶段为止。

问 题 八

关于障碍的排除与避免。

五十一　有人说得对：单是学得多，知道得多，如果这些知识对于实际目的没有用处，那是再无用不过的；并且，聪明的人不是知道得多的人，而是知道什么是有用处的人。所以，假如学科能够压缩，学校的工作就会较轻松。这是可以做到的，假如我们省去：

1. 一切不必要的材料。
2. 一切不合适的材料。
3. 一切细枝末节。

五十二　凡是不能产生虔信或德行，对于心灵的培植并不重要的就是不必要的。例如异教神的名称和与其有关的神话、古人的宗教仪式、淫佚的诗人与戏剧家的作品。个人有时候也许需要私地里读读这种种东西，但是学校是一个奠定智慧的基础的地方，这一类东西是决不可以容许的。辛尼加说："时间是这样的宝贵，却去学习这么多无用的东西，这是何等的疯狂啊。"所以，无论什么东西不可单因它在学校里有价值去学习，要因它在生活上有用处才可学习，这样，一个学生学得的知识才不至于一出学校，立刻就消失掉了。

五十三　知识如果不合于这个或那个学生的心灵，它就是不合适的。因为人心的不同和植物、树木或动物之各不相同一样大；这个必须这样去对付，那个又必须那样去对付，同样的方法是不能够用在所有的人身上的。有些人的心理能力确乎是很大的，他们能在每门学科上面有成就；但是也有许多的人，连某些基本的东西都极难掌握。有些人对于抽象的科学显得很有能力，但是对于实用的学科，才力很小，就像一匹驴子不会玩七弦琴一样。有些人除了音乐以外，什么都能学会，有些人却不能够精通数学、诗词或逻辑学。在这种种情形之下，我们应当怎么办呢？假如我们试图消除一种天生的厌恶，我们便是在和自然作对，这种努力是没有用的。因为不是没有结果，便是结果远抵不上所费的精力。教师是自然的仆人，不是自然的主人；他的使命是培植，不是改变，所以，假如他发现了某门学科与某个学生的天性不合，他绝不应该强迫他去学习；因为在某一方面缺少的东西多半会由另一方面去补足。假如一株树木被砍掉了一枝树枝，其他树枝便会长得更强壮，因为流到它们那里去的生命力更多了；假如没有一个学生违背本人的意志，被迫去学习任何学科，我们就不会有发生厌恶和智力受到抑制的情形了。每个人都会顺着他的自然的倾向去发展（按照神的意思），无论他的身份如何，都会去为上帝与人类服务。

五十四　同样，假如一切细微的和专门的细节（如同植物与动物的种类，各种工匠的职业，他们的用具的名目等等）都得学习，这就是一种最讨厌、最混淆的工作。在学校工作中，只要把自然界中的广大的类别和它们的最重要、最主要的区分彻底弄明白就够了。更专门的知识，后来有了机会是很容易就能得到的。

凡是想要迅速地制胜敌人的人，是不会浪费时间去攻打并不重要的地点的，他们会去直接攻打作战的大本营；因为他们如果在阵地战中占了上风，攻克了最主要的堡垒，其余一切就一定会自行降服的。同样，假如我们掌握了任何学科的要点，次要的细节便很容易知道了。篇幅繁重，包含有一种语言中的每一个生字的字典就是这种障碍之一。因为，其中大多数生字是从来不用的，然则我们又为什么要强迫孩子们通通去学，从而加重记忆的负担呢？

我们现在已经谈完了节省教与学的时间和精力的问题了。

第二十章　科学教学法

一　我们现在应当把我们说过的，散见各处的关于科学、艺术、道德与虔信的正确教学的意见汇集起来。所谓正确的教学，我的意思是指把容易、彻底和迅速结合在一起的教学。

二　科学，或关于自然的知识，是由一种内知觉所组成，需要眼的外知觉的同样的附件，就是一件被观察的物件和观察它的光亮。假如有了这些东西，知觉就会出现。内知觉的眼睛是心灵或悟性，物件是我们的悟性内外的一切事物，光亮就是必需的注意。但是，像外知觉需要一定的步骤才能领悟事物的真相一样，假如要把事物呈献给心灵，使它容易领会它们，容易接受它们，内知觉也要有个一定的方法。

三　凡想探索科学的神秘的青年，就必须小心地遵守这样四条规则：

1. 他必须保持他的心眼的纯洁。

2. 他必须使目标接近他的心眼。

3. 他必须注意。

4. 他必须按照一种合适的方法，从一个目标走向另一个目标。因为，这样他就可以有把握地、容易地领会一切事物。

四　凡是超过了我们的能力的，我们便不能够去支配，因为上帝是按照他自己的意愿来分派这个悟性的明镜，这个内在的眼睛的。但是防备它布满尘埃或变模糊则是我们的力所能及的。所谓尘埃，我的意思是指心灵的懒惰、无益和空虚的占用。因为我们的心灵是不断活动着的，像一块不断研磨的磨石一样，它由它的仆人，即外感官替它从各方面去供给原料。但是主要的监视者——理性，如果不去不断监视，它便会得到没有价值的原料，如同谷糠、稻草或沙石之类，而不是米或麦。结果就像一只磨盘一样，每个角上都布满了尘埃。所以，假如青年人不去从事没有价值的事情，假如他们经过了熟练的训练，能够喜爱有价值的和有用的事物，这个内心的磨盘即心灵（它也是一个明镜），就不至于布满尘埃了。

五 为使镜子能够适当地接受事物的影像起见，事物必须是固体的，可以看得见的，并且应当合适地放在眼睛跟前。云和其他类似的东西稳定性很小，在一个镜子上面只能生出淡漠的印象，至于不在跟前的事物，那就根本生不出印象来了。所以凡是放到青年人的智力跟前的事物必须是些真实的事物，不是事物的影子。我要重复一句，就是它们必须是"事物"；所谓"事物"，我的意思是指一定的、真实的、有用的，能够在感官与想象上面印上印象的东西。但是它们只有相离很近时方才能生出这种印象。

六 我们由此可以为教师们找出一条金科玉律。在可能的范围以内，一切事物都应该尽量地放到感官跟前。一切看得见的东西都应该放到视官的跟前，一切听得见的东西都应该放到听官的跟前。气味应当放到嗅官的跟前，尝得出和触得着的东西应当分别放到味官和触官的跟前。假如有一件东西能够同时在几个感官上面留下印象，它便应当和几种感官去接触，虽则要受第八章原则七的限制。

七 关于这一点，我们有三个有力的理由。第一，知识的开端永远必须来自感官（因为悟性所有的都是先从感官得来的，没有别的）。所以，智慧的开端当然不仅在于学习事物的名目，而在于真正知觉事物的本身！要到事物被感官领会到了的时候，文字才可实现它的功用，给它以进一步的解释。

八 第二，科学的真实性与准确性依靠感官的证明多于其他一切。因为事物自己直接印在感官上面，而印在悟性上面则是间接的，是通过感官的。有一件事实可以表明这一点，就是从感觉得来的知识，我们立刻就相信，而先验的推理和别人的指证则总要诉之于感觉。推理所得的结论，除非它可以用例证去证实（例子的可靠性有赖于感官知觉），否则我们不会相信它。没有一个人会如此相信别人的指证，以致不相信自己的感性经验的。科学愈是依赖感官知觉，科学的可靠性就愈成比例地增多。所以，假如我们想使我们的学生对事物获得一种真正和可靠的知识，我们就必须格外当心，务使一切事物都通过实际观察与感官知觉去学得。

九 第三，感官既是记忆的最可信托的仆役，所以，假如这种感官知觉的方法能被普遍采用，它就可以使知识一经获得之后，永远得以记住。比如，假如我尝过一次糖，看见过一只骆驼，听见夜莺唱过歌，或者到过罗马，每回都用心地把事实印在我的记忆中，那些事情便会是鲜明的、永存的。因此我们发现，儿童容易从图画学习《圣经》上的和世俗的故事。事实上凡是看见过一次犀牛（哪怕看见的是图画），或者目击过某件事变的人，就能够向自己把那动物描绘出来，把那件事故记住在记忆里面，较之听别人形容过六百次都要容易得多。所以普劳塔斯（Plautus）说："十次耳闻不如一次目见。"荷累斯也说："信托给反复无常的耳朵的事情，较之实际呈现在眼睛跟前，由看到的人自己贮存起来的材料，在心灵上所生的印象要小得多。"

同样，一个人如果看见过一次人体解剖，较之读完了最详尽的解剖学，可是实际从来没有看见过解剖，对于人体各部分的关系一定知道并记得准确得多。所以说："看就是信。"

十 假如事物的本身不能得到，便可以利用它们的模型图像，制造范本或模型，以供教学之用。植物学家、几何学家、动物学家和地理学家也可以采用同样的原则，他们应当利用他们所描述的事物的图像去阐明他们的描述。物理学和其他地方也要这样办。比如，假如采用下述的计划，利用目击的演示，人体就可以得到很好的解释。应当找一副骨骼（大学里面通常所藏的也可以，木制的也可以），这副骨架上面应当有肌肉、肌腱、神经、静脉、动脉以及肠、肺、心、横膈膜和肝。这些东西应当用皮革做成，里面塞满羊毛，大小应当正确，应当放在正确的位置上，在每个器官上面应当写上它的名称和功用。假如你把学医的学生领到这副制作跟前，把每一部分向他分别加以解释，他就可以毫不吃力地领会一切详情细节了，从此以后，他就会懂得他的自身的结构了。每一个知识部门都应当有类似的制作（即原物不能得到的事物的形象），应当保存在学校里面，以便随时取用。要得到这种种模型，自然必须花钱费力，但是结果大可以抵偿所费的气力。

十一　假如有人没有把握，不知道是不是一切事物全可以这样放到感官跟前，是不是精神上的和不在跟前的事物也在其内（指天堂的或地狱的，或者海外的事物），他就要记得，上帝把万物都和谐地安排好了，高级的事物可以由低级的去代表，不在跟前的可以由处在跟前的去代表，看不见的可以由看得见的去代表。这可以在罗伯特·夫拉特（Robert Flutt）的《大小宇宙论》（*Macromicrosmus*）看到，这本书对于风、雨和雷的起源描写得都可以使读者意想见之。毫无疑问，甚至比这本书里所表现的更具体、更易演示也是可以办到的。

十二　关于把事物呈现到感官跟前的问题已经谈得很多了。我们现在需要谈谈光亮了，没有光亮，事物呈现到眼睛跟前也是没有用处的。教学艺术的光亮是注意，有了注意，学生才能使他的心理不跑野马，才能了解放在跟前的一切事物。谁也不能够在黑暗里面或闭着眼睛看见东西，无论那件东西离他多么近；同样，假如你对一个用心的人说话或把一件东西指给他看，你都不能够在他的感官上产生印象。这，我们可以从某些人的身上看出来，他们专心沉思的时候，对于眼前发生的事全不理会。所以，凡是想在晚上把任何东西指示给别人的人就必须准备好光亮，他必须把那件东西擦亮，使它发出光辉；同样，假如一个教师想用知识去照耀一个置身在无知之中的学生，他就必须首先激起他的注意，使他能用一种贪婪的心理去吸取知识。至于怎样才能做到这一点，我们在第十七章和第十九章的原则一已经说过了。

十三　关于光亮说得够多了。我们现在要说说事物呈现到感官跟前所应采取的方式了，假如要使印象清晰的话。关于这一点，如果我们想想实际的视觉程序，我们立刻就可以懂得。如果要使事物清晰地被看到，那就必须：（1）把它放在眼睛跟前；（2）不要太远，要放在一个合理的距离以内；（3）不要放在一边，要直接放在眼睛前面；（4）使事物的前方不要偏离观看的人，而要对准观看的人；（5）眼睛先看整个事物；（6）然后再去分辨它的各个部分；（7）把各部分依次从头至尾考察一遍；（8）要注意每一部分；（9）直到通过它们的主要属性，全被领会为止。假如这些条件正确地被遵守了，视觉便会成功；但是，如果其中有一个条件被忽略了，成功便只是局部的了。

十四　比如，假如有人要读一个朋友寄来的信件，那便必须：（1）把信件呈现到眼睛跟前（因为如果看不见信件，怎样能够读得到信件呢）；（2）放在离眼睛的合适的距离以内（因为如果离得太远，字句便会看不清楚）；（3）直接放在眼睛的前面（因为如果放在一边，看去便觉混淆）；（4）顺着看（因为如果一封信或是一本书是倒着或者横着呈现到眼睛跟前的，便不能够阅读）；（5）信的一般特性，如住址、写信人、发信日期等等必须首先看到（因为除非知道这些事实，否则信内的特殊项目是不能够正确地懂得的）；（6）然后必须阅读信的下余部分，一点不可省略（否则信的内容便不会全被知道，说不定最重要之点会漏掉）；（7）应该按着正当的次序去读（假如这里读一句，那里读一句，意义便会弄混淆）；（8）必须懂透了上一句方才可以开始下一句（因为如果匆促地去读全信，某些有用之点便易逃避读者的注意）；（9）最后，用心地读完全信以后，读者就可以去分辨哪些部分是必需的，哪些部分是多余的了。

十五　这种种，凡是教授科学的人都应该遵守，它们可以用九条极有用的规则表示出来。

（1）凡是应该知道的就必须教。

除非把应当知道的事物放在学生的跟前，否则他怎样能够获得有关那件事物的知识呢？所以，教学的人要当心，不可对学生隐藏任何事情，无论是有意，如同有嫉妒心的和不诚实的人的所作所为，或者是疏忽，如同敷衍塞责的人们所干的。诚实与勤劳是必需的两件事情。

十六　（2）凡是所教的都应该当做能在日常生活中应用并有一定用途的去教。

这就是说，学生应当懂得，他所学的东西不是从某种乌托邦取来的，也不是从柏拉图式的观念借来的，而是我们身边的事实之一，他们应当懂得适当地熟识它对生活是大有用处的。这样一来，他的精力和精确性就可以得到长进。

十七 （3）凡是所教的都应该坦率地教，不可错综复杂地教。

这是说，我们应当直接去看事物，不可斜看，因为斜看的时候，眼睛看不见要看的东西，反而会把它弄歪曲，弄混淆。事物应当就它们的真实性质放到学生的眼前，不可隐蔽在字句、隐喻或夸张里面。假如目的是在夸大或贬低，赞扬或诋毁已知的东西，这种种设计是有它们的用处的。但是在获取知识的时候，它们是应当避免的，应当把事实坦白地摆出来。

十八 （4）凡是所教的都必须顾到它的真实的性质与起源去教；就是说，要通过它的原因去教。

假如要想学习一件事实的真正性质，这种认识方法就是最好的方法。因为，如果不把它的真正性质弄明白，这便不是认识，而是错误。一件事实的真正性质存在于使它出现的过程中。假如它似乎含有不能被那过程所说明的因素，那就显然是理解错了。一切事物都是由它的原因使它存在的。所以，解释任何事物的原因就等于按照"知识在于，坚定地把握原因"和"原因是悟性的向导"。这两个原则真正揭露了那件事物的本性。事物是可以这样通过产生它们的过程的知识去最好地、最容易地、最准确地加以认识的。假如有人要读一封信，他便把信按照写信时的方向拿在手里，因为阅读一件倒着的或横着的文件是困难的，同样，假如一件事实通过产生它的过程去加以解释，它便会容易地和无疑地得到理解。但是，如果教师把自然的次序弄颠倒了，他就一定会把他的学生弄糊涂。所以，教学所用的方法应当根据自然的方法。先到的要先教，后来的要后教。

十九 （5）假如要学任何事物，它的一般原则必须首先得到解释。然后才可考虑它的细节，不到那时候不能考虑。

关于这一点的理由，我们已经在第十六章原则六说过了。当我们用主要本性和偶然性质去说明一件事物时，我们就是对它提出了一种概念。主要本性是由"什么东西？""哪一种东西？"和"为什么？"等问题揭露出来的。在"什么东西？"这个问题之下有事物的名目、种属、功用和目的。在"哪一种东西？"这个问题之下有事物的形状或事物适应它的目的的方式。在"为什么？"这个问题之下有使得一件事物适应它的目的的有效的或起因的力量。比如，假如我愿意把人的概念教给一个学生，我就应当说：人是①上帝的主要造物，是作为主宰其他一切造物之用的；②人赋有选择与活动的自由；③因此他有理性的光亮，使他能用智慧去指导他的选择与活动。这不过是关于人的一种概念，但是它却触及了事情的根本，说到了有关人的一切要点。此外，假如你愿意，你还可以加上他的一些偶然品质，而不背于他的通性，这必须利用下列问题去达到，就是：它的起源是什么？来自何处？何时？然后你就可以进而说明人的组成部分，即身体与心灵。身体的本性可以通过解剖它的器官去指明；心灵的本性可以通过考查它的能力去指明。这一切都必须按照它们的正确秩序去进行。

二十　（6）一件东西的一切部分，甚至最小的部分，都必须顾到它们的秩序、地位和彼此的关系去学习，不能稍有例外。

没有一件东西是白白地存在的，有时，大部件的力量还依靠最小部件的力量。在一座钟上就是这样的，假如有一根针弄弯了，或者移动了位置，整个机器便会停止。同样，在一个生物的身上，损失一个器官就可以使生命归于灭亡，在一句句子中，全句的意义常常依靠一个最小的字眼，如介词和连接词。所以，关于一件事物的完整知识，只有先去得到关于它的每一个部分的性质与功用的知识以后才能得到。

二十一　（7）一切事物都必须按照适当的顺序去教授，一次不可教一件以上。

视官不能够同时接纳两三件事物（读书的人一次当然不能读两页，不，甚至不能读两行，虽则它们相隔很近，并且除了顺序阅读以外，他一次也不能读两个字，不能读两个字母）；同样，心灵一次也只能领会一件事情。所以，我们从一件事情进展到另一件事情的时候，中间应当分出清晰的间隔，以免加重心灵的负担。

二十二　（8）对于任何学科，非到彻底懂得之后，不可中途离弃。

没有什么事情是顷刻之间就可以做成的。因为每一步骤都有动作，动作又含有连续的阶段。所以，学生对于一门科学中的任何一点，在没有彻底精通和意识到他已彻底精通以前，是不可前进的。应当采用的方法是加强教学、考试和复述，直至达到预期的结果为止。这是我们在第十八章原则十中指出过了的。

二十三　（9）应该强调事物之间所存在的区别，使我们所得的关于它们的知识来得明白而清晰。

有一句著名的话说："凡是善于辨别的人就是一个好教师"，这后面的意义是很多的。因为事实太多使一个学生吃不消，种类太多可以使他弄不清。所以，必须设法补救：在第一种情形之下要有次序，有了次序就可以一件一件地学；在第二种情形之下要仔细考虑自然界中存在的差别，以便永远看得清一件事物与另一件事物的区别是什么。这是唯一可以获得清晰的、明白的、准确的知识的方法；因为自然物的种类与现实是以它们的特异属性为转移的，这是我们在第十八章原则六已经提到过了的。

二十四　要求所有的教师在开始他们职业时都具有必需的技巧，那是不可能的，所以，必须把学校里所教的科学按照前述法则计划好。假如这样做了，每个教师就都不易射不中目的了，因为，假如这些法则能够严格地被遵守，毫无疑问，任何一个进过皇宫，有一点时间的人是容易精通里面的全部内容如图像、雕塑、地毯和其他装饰的，一点不会有困难；同样，一个青年到了这个世界的剧场，他也同样容易用他的心眼去探究自然的秘密，从此以后，张开眼睛在上帝与人类的作品中间去行动。

第二十一章　艺术教学法

一　维未斯说："理论是容易而且简短的，但是除了它所给予的满足以外，没有别的结果。反之，实践是困难而且冗长的，但有极大的效用。"正因如此，所以我们应该努力找出一种容易领导青年人去实际应用自然力量的方法，这是艺术中所应寻求的。

二　艺术根本需要三件事情：（1）一个模型或意念；即，一个外界的、艺术家可以去考察并从而试行模仿的形状。（2）可以印上新形状的材料。（3）可以帮助作品完成的工具。

三　但是备好工具、材料和模型以后，我们还需要三件事情，才能学会一种艺术：（1）材料的正确利用；（2）熟练的指导；（3）经常实践。就是说，学生应当受到教导，知道在什么时候去利用他的材料，怎样去利用；他在利用材料的时候应当得到帮助，以免发生错误，如果发生了错误也可以改正；他不应当在发生错误和被改正错误的时候就停止，要到能够正确地、迅速地工作的时候才可以停止。

四　关于这种种，有十一条应当遵守的规则：其中六条是关于材料利用的；三条是关于指导的；两条是关于实践的。

五　（1）凡是应当做的都必须从实践去学习。

师傅并不用理论去耽搁他们的徒弟，而是从早就叫他们去做实际工作；比如，他们从锻炼去学锻炼，从雕刻去学雕刻，从画图去学画图，从跳舞去学跳舞。所以，在学校里面，应该让学生从写字去学写字，从谈话去学谈话，从唱歌去学唱歌，从推理去学推理。这样一来，学校就可以变成一个忙于工作的工场，凡是努力获得了成就的学生就可以体验到一句成语的真理，就是："我们同时形成了我们自己，也形成了我们的材料。"

六　（2）应做的东西，永远必须有一个明确的模型。

学生首先应该考察这个模型，然后再去模仿，就像他是在步一个向导的后尘一样。因为一个不知道应做什么，也不知道怎样去做的人，是不能够自己做出什么东西来的，必须有一个模型放在他跟前。事实上强迫一个并不知道你的愿望的人去做你所愿望的事，简直是残酷；这就是说，要他去形成直线、直角或圆圈，你就应当先给他一把直尺，一把曲尺，或一副圆规，向他说明它们的用途。此外还要十分当心，应在教室里面替应做的一切东西准备好范式或模型，这些东西无论是图画与表解，或是规则与模型，都应该是正确、明确、简单的；要易于了解，也要易于模仿。预备好光亮时要求一个人看，当他能自己站立时要求他走，或当他手里有工具时要求他运用工具，那才不是荒谬。

七　（3）工具的用法应当用实践，而不是用言语去指示；就是说，要靠榜样，不要靠教诲。

昆提利安在多年以前就说过："通过教诲，路途是长远而困难的，通过榜样则是短捷而可行的。"但是，唉，一般学校对于这一忠告竟是何等漫不经心啊。刚学文法的人就被训条、规则、规则的例外、例外的例外累坏了，他们多半并不知道自己是在做什么，他们还没有开始懂得任何东西，早就弄迷糊了。师傅不是开始就把规则去叮咛他们的学徒的。他们把学徒带到工场里，吩咐徒弟去看已成的成品，然后当徒弟想去模仿那件成品的时候（因为人类是一种富于模仿性的动物），他们就把工具交给徒弟，指示徒弟怎样拿，怎样用。如果徒弟做错了，他们就告诉徒弟，帮徒弟改正错误，利用榜样的时候当比单用言语的时候多，事实表明，生手们的模仿是容易成功的。因为德国人有一种说法是很有道理的，他们说："良好的领袖就有良好的随从。"忒楞斯（Terence）的话也很恰当，他说："只要你先走，我一定跟上来。"儿童学习行走、奔跑、谈话与游戏，全是这样从模仿学来的，不要任何艰难的规则。规则对于悟性像一些荆棘，要懂得它们的意义既需注意，又需能耐，而榜样则是最愚蠢的学生也可以受益的。没有一个人单靠规则精通过任何语言或艺术；至于通过实践，即使没有教诲，精通也是可能的。

八　（4）练习应从基本做起，不要开始就去从事野心勃勃的工作。

一个木匠并不开始就教他的徒弟去修角楼，而是先告诉他怎样拿斧头，怎样砍树，怎样锯木板，怎样钻孔，怎样安横梁。一个画家并不开始就叫他的学生去画人像，而是教他怎样调颜料，怎样握笔，怎样画线条；然后再教他画粗糙的轮廓，如此等等。一个教孩子读书的人，并不向孩子解释书的内容，而是解释字母的名目和性质，指出它们是怎样合成音节的；然后再教字，再后才教句子。同样，初学文法的人应当首先学会单词怎样变化，然后再学怎样把两个单词结合到一道。再后才能学单句与复合句，一直到学连续的散文为止。在辩证法方面也是一样。学生应当首先从事物的属与种去辨别事物和事物的概念；然后根据其他某一通性（因为在一切事物中间都有这种连锁），去把它们重新分类；然后再给它们下定义，归类；然后再去联合估计事物和事物的概念的价值，去找出它们的是什么？从何而来？为什么？并且看它是必然的还是偶然的。当他在这方面做过充分的练习以后，他就可以去做推论，去从假定的前提做结论，最后，他就可以试作辩论性的推理或完全的辩论了。在修辞学方面，采用同样的步骤也是有利的。学生应该首先花些时间去收集同义词，然后学习把性质形容词加到名词、动词或副词前后。然后就可以学习对句法的用法再后再学纡说法的用法。再后他就可以用象征的字眼去代替原来的字眼，可以为了声调的铿锵去改变字眼的次序，可以用尽一切辞藻去装饰一个单个的句子。最后，当他对于这种种都已彻底精通之后，他才可以学习做一篇完整的论文，在此以前，不能去做。假如有人对于任何一种艺术都能够按照这里所指示的，一步一步前进，他是不会得不到进步的。

上面所说的话的根据已经在第十七章原则四讨论过了。

九　（5）初学的人应当先用他们熟悉的材料去练习。

这条规则我们是从第十七章的原则九和原则四的系论 6 得出的。

它的意思是说，学生不应受到不适合他们的年龄、理解力与现状的材料的过分压迫，否则他们便会在和影子搏斗上耗掉他们的时间。比如，当一个波兰孩子学习阅读或书写他的字母的时候，就不应当教他从一本用拉丁文、希腊文或阿拉伯文所写的书上去学习，而应当从一本用他的本国文字所写的书去学习，他才懂得自己是在做什么。再说，假如一个孩子要想懂得修辞学规则的用途，他用来做练习的范例就不应当从弗基利（Virgil）或西塞罗，或者从神学的、政治的或医学的作家去取用，而应涉及在他身边的事物，涉及他的书籍，涉及他的衣着，涉及树木、屋宇和学校。假如用来阐明第一条规则的例子，虽已熟悉，但能保留下来，用它去阐明下余的规则，那也很有好处。比如，在辩证法上，可以用一株树做例子，讨论它的属、它的种、它与其他事物的关系、它的特性和树这个字的逻辑定义与分类。然后我们就可进而讨论关于一株树木的各种叙述方法。最后，我们可以指出，用一套完整的推理，从业已确定的事实出发，我们就可以发现并指证一株树木的其他性质。这样一来，假如每次我们都用同一熟悉的例子去阐明各种规则的用途，孩子们就易于掌握它们在其他一切学科上的应用了。

十 （6）最初应当精确地模仿指定的形状，后来才可多给一些自由。

一种形状，愈是用心使它类似它的原物，它就能表现得愈精确。比如，用一个模子铸出来的钱币，它们就完完全全像那模子，并且彼此相像。用金属字模印出的书籍，用蜡、用石膏或用金属铸出的模型也是一样。所以，在其他一切艺术制作方面，我们要尽可能使一切模仿（至少要使第一次的模仿）完全类似它的原来的样子，直到手、心灵和舌头获得了更多的自信，能够自由地顺着它们自己的路线去做出好的模仿为止。比如，学习写字的人就把一张薄薄的、透明的纸，放在他们所要模仿的范本上面，这样，他们就容易写出透过纸来的字了。此外也可以把字极其淡薄地印在白纸上面，使学生用笔和墨水勾画一遍，这样一来，他就容易养成一种写出它们的习惯了。假如想要模仿任何古典作家的句法或句子，同样的办法在文体方面也是适用的。如果原来的成语是

"富于资财"，孩子就应当模仿着说："富于钱币""富于金钱""富于牲畜""富于葡萄园"。西塞罗说："据最有学问的人的意见，欧德漠（Eudemus）是容易在占星术上面占得第一把交椅的，"这句话就可以不加多少更动，模仿成"据最会演说的人的意见，西塞罗是容易在辩才上面占得第一把交椅的"，"据全部基督教徒的意见，圣保罗是容易在使徒的职务上面占得第一把交椅的"。逻辑方面也一样，假如提出这样一个著名的两难论法，这是白昼或夜晚。但这是夜晚；所以不是白昼。孩子就可以同样使用矛盾的概念作对去模仿。比如"他是没有学问或有学问的。但是他没有学问；所以他不是有学问的"，"开恩（Cain）是虔诚的或不虔诚的，但是他不虔诚"之类。

十一　（7）应制的事物的模型必须尽量完好，务使任何人充分模仿过后都能在他的艺术上面达到完好的境地。

用一支弯曲的规尺是画不出直线来的，同样，从一个不好的模型也产生不出一个良好的复本。所以，必须格外注意，应为学校中，其实是生活中所应做的一切准备好模型，这些模型要精确、简单，而又易于模仿。它们可以是模型，可以是图像与图画，也可以是教诲与规则；但都必须极简短、极明白，要是不言而喻的，要绝对正确。

十二　（8）头一次的模仿应当力求正确，不要稍有背离模型的地方。

这是说，要在可能的范围以内尽量去做到。因为凡是初次出现的事情就是后来的事情的基础。假如基础坚固，一个坚实的大厦就可以在上面建造起来，但若它是不坚固的，这就不可能了。根据医生的观察，消化的最初的缺点是不能够在后来去补偿的，同样，在任何作为上面，最初的错误可以污损一切后来的。由于这个理由，所以音乐家提摩西阿西（Timotheus）对于曾在别处学过一些基本音乐知识的学生惯于要求双倍的学费，他说他的工作是加倍的，因为他不得不首先替他们清除那些业已获得的不良习惯，才能正确地教导他们。所以，凡是学习任何艺术的人，都应用心去正确地模仿他们的范本，使自己精通那门艺术的基础。这层困难一经克服以后，其余一切便会自行来到，正像一座城池的城门打破以后就任凭敌人处置一样。一切匆促的做法都应当避免，否则我们没有精通初级的阶段便已进行高级的工作了。凡是中途不停止的人就是跑得快的人，至于为了彻底精通基本原则所引起的耽误，其实算不得耽误，而是一种进展，使后来的事情能够容易地、迅速地、正确地精通而已。

十三　（9）错误必须由教师当场改正；但是同时也要给予教诲，这是指的规则和规则的例外。

在此以前，我们主张艺术应当通过榜样，而不通过教诲去教；我们现在要补充一句，就是教诲和规则也应当给予，好由它们去指导工作，防止错误。这就是说，模型的比较不甚明显之点应当解释清楚。应当把工作应该如何开始，应该以什么为目标，应该怎样实现那个目标等说明白。每条规则也应当说出理由来。这样一来，我们就可以彻底懂得那门艺术，并在模仿时具有自信，做得准确。

但是这种规则应当尽量简短，因为我们并不愿意学它们学到老。它们一旦被人掌握以后，就应当永远有用，哪怕搁在一旁都是一样，正和护膝对于刚学行走的儿童有用处，后来虽则用不着了，但是从它们所得的好处仍旧存在是一样的道理。

十四　（10）艺术的完善的教学基于综合与分析。

我们已经用自然与工场的例子表明过（第十八章原则五），在这方面，综合更为重要。下列各点也表明，一般说来，应该首先采用综合练习：（1）我们永远应当从容易的开始，我们对自己的努力比对别人的努力易于了解。（2）作家努力隐瞒他们获得结果的技巧，所以学生最初难于了解他所看到的东西，也许根本就不能了解。假如他开始以他自己的没有技巧的尝试去练习，这种困难就可以免除。（3）我们的主要目标应该在练习中占主要地位，我们的真正目标是使学习艺术的学生惯于制出表现首创性的作品，而不仅模仿放在他的跟前的事物（参看第十八章原则五）。

十五　尽管这样对于别人的作品的精密分析是不可忽视的。只有不断地周历一条道路，我们才能知道那条道路和它的侧径与岔路。而且，自然界变化多端，要用规则去概括，或要求一个人的心灵去精通是不可能的。有多少程序就需要多少规则去表达，这些程序我们只有去分析，去研究，并通过模仿与竞争使我们自己能够做出类似的结果，我们才能学会。

十六　所以，我们希望在每门艺术中，凡是那门艺术中可以制出的东西都能让学生得到一份完全的、准确的模型或范本。教诲和规则也应给他，以便帮助他工作，指导他在模仿时的努力，告诉他怎样避免错误，并且在出了错误的时候改正错误。然后就应给他别种不同的模型，这些模型他应当学会去分类，去把它们和他所已用过的模型作比较，并且在模仿一个和以前用过的模型相似的模型时，做得出类似原物的作品。此后，他就可以按照已经熟悉的模型与规则去考察与分析其他艺术家（必须是著名的艺术家）的成品。这样，学生就可以学得更会运用规则，就可以获得一种隐瞒他的艺术的艺术。只有经过这样一系列练习之后，他才有资格去批评自己的或别人的艺术作品。

十七　（11）这种种练习必须继续到艺术品的产生变成第二天性为止。

因为产生一个艺术家的是实践，不是别的。

第二十二章 语文教学法

一 学习语文，并非因为它们本身是博学或智慧的一部分，而因为它们是一种手段，可使我们获得知识，并把知识传授给别人。

所以，不必学习一切语文，因为这是不可能的；也不必学许多种语文，因为这没有用处，而且会浪费许多可以用来获得实用知识的时间；应学的只是必需的语文。必需的语文是：国语，为在本国之用；邻近诸国的语文，为的是和邻国人相交往。比如，对于波兰人，德文是必需的；对于其他国家的人民，匈牙利文、窝雷基阿文（Wallachin）或者土耳其文又是必需的了。为了阅读正经的书籍，拉丁文也是应学的，因为这是学者通用的语文。对于哲学家和医生，希腊文和阿拉伯文是应学的；对于神学家，希腊文和希伯来文是应学的。

二 这些语文不是全应彻底学会的，只要学到必需的限度就够了。

我们用不着把希腊语或希伯来语说得像国语一样流利，因为没有人可以和我们说这种语言。把它们学得能读懂用它们写出的书就够了。

三 语文的学习，尤其在青年时代，应当和事物的学习联系起来，使我们对客观世界的认识和对语文的认识，即我们的对事实的知识和我们表达事实的能力得以同步前进。因为我们是在形成人，不是形成鹦鹉，这是在第十九章问题六说过了的。

四 由此可见：第一，学习文字不应该离开它们所代表的事物；因为事物不是分别存在的，没有文字是不能够懂得的，它们是两者并存，一同履行它们的功用的。我之发表我的《语言入门书》（*Janua*

Linguarum），就是由于这种想法；在那本书上，安排在句子里面的字说明了事物的性质，据说成绩还不小。

五 第二，不论哪种语文，对它的完整和细微的知识是很不必要的，如果有人要去达到这种目的，那是荒谬和无用的。甚至西塞罗（他被视为拉丁语的最伟大的通家）对于拉丁语的一切细枝末节也不完全知道，他承认过他不知道工匠们所用的字眼；因为他从来没有跟皮匠和劳工相处，去看过他们的手工，听过他们所用的术语。事实上，他为什么要去学习这类术语呢？

六 那些扩大我的《入门书》的人没有注意这一点，使它塞满了不平常的字眼，塞满了极不合于一个孩子的理解的材料。一本《入门书》应当是一本"入门书"，此外的事应该留待将来。这对从来没有出现过，或遇到时容易在别种辅助性书籍（如同词汇、字典、植物辞典之类）找到的字，尤其是如此。由于这个原因，所以我没有继续我的《拉丁初阶》（*Latinitatis Posticum*）——因为我介绍了废弃的和不常见的字眼到里面去。

七 第三，可见孩子们的智力和语文应当在吸引他们的材料上得到练习，而吸引成人的材料则应当留待后一阶段。凡是把西塞罗和其他大作家的作品放到孩子们跟前的人都是浪费他们的时间。因为，假如学生对于题材并不懂得，他们怎样能够掌握各种有力地表达题材的设计呢？他们的时间可以比较有用地花在野心较小的努力上，使语文知识和一般智力同步地渐进。自然并不跃进，艺术也一样，因为艺术模仿自然。我们必须先教孩子们行走，才能教他们跳舞；先教他们骑骑木马，才能教他们骑战马；先教他们牙牙学语，再教他们说话，先教他们说话，再教他们演说。西塞罗说，他不能教会一个没有先学会说话的人去演说。

八 对于多数语言，我们的方法可以归纳成八条规则，可以使学会各种语言变成一件容易的事情。

九 （1）每一种语言都当分别学习。

首先必须学国语，然后再学可能代替国语的另一种语言，我的意思是指邻国的语言（因为我认为现代语应当比学者语先学）。再后才可以学拉丁语，拉丁语以后才可以学希腊语、希伯来语等等。

一种语言永远应当在学会另一种语言以后去学，而不是同时学；否则学的时候，两者会弄混。要等彻底学会以后，用并行的文法、字典等等方法去做比较才有用处。

十　（2）每一种语文都必须有一定的时间去学习。

我们应该当心，不可把一种辅助性的学习当作一种主要的学习，或把可以用来获得关于事物的知识的时间浪费在学习文字上面。国语和客观世界之逐渐展露在感官跟前是有密切联系的，所以需要几年工夫（我应当说八年或十年，或是说全部儿童期和少年期的一部分）。然后我们才可学习其他现代语，每种有一年工夫就可以充分学会。拉丁文两年以内可以学会，希腊文一年，希伯来文六个月。

十一　（3）一切语言通过实践去学比通过规则去学来得容易。

这是指的听、读、重读、抄写，用手、用舌头去模仿，在可能的范围以内，尽量时时这样去做。［参看上章规则（1）与规则（11）］

十二　（4）但是规则可以帮助并强化从实践得来的知识。

关于这一点，我们在上章规则（2）已经讨论过了。我们所特别谈到的是我们只得从书本去学的学者语，虽则我们并不排除现代语。因为意大利语、法语、德语、波希米亚语（Bohemian）和匈牙利语可以化成规则，并且已经化成规则了。

十三　（5）语言所化成的规则应当是文法的，而不是哲理的。

这就是说，它们不应当探究字眼、成语与句子的原因和来历，或试图找出这一或那一结构为什么是必需的，而应当简单地说明那是对的，怎样才能选出那种结构。对存在于事物与文字中的原因与联系、同点与异点、类似与变化的更精细的考察，是哲学家的责任，对语言学家只会耽搁他。

十四　（6）在为新学的语言写述规则的时候，心里必须时时记住业已学会的语言，只应强调两种语言的不同之点。

要求学生注意它们的共通之点，不仅没有用处，而且实际还有害处，因为超过实际情形的烦琐和不规则的假象是令人生畏的。比如，在希腊语文法中，便没有重述名词、动词、格和式的定义或造句法规则的必要，因为它们并没有新的东西，是可以看作业已熟知的。只有希腊语的用法与业已知道的拉丁语的用法不同的地方，才应该包括进去。这样一来，希腊语文法就可以压缩成不多几页，变得更清楚、更容易了。

十五 （7）新学一种语言的时候，最初的练习必须从业已熟悉的题材入手。

否则心灵便是同时注意文字与事物，这样就会分心，力量就会变弱。所以，心灵的努力应当限于文字，使它能够容易地、迅速地精通文字。这种教材很可以用《教义问答》《圣经史》或其他任何充分熟知的材料。[总而言之，我的《初阶书》（*Vestibulum*）和《入门书》二书是可以采用的；虽则它们比较适于记忆，而上述的题材则因同样的字眼时时出现，因此可以变熟悉，印在记忆上，所以适于经常阅读。]

十六 （8）所以，一切语言都可以用这个方法去学。

这就是说要通过实践去学，同时也学一些极简明的，只涉及它与业已学会的语言之间的异点的规则，要通过涉及业已熟悉的题目的练习去学。

十七 论应当用心学会的语言。

我们在这章开始时说过，一切语言不必同样精确地去学会。国语和拉丁语是最值得注意的，我们人人都应该彻底掌握。学习这种语言的进程可以分成四个时期：

第一个		牙牙学语的婴儿期		模糊地	
第二个	时期是	日趋成熟的儿童期	这时我	正确地	说话
第三个		比较成熟的青年期	们学着	漂亮地	
第四个		精强力壮的成人期		有表现力地	

十八 这种层次是唯一真正的原则。

如果采取任何其他制度，一切事情便会陷入混淆，发生紊乱，这是我们多数人都已经验过的。但是按这四种层次，只要准备好教授语文的合适的材料，凡想学习语文的人就都容易通过；这是说，要准备好学生所用的合适的课本和帮助教师的手册，两者都要简短，要有条理。

十九　合于各种时期的课本应当有四种——

1．《初阶书》

2．《入门书》

3．《升堂书》(*Palatium*)

4．《聚珍书》(*Thesaurus*)

二十　《初阶书》应当包含儿童会话用的材料——几百字，组成句子，加上名词的变格和动词的变位。

二十一　《入门书》应当包含语言中一切常用的字，总数八千左右。它们应当组成短短的句子，包括描写自然事物的句子在内。此外还要附上一些简短明白的文法规则，对写作、发音、造字与用字给以准确的指导。

二十二　《升堂书》应当包含对一切事物的各种不同论述，这些论述是用一种既有变化而且漂亮的文体表达出来的，边线上注明成语的出处。书末应当有变换，并以种种不同方式意译文句的规则。

二十三　《聚珍书》是指认真地用优美的文体写过任何事情的古典作家的作品，并附以关于品评与汇集著名段落和精确地翻译成语（这是一件最重要的事情）的规则。这种作品之中，有些应当选来在学校里读，其余的应有一个目录，使有人想要寻找写过任何题目的作家的时候，可以找出是哪些作家。

二十四　所谓辅助性书籍，是指可以帮助课本，以便学起来更迅速、更有效果的书籍。

应当为《初阶书》预备一本小词汇，要有国语拉丁的，也要有拉丁国语的。

应当为《入门书》预备一本拉丁国语字源字典，单字及其转来字、复合字，并为它们的意义说明理由。

应当为《升堂书》预备一本国语的、拉丁语的（如果必要，希腊语的）熟语字典，成为《升堂书》里所有各种熟语、同义字和纡说法的一个纲要，并注明它们见于何处。

最后，为使《聚珍书》趋于完备起见，应当预备一本综合字典（国语-拉丁语的和拉丁-希腊语的），它要包括每种语言的一切事项，一无遗漏。这本字典应当用一种学者的、精确的方式写成，要使几种语言的意义上的细微分别互相符合，要为成语找出适当的对应语。因为只要我们肯去鉴别，世上是不会有一种语言这样缺乏字眼、成语和谚语，以致对任何拉丁文表达不能供给一种相当表达的。无论如何，凡具有充分的模仿技巧，善于用适当的材料去产生适当的结果的人，是可以想出精确的译法来的。

二十五 迄今为止，还没有过这样一本综合字典。一个波兰的耶稣会士 G. Cnapius，确实由于他的一本名叫《波兰拉丁希腊语字典》（*A. Thesaurus of polish*，*Latin*，*and Greek*）的著作，对于他的国人作出了良好的贡献；但是这本著作也有三个缺点。第一，国语的字与熟语收集得不完全。第二，他没有遵守我们在上面所建议的次序，因此个别假借字和废弃了的字没有分类排列，虽则分类排列之后，两种语言的特性、优点和源泉都可以同等地得到阐明。因为他对每一个波兰字和波兰成语作了不少的拉丁译法，但是依照我的计划，却只应作一个，但要是一个确切的相等译法。这样一来，我的字典对于把书籍从拉丁文译成国语，或从国语译成拉丁文的人便会大有帮助。第三，Cnapius 的《字典》在例证的排列方面非常缺乏章法。这些例证是不应当漫不经心地堆在一道的。首先应当是从历史上取来的简单例证，然后是从演说家取录的较为夸张的，再后才是从诗人的复杂与不平常的用法中去采取的，最后才是废弃了的用法。

二十六 但是关于这种综合字典的详细叙述，应当留待下次再说，至于那些可以使人准能精确地学会语文的《初阶书》《入门书》《升堂书》《聚珍书》的更进一步的详情，也当留待将来再说。关于这些事项，要等到我们详细讨论各个班级的时候再说才合适。

第二十三章　道德教育的方法

一　我们已经讨论过了比较易于教授与学习科学和艺术的问题。但是我们应当把辛尼加的话记在心里，他说（辛尼加：《书信集》，89）："我们不应当去学这些事情，我们应当已经学会了它们。"它们的确只是对于更重要的事情的一种准备而已，如他所说的，"是我们的开端，不是我们的成品"。然则我们的真正工作是什么呢？是智慧的学习，它提高我们，使我们得到稳定，使我们的心灵变高贵——我们把这种学习叫作道德，叫作虔信，有了它，我们就高出一切造物之上，就接近了上帝本身。

二　所以，我们必须看看这种灌输真正德行与虔信的艺术怎样才能用一种明确的方法去贯彻，怎样才能介绍到学校里去，使我们能够公正地把学校叫作"人类的锻炼所"。

三　形成道德的艺术是根据下列十六条基本规则的：

（1）一切德行都应当培植到青年身上，不能有例外。

因为在道德上面，没有一件事情是能够省略而不留下一道罅隙的。

四　（2）主要的德行应当首先培植；这些德行是持重、节制、坚忍与正直。

这样，我们就可以保证建筑不会没有基础，各个部分定能形成一个和谐的整体。

五　（3）持重应当从接受良好的教导，从学习事物间的真正区别和那些事物的相对价值去获得。

对于事实问题的健全判断是一切德行的真正基础。维未斯说得好，他说："真正的智慧在于具有健全的判断，在于这样去得到真理。这样，我们就不会追随没有价值的事物，好像具有价值一样，也不会拒绝有价值的事物，好像没有价值一样；我们就不会责备值得称赞的事，也不会称赞该受责备的事了。这是人心发生一切错误的根源，人生最不幸的事情无过于缺乏判断，以致对事实做出错误的评价，估计错了。"他又说："健全的判断应该从幼年开始练习，这样，它到成年时就可以发展起来了。一个孩子应追求正确的判断，避免无益的判断，因为这样一来，正确的判断就可以变成他的第二天性。"

六 （4）应当教孩子们在饮与食、睡眠与起床、工作与游戏、谈话与缄默方面，在整个受教期间实行节制。

在这方面，有一条金科玉律"一切不可过度"，应当送进他们的耳中，使他们学会在一切情况下，能在饱满之前就离开。

七 （5）坚忍应当从自我克制去学习；就是要在错误的时候或者过了恰当的时候，就要压下游戏的欲望，要抑制急躁、不满足和愤怒。

这后面的原则是，我们应当使孩子习于根据理性去行动，不要受冲动的指挥。因为人类是一种理性动物，所以应当听从理性的领导，在行动之先应当仔细想想每种作为应该怎样去做，使自己真正成为自己的行为的主人。孩子们的行为方式是不很能够这么审慎与理性的，所以，假如能够强迫他们养成一种习惯，先去履行别人的意志，再顾到自己的意志，就是说，每件事情都立即服从他们的长上，这在教他们以坚忍和自制方面将是一大进展。拉克坦喜阿斯说："善于驯马的人，先教马匹服从勒缰"。凡是想教导孩子的人，开始就应当使他们习于服从他的命令。假如人类从小就能学会彼此让步，学会在一切所作所为上接受理性的指导，我们确乎就可以怀抱一种希望，希望现在充满世上的骚乱能被一种比较良好的状况所代替。

八 （6）青年人应当不损害人，应当把各人当得的给予各人，应当避免虚伪与欺骗，应当显得殷勤随和，这样学习去行正直。

孩子们应当受到训练，依照下列规则，这样按照我们在上面所说的去做。

九 （7）青年人格外必需的坚忍是坦率大方与忍劳耐苦。

因为既然人生必须有交往和活动，所以孩子们必须学会敢于正视别人，学会应付真实的劳苦，毫不畏缩。否则他们便会变成遁世的人，厌世的人，或变成懒惰的人，碍事的人。德行的实行靠行为，不靠文字。

十 （8）坦率大方是由经常接近有价值的人，由在这种人前按照所受的教诲去行动而获得的。

亚里士多德是这样教育亚历山大的，当亚历山大 12 岁时，他就能够和各种社会合得来了，和帝王的社会合得来，和帝王与国家的使臣的社会合得来，和有学问的与没有学问的人的社会合得来，和城里人的社会合得来，和乡下人的社会合得来，和工匠们的社会合得来。谈话谈到任何题目时，他都能够提出合适的问题，或者做出合适的答案。为了使受到我们这种综合教育的青年也能学着模仿这一点，我们应当写些会话规则，坚决要求他们天天和导师、同学、父母以及仆人交谈，去练习这些规则；如有任何疏忽、鲁莽、粗鄙或粗俗的倾向，教师要特别留心去改正。

十一 （9）假如孩子们不断工作或游戏，他们便能学会忍劳耐苦。

孩子只要有事可做，至于做的是什么事，或者为什么要做，那都没有分别。从游戏里面，我们可以学到许多日后环境需要时有用的事。所以，我们必须由工作去学会怎样工作，如同我们由行动去学习怎样行动一样（有如我们在上面所说的）；这样一来，身心不断地有事可做，同时必须避免一切过度的压力，结果就可以产生一种勤奋的性情，使人非常活泼，受不了懒性的安逸。那时我们就可以看出辛尼加所说的话的真理了，他说："培养成高贵心理的是劳苦。"

十二 （10）与正直同源的德行，或敏于而且乐于替别人服务的态度应当尽力在青年人身上培植起来。

令人憎恶的自私自利的恶德是我们的腐败天性中所固有的，因此，人人想到的没有别的，只是自己的幸福，脑子从不想到别人。这是人生紊乱的最大根源，因为人人只顾自己的事情，忽视共同的福利。所以，我们必须尽力把人生的真正目标教给青年，必须教导他们，使知我们生来不是单为我们自己的，而是为的上帝与我们的邻人，就是说，为的人类。

这样，他们就将认真信服这一真理，从童年起就可以学着模仿上帝，模仿天使，模仿太阳，模仿更高贵的造物，就是希望并且努力使自己尽量对于许许多多的人有用处。这样，公私生活的幸福便都可以得到保证，因为人人都会准备为了共同的福利去共同工作，去彼此互助。假如他们受到了正确的教导，他们是会这样实际去做的。

十三　（11）德行应该在邪恶尚未占住心灵之前，早早就教。

因为，假如你不把优良的种子撒在地上，它便生不出别的东西，只会生出最坏的莠草。但是假如你想开垦那块土地，如果能在开春的时候把它犁一遍，撒一遍种子，耕耙一遍，你的工作就较容易，成功的希望就较大。儿童应当及早好好训练，确乎是一件最重要的事情，因为一只瓶子新的时候可沾染的气味是可以保持很久的。

十四　（12）德行是由经常做正当的事情学来的。

我们在第二十章和第二十一章说过，我们是从学习知道我们应当学习什么，从行动知道我们应当怎样去行动的。孩子们容易从行走学会行走，从谈话学会谈话，从写字学会写字，同样，他们可以从服从学会服从，从节制学会节制，从说真话学会真实，从有恒学会有恒。但是孩子必须同时得到忠告和榜样的帮助。

十五　（13）父母、保姆、导师和同学的整饬生活的榜样必须不断放到儿童的跟前。

因为孩子们和猿猴一样，爱去模仿他们所见的一切，不管是好是坏，甚至没有吩咐他们去做，也是一样；由于这个缘故，所以他们学会运用他们的心灵以前，先就学会了模仿。所谓"榜样"，我的意思是兼指活的榜样和书本上的榜样；事实上活榜样更重要，因为它们所产生的印象更强烈。所以，假如父母是有道德的，是家庭教育中的小心谨慎的保护人，假如导师是用了最大可能的小心选来的，具有优异的德行，这对青年人的道德的正确的训练，便是一大进展。

十六　（14）但是榜样之外，关于行为的教诲与规则也是必需的。

这样一来，模仿就可以得到补充与强化（关于这一点，读者可以参看我们在第二十一章规则 9 所说的）。所以，关于生活的规则应当从《圣经》与智者所说的话去收集，应当按照学生的年龄，用"我们为什么要反对嫉妒？""我们应当用什么武器去防备人生的忧患与机遇？""我们应当怎样节制快乐？""愤怒应当怎样控制？""非法的爱恋应当怎样排除？"之类的问题去讨论。

十七 （15）儿童必须非常用心地避免不良的社交，否则他们便会受到传染。

因为我们的天性腐败，所以邪恶易靠近我们。所以，青年人必须小心地防备一切腐败的根源，例如不良的社交、不德的谈话、无益的书籍之类（因为邪恶的榜样，不论是由眼睛进入或是从耳朵进入的对于心灵都是一种毒害）。最后，懒惰也应当加以防备，否则，由于懒惰，青年人便会去做邪恶的事情，或养成一种怠惰的倾向。重要之点是，要使他们不断工作或者从事游戏。懒惰是绝对不可容许的。

十八 （16）我们不可能谨慎到不让任何恶事得到一个进口，所以，严格的纪律是必须用来制止邪恶的倾向的。

因为我们的敌人，撒旦（Satan），不独我们睡着的时候在轮值，我们清醒的时候，他也在轮值，当我们把优良的种子撒到学生的心灵时，他也努力在把他的莠草种在那里，有时候腐败的天性又可以自行生出莠草，所以这种邪恶的性情必须用力量去制止才行。因此，我们应当用纪律去抗拒它们，就是说，有需要的时候就应当利用责备或惩罚，斥责或鞭挞。这种惩罚永远应该当场执行，使邪恶刚一出现就可以受到遏抑，或尽可能连根拔除。所以，纪律应该时时经心，目的不在强迫用功（因为假如能用正当的方法，学习对于心灵总是具有吸引力的），而在保证澄清的德行。

但是关于纪律问题，我们将在第二十六章详细讨论。

第二十四章　灌输虔信的方法

一　虔信是上帝的礼物，是我们的顾问与指导，是圣灵从天上给我们的。但是圣灵常常利用自然的中介，它选定了父母、教师和牧师来尽心地培植，并且灌溉天国的接穗（《哥林多前书》，第三章，6—8），所以，这些人应当了解他们的责任范围。

二　我们业已说明过虔信的意义，就是（当我们彻底领会了信仰与宗教的概念以后）我们的心要学会随处寻找上帝（因为他用他的作品当做一层幛幕，自己隐在幕后，他无形地存在于有形的万物当中，指导一切，虽则不被人瞧见），我们一旦寻着了他，就应当追随他，我们一旦达到了他，就应当爱慕他。我们通过我们的悟性去做到第一点，通过我们的意志去做到第二点，通过知道我们与上帝结合所生的快乐去做到第三点。

三　我们注意一切造物中的神性迹象，这样去寻找上帝。我们自己完全听凭上帝的意志的支配，他所觉得好的，我们便去做，便去忍受，这样去追随上帝。我们爱慕上帝，所以我们满意他的爱与恩，我们觉得天地间没有比上帝本身更值得想望的，没有想来更觉快乐的，没有比赞美上帝更甜蜜的；这样，我们的心便与上帝的心在爱里融合了。

四　我们能够得到这样提高的根源有三个，我们能从这种根源去吸取的方式有三重。

五　这种根源是《圣经》、世界和我们自己。头一件是上帝的话，第二件是上帝手制的作品，第三件是上帝嘘了气的。我们能从《圣经》得到关于上帝的知识与上帝的爱，那是没有疑问的，异教徒证明了，虔

150

信是可以从世界得来的，是可以从明智的沉思世界中的上帝的神奇的作品得来的；因为他们不从别的，单从沉思这个世界，就知道崇拜上帝了。这是苏格拉底、柏拉图、埃彼克提塔斯（Epictetus）、辛尼加和其他人的榜样所表明的。但是，在这些没有从上天得到特别启示的人们身上，这种爱的感觉还是不完全的，使用的方向还不对。至于从上帝的言语与作品去获得关于上帝的知识的人们，则对上帝怀有最深切的爱，这是约伯（Job）、埃来休（Elihu）、大卫（David）以及其他虔信的人的例证所表明的。

六　从这种根源去吸取虔信的方式有三重，即：沉思、祷告与考验。

路德说："这三者使人成功一个神学家；但是实际上它们对形成一个真正的基督徒是必要的。"

七　沉思是有恒地、用心地、专心地思索上帝的作品、言语与好处；是有心承认万物完全出于上帝的好意（为他所主动，或者为他所容忍），承认一切神的忠告都可用最稀有的方法去达到它们的目的。

八　祷告是不时地，其实不如说是不断地想念上帝，并且祈求上帝用他的仁慈来支持我们，用他的灵来指导我们。

九　考验是对我们在虔信中的进展的不断测验，可以出自我们自己，也可以出自别人。在这个项目底下，有人类的、恶魔的和神性的考验之别。因为人们应当考验自己，看自己是不是虔诚的，是不是照上帝的意志行事的；并且我们应当受到别人、我们的朋友与我们的敌人的考验。当那些受命治人的人精细用心，公开或暗中考查，已有什么进展时；当上帝派了一个敌人到我们身边，教我们去托庇上帝，去表明我们的虔信何等有力；情形便是这样的。最后，撒旦本人是由上帝派来，或是自己要来反对我们，使我们的心境得以表明的。

所以，必须把这三种方式教给基督教的青年，使他们学会提高他们的心，皈依万物之始与终的上帝，使他们只从上帝去寻求灵魂的安息。

十　至于特殊的方法则包含在下列21条规则里面。

（1）要注意在童年早期去灌输虔信。

因为不耽搁这种教导是有利的，耽搁是危险的，因为只有从天然出现得最早的、最重要的事情去开始才是合理的。但是有什么事比虔信更重要呢？除此以外，还有什么事情对于凡事都有益处，对于今生和来世都有应许呢？（《提摩太前书》，第四章，8）不可少的只有一件（《路加福音》，第十章，42），就是要先求上帝的国，因为一切东西都会加给这样去做的人（《马太福音》，第六章，33）。耽误是危险的，因为除非心灵从小就沾染了上帝的爱，否则容易使人暗中轻视上帝，生出亵渎之心，它们一旦出现以后，那时要去驱逐它们，即使不是不可能的，也是很困难的了。所以，先知埋怨他的百姓虔信缺乏得可怕，他就说，上帝没有一个可以教诲的人，除了"那刚断乳离怀的"，指的就是青年人（《以赛亚书》，第二十八章，9），另外一个先知说，习惯行恶的不能改为行善（《耶利米书》，第十三章，23）。

十一 （2）所以，当儿童刚能用眼，用舌，用手，用脚时，就要让他们学习去看天，去伸手向天，去说上帝与基督的名字，去跪在上帝的不可见的尊严面前，去敬奉那种尊严。

把这些事教给儿童并不像某些人所想象的那么困难，他们不知道离开撒旦、离开世界、离开自己是何等的重要，他们对于这么一个严重的问题很少思索过。最初，儿童不会懂得他们所做的事情的真正性质，因为那时他们的智力还很脆弱；但重要的是他们要学习去做日后的经验将要告诉他们是正当的事情。因为他们一旦养成了一种肯做应做的事情的习惯，就比较容易向他们解释为什么这种行为是好的和怎样才能做得最好了。上帝吩咐要把一切初果献给他；然则我们的思想、我们的言辞、我们的动作和我们的行为的初果为什么不献给他呢？

十二 （3）当孩子们还能受到影响的时候，使他得到这样一种印象是极重要的，就是让他们知道我们在世上不是为的人生，而是注定了要赴永生的；让他们知道我们在世上的生活只是暂时的，为的是预备我们到永生的家去。

这很容易用婴儿、孩子、青年，与日就死亡的老人的例证去教。这种事实应当用心印在青年身上，使他们明白我们在世上的生活是何等的暂而不居。

十三 （4）他们还应该得到教导，使他们知道我们生在世上的唯一目的是为来生做准备。

因为，若注意终久要从我们取去的事物而忽视会要伴随我们到永生的事，乃是愚蠢的。

十四 （5）此后他们又应得到教导，使他们知道人们离开这个世界之后的生活有两种：一种是和上帝过幸福的生活，一种是在地狱里面过悲惨的生活，两者都是永恒的。

这可以用拉萨拉斯（Lazarus）和富人的例证去阐明；因为前者的灵魂被天使带进了天堂，后者的灵魂却被魔鬼带进了地狱。

十五 （6）要告诉他们，凡是行为良好，值得站在上帝跟前的人就是加倍幸福的人。

因为离开了光明与生命的源泉的上帝就只有黑暗、恐怖、痛苦和永恒的、没有终结的死，别无其他；所以凡是离开上帝，自己堕入永恒毁灭的地狱的人，就不如根本没有出生的好。

十六 （7）但是生时与上帝相通的人，死后便会到上帝那里去。

如同以诺、伊来阿斯（Elias），以及别人生时所作似的（《创世记》，第五章，24）。

十七 （8）凡是和上帝相通，时时把上帝放在眼前的人，就怕上帝，就能履行上帝的话。

这是人所当尽的本分（《传道书》，第十二章，13），基督说那是"不可少的一件"（《路加福音》，第十章，42）。这是基督教徒所应永远放在他们的嘴上，并存在他们的心里的，否则，像马太（Martha）一样，他们便会过于关心尘世的了。

十八 （9）所以，他们应当养成一种把一切世上所见、所听、听触、所作、所受的事归涉到上帝的习惯。

关于这一点，应当举出例子。比如（我们可以指出）那些专心学问与过着沉思的生活的人，只有一个目标，就是希望自己在一切事物中看到上帝的力量、智慧与善意，希望自己能够充满对于上帝的爱，能在爱里和上帝结合得很坚固，再也拆散不了。又如从事实际工作，如从事农业或机械的人，不能不寻找面包与生活必需品；但是他们也只应当希望稍微舒服一点，应当使过这种生活的目的仅仅在于利用一种安闲愉快的精神去服侍上帝，使自己能因服侍上帝、得到上帝的欢心而永远和上帝结合在一道。凡是另有目的的人就背离了上帝的意旨和上帝的本身。

十九　（10）他们从一开始就应当学习把他们的主要任务放在那些直接通向上帝的事情：应当放在阅读《圣经》、宗教仪式以及其他善行上。

因为阅读《圣经》可以更新并助长我们对于上帝的结识，宗教仪式可以为上帝与人类之间创造一种联系，善行可以强化这种联系，因为它们表明我们确是遵守上帝的道的。这三者全应认真地推荐给一切注定要过虔诚生活的人（如同一切通过施洗献给了上帝的基督教青年）。

二十　（11）《圣经》应该成为基督教学校的第一个字母和最末一个字母。

海彼利阿斯（Hyperius）说，产生一个神学家的是《圣经》，这种说法我们可以从使徒彼得的说法知道得更详尽，他说，上帝的儿子们蒙了重生，乃是由于不能坏的种子，是借着上帝活泼常存的道（《彼得前书》，第一章，23）。

所以，在基督教学校里，圣书的地位应当放在其他一切书籍之上；要使一切基督教的青年都能像提摩太一样，从小懂得圣书，它能使他们有得救的智慧（《提摩太后书》，第三章，15）。并且可以在真道的话语上得到培育（《提摩太前书》，第四章，6）。关于这个题目，埃拉斯马斯（Erasmus）在他的《培雷克雷西斯或劝人研究基督教哲理》(*Paraclesis, or Exhortation to the Study of Christian Philosophy*) 一书上说得好。他说："《圣经》适合每一个人，是幼小者的力所能及的，它用乳养育他们，抚爱他们，支持他们，代他们做一切，直到他们在基督中长大。但是，它固然能被智力最低者所领悟，它也同样可做智力最高者的憧憬的对象。没有一种年龄、一种性别、一种人生地位它是不合适的。太阳是人类的共同的财富，并不在基督的教训之上。除了自甘疏远的人，它是谁也不拒绝的。"他又说："但愿它能译成各种文字，能被土耳其人和萨拉森人（Saracens），与苏格兰人和爱尔兰人同样懂得。嘲笑的人自然会有很多，但是总有一些被它说服的。但愿农夫耕田的时候能去把它歌唱，织工能在织布的机上把它背诵，游子能用它的圣洁故事去消除旅途的劳顿，基督教徒能从它去撷取谈话的材料；因为我们的日常谈话是表明我们的真正品性的。人人都要尽力去得到《圣经》，去读《圣经》。落后的人不要妒忌前进的人。前进的人要招扶落后的人，不要轻视他们。我们为什么要把人人信仰的书限定给少数人呢？"到将近结尾的地方，他又说："但愿我们在施洗中献给了基督的人们，当他们在父母的怀里，由保姆照抚时便能浸染到他的教训。因为心灵初次吸取的东西下沉得最深，保持得最久。我们最初牙牙学语就应学说基督，我们的幼年应当仿效上帝的福音者，我们应把福音者置于小孩子的跟前，使孩子们喜爱他们。他们应当受到这种训练，直到默默长成力量存在基督身上的成人为止。凡是正在这样学习时死去的人便是有福的人。所以，我们人人都要用我们的全心全意去吸纳上帝的道，我们要保持它，我们对它要从事到死，我们要信从它，因为我们的德行与我们的学习是密切地联系着的。"他在他的《神学纲要》（*Compendium of Theology*）上也说："据我看，熟记《圣经》并不是浪费时间的，圣奥古斯丁说，即使我们并不懂得也是一样。"

所以，基督教的学校不应该宣扬普劳塔斯，不应该宣扬忒楞斯，不应该宣扬俄维德（Ovid），不应该宣扬亚里士多德，应该宣扬摩西、大卫与基督，我们应该想出方法，把《圣经》作为献给上帝的儿童（因为一切基督教的儿童都是圣洁的）（《哥林多前书》，第七章，14）学习ABC的工具；因为这样一来，他们就会熟悉《圣经》。因为正像语文是由字的声音与符号组合成功的一样，整个宗教与虔信的结构是用《圣经》的因素构成的。

二十一 （12）凡是从《圣经》学来的东西都应该传达一种关于信仰、仁爱与希望的教训。

　　这是三宗最高贵的性情，凡是上帝认为合于在他的道里显示给我们的一切事情，都涉及了它们。因为有些事情他启示给我们，目的是要我们去相信它们，有些事情他吩咐我们，目的是要我们去实行它们，另外有些事情他应许我们，目的是要我们在今生或来世从他的仁慈去期望它们。在全部《圣经》中，没有一件事情是不能够纳入这三个项目中的某一项目的。所以，人人都应受到教导，去了解并读懂上帝所启示的。

　　二十二　（13）信仰、仁爱与希望应为实用而教。

　　假如我们真想形成真正的基督教徒，我们自始就需形成实行的基督教徒，不是理论的基督教徒。因为宗教是一件真实的事情，不是真实的反映，它应该用它所生的实际结果去证明它的真实，像一颗种在良好的土壤里面的种子不久就会发芽一样。所以，《圣经》需要一种"有效的信仰"（《加拉太书》，第五章，6），它叫离了行为的信心作"死的"（《雅各书》，第二章，20），它需要一种"活泼的盼望"（《彼得前书》，第一章，3）。所以经常叮咛，说事情是从天上启示下来，要我们去做的。基督也说："你们既知道这事，若是去行就有福了。"（《约翰福音》，第十三章，17）

　　二十三　（14）假如孩子们和一切成年人都受到教导，默默相信上帝所启示的一切，实行上帝所吩咐的一切，期望上帝所应许的一切，信仰、仁爱和希望就算是用一种实际方式教给他们了。

　　应该小心地给青年人一种印象，使他们知道，假如他们希望《圣经》给他们以神力，他们就应当给它一颗谦抑专诚的心，准备随时听凭上帝的支使，到时也确实这么做。凡是拒绝张开眼睛的人，日光不能给他显示什么东西，凡是拒绝饮食的人，一桌筵席也不能使他满足；同样，那些给予我们的心灵的神光，给予我们的行动的规则，许予敬畏上帝的人们的幸福，除非我们能用迅速的信仰、热烈的善心与坚定的希望去接受，它们就是一场空。亚伯拉罕是信徒的父，他信任上帝的道，相信不合理性的事；他服从上帝的吩咐，不管它们怎样难行（当他被吩咐离开他的祖国，并牺牲他的儿子的时候）；他信任上帝的应许，对于看去似乎并不可能的事怀抱希望——这种活泼积极的信仰在他看来就是正义。所以，凡是委身上帝的人就应学会亲自去履行这种种责任。

二十四 （15）除了《圣经》以外，教给青年人的一切东西（科学、艺术、语言等等）都应该纯粹当作附属的学科去教。这样一来，学生就全明白，凡是与上帝及来生没有关系的事情都是一种过眼烟云，别无其他。

苏格拉底得到古人的赞扬，因为他使哲学离开了硗薄棘手的玄想，使它能在德行领域中产生结果。使徒宣称要把基督徒从棘手律法问题唤回，把他们导向基督的甜蜜的爱（《提摩太前书》，第一章，5 以下），许多现代的神学家也同样敦促我们，要我们放弃那纠缠不清的，适足以毁灭教会而不是兴起教会的争论，去注意我们自己的良心与虔信的实践。啊，愿上帝怜悯我们，让我们能找出一些普遍的方法，使占住人类心灵的一切都能与上帝发生关系，并让我们学会改变全人类沉溺其中的世俗事务，使其成为来生的一种准备吧！这就真将成为一具圣洁的梯子，我们的心灵由此便可高攀万物的永恒保护者，达到真福的根源。

二十五 （16）人人都应受到教导，从内心与外表去敬奉上帝。因为没有外表的敬奉内心的敬奉便会流于淡漠，而若是没有内心的敬奉，外表的敬奉便会堕落成虚伪。

对上帝的外表的崇拜在于谈论上帝，在于传播并且听取上帝的道，在于屈膝拜事上帝，在于歌唱上帝的赞美诗，在于出席圣餐以及其他公私教会仪式。对于上帝的内心的崇拜在于不断地沉思神的现身，在于畏爱上帝，在于自我克制与承受，在于随时愿去遵行或忍受上帝所愿的一切。这两种崇拜方式应当联合起来，不可分开；这不仅是因为上帝应当在我们的属于上帝的身心两方面得到荣耀（《哥林多前书》，第六章，20），而且是因为分开了就不能没有危险。没有内心的诚实，外表的仪式是上帝所厌恶的，他说："谁向你们讨这些呢？"（《以赛亚书》，第一章）因为"上帝是个灵，所以拜他的，必须用心灵和诚实拜他"（《约翰福音》，第四章）。但是，我们不独是灵，而且也有身体与感官，所以我们的感官必须受到外表的刺激，使我们能够从内心用灵和诚实去做正当的事。由于这个缘故，所以上帝虽则比较重视内心的崇拜，但是他也规定了外表的仪式，希望它们被人遵守。基督使《新约》的崇拜脱离仪式，告诉人，说上帝应当用心灵和诚实去崇拜，但是当他向他的父去祷告的时候，他自己低下了头，连续祷告了好几夜；他惯于出席宗教集会，他听律法博士，质询律法博士，他向世人传道，他唱赞美诗。所以，当我们教育青年时，应当彻底地，从外表与内心去教，因为否则我们教出的不是虚伪的人，即对于上帝的肤泛的、不诚的和虚伪的崇拜者，便是狂热的人，这种人驰骋一己的幻想，轻视外表的形式，以致教会遭到他们的损害，再不然就是冷淡的基督徒，这种人既缺乏外表崇拜的刺激，也缺乏内心崇拜的真实。

二十六 （17）孩子们应当小心地习惯上帝所吩咐的外表的作为，使他们知道用作为去表示信仰才是基督教的真精神。

这种作为是节制、正直、怜悯与忍耐的实践，是应当不断地占住我们的注意的。"信心没有行为就是死的。"（《雅各书》，第二章，26）但是假如它要能使我们得救，它就必须是活的了。

二十七 （18）他们也应当学会小心地辨别幸福的目标与上帝的裁判，使他们能够善于利用它们。

法尔贞喜阿斯（Fulgentius）[在他给加拉斯（Gallas）的第二封信上] 把上帝的福分做三种。据他说，其中有些是永存不灭的，有些是帮助我们去得永生的，其余的则是只供此生之用的。第一种是关于上帝的知识、圣灵的愉快和充满我们的心的上帝的爱。第二种是信仰、希望和对于邻人的同情。第三种是健康、财富、朋友和其他外界的物品，这些物品本身是既不能够使我们快乐，也不能够使我们不快乐的。

同样，上帝的裁判或责罚也有三种。有些人（上帝对他们是想在永生中赦免的）在世上受到惩罚，受到熬炼，使他们清净洁白（《但以理书》，第十一章，35；《启示录》，第七章，14），如像拉萨拉斯的情形一样。有些人在世上被饶恕，以便永生中受惩罚，像富人的情形一样。其余的人则惩罚从此生开始，继续到永生，像安泰俄卡斯（Antiochus）、骚尔（Saul）、哈罗德（Herod）和朱达斯（Judas）等人的情形一样。

所以，人必须受到教导，去辨别这种种，使他们不致受到肉体的好东西的欺骗，把优先给予暂时的事，使他们明白此生的不幸不像地狱的火那样可怕，使他们对于"那杀身体以后不能再作什么的，不要怕他们"，"当怕那杀了以后又有权柄丢在地狱里的"（《路加福音》，第十二章）。

二十八　（19）也要告诉他们，人生最安全的路就是十字架的路；生命之王的基督已在我们之先走过了，凡是他所最爱的人，他就招他们到那里去，领他们向那里走。

我们得救的神秘是在十字架上完成的，是依靠十字架的；因为老亚当是被十字架杀死，使仿照上帝形象的新亚当得以生存的。所以，凡是上帝所爱的人，他就惩罚他们，把他们和基督一道钉死在十字架上，使他们和基督一同超升时，他可以在天上把他们放在他的右手边。这种十字架的教训虽则说明了上帝具有拯救信者的大力，但在肉身的人看来，却是一种愚蠢，一种干犯（《哥林多前书》，第一章，18）。所以，我们需要特别用心把这种教训教给基督徒，使他们知道，他们除非克制自己，把基督的十字架背在背上（《路加福音》，第十四章，27），终生终世，预备追随上帝到他领去的任何地方，他们是不能够成为基督的门徒的。

二十九　（20）教导这一切的时候要当心，不可让矛盾的例证中途拦入。

这就是说，孩子们不可听到或看到亵渎神圣的话、伪誓或其他不敬的举动，无论是哪方面，只应遇到崇敬上帝的心、宗教仪式与良心。邪恶的行为，无论在家里或在学校，永远应当受到严重的处罚，假如亵渎神明的惩罚永远重于违犯普利喜安（Prician）或其他过失的处罚，他们就可得到一种印象，知道前一种错误是更应加以防备的了。

三十　（21）在这种世界与人性的腐败状况之下，我们从来没有得到过应得的进展，如果有了进展，又因肉体堕落之故，我们是满怀自满与骄傲的。

这是一种极大的危险（因为上帝反对骄傲的人），所以一切基督徒都当从小得到教导，使他们知道，除非基督从世上取去上帝的罪恶的羔羊，用他的至善来帮助我们，我们的努力和工作是无益的。我们必须崇拜他，信托他。

我们把担子放在基督这个基石的身上以后，我们得救的希望就终于安全可靠了。因为他是天地之间一切至善的顶点，是我们的信仰、我们的爱、我们的希望与我们的得救的唯一创始者和保护者。由于这个理由，所以上帝打发他从天上下来，使他能够变成以马内利（Immanuel）（或人中的上帝），把人在上帝前团结起来，使他因为他所过的清洁的生活，能够给人一种圣洁生活的榜样；使他因为他的无辜的死去，能够在他身上为世人赎去罪恶，能够用他的血洗净我们；使他因他的复活，能够表明他对死亡的胜利，升天以后，能赐圣灵，我们的得救的保证；使他能够这样统治我们，保全我们，最后，带我们到他跟前，让我们可以和他在一道，看到他的光荣。

三十一 愿赞美、荣誉、幸福与光荣，永远归于全人类的救主及圣父与圣灵。阿门。

三十二 现在就只剩下要为各个年级拟订一种详细的方法了。

第二十五章 假如我们想要按照真正基督教的法则去改良学校，我们就应为学校排除异教徒所写的书籍，至少用来也得较之以往更加小心一点

一 一种无可抗拒的需要促使我们来详细讨论一个我们在上章业已提到的题目。假如我们愿意我们的学校成为真正基督教的学校，许多异教徒的作家就必须排除出去。所以，我们首先将说明我们的看法的理由，然后再提出对待这些古代作家的方法，使他们的美好思想、言谈与行为不因我们的谨慎而被我们所失去。

二 我们热衷于这个问题，因为我们爱上帝与爱人类；因为我们知道主要的学校只有信仰基督之名，但它们所最看重的乃是忒楞斯、普劳塔斯、西塞罗、俄维德、卡丢拉斯（Catullus）、提巴拉斯（Tibullus）之类的作家。结果是我们知道世间胜于我们知道基督，在一个基督教的国度里却难找到基督教徒。因有最有学问的人，甚至神学家，神的智慧的支持者，也只有表面的面具是由基督供给的，而渗透了他们的精神则来自亚里士多德等等许多异教徒作家。这是一种基督教自由的可怖的滥用，是一种无耻的亵渎，是一条充满了危险的途径。

三 第一，我们的儿女是为上天而生的，是由圣灵得到再生的。所以他们必须受到教育，成为天国的市民，他们所受的主要教导应当是关于天国的事，关于上帝，关于基督，关于天使，关于亚伯拉罕，关于以撒，关于约伯的。这种教导应在其他一切教导之前，此外的知识都应该防止学生去知道；首先，因为人生无常，我们希望谁也不可毫无准备就

161

死去，其次，因为最初的印象最强烈（假如它们是些宗教的印象），就可以为日后的人生打定一个安全的基础。

四 第二，上帝虽则替他的选民备办了一切，但是除了他自己的殿堂以外，没有给他们别种学校，他自己就是教师，我们就是学生，他的神谕就是所教的学科。因为他借摩西这样说过："以色列啊，你要听，耶和华我们上帝是独一的主。你要尽心，尽性，尽力爱耶和华你的上帝。我今日所吩咐你的话，都要记在心上；也要殷勤教训你的儿女；无论你坐在家里，行在路上，躺下，起来，都要谈论。"（《申命记》，第六章，4~7）他借以赛亚又说："我是耶和华你的上帝，教训你使你得益处，引导你所当行的路"（《以赛亚书》，第四十八章，17）；又说："百姓，不当求问自己的上帝吗？"基督也说："你们应当查考《圣经》。"（《约翰福音》，第五章，39）

五 上帝用下列的话语表示他的声音是我们的悟性的最光亮的明灯，是我们的行为的最完全的法则，是我们的弱点的最可靠的支持。"我将律例、典章教训你们，""所以你们要谨守遵行，这就是你们在万民眼前的智慧、聪明。他们听见这一切律例，必说，这大国的人真是有智慧，有聪明。"（《申命记》第四章，5、6）他又向约书亚说："这律法书不可离开你的口，总要昼夜思想。""如此你的道路就可亨通，凡事顺利。"（《约书亚记》，第一章，8）他借大卫又说："耶和华的训词正直，能快活人的心。耶和华的命令清洁，能明亮人的眼目。"（《诗篇》，第十九篇，8）最后，使徒也可以作证，"《圣经》都是上帝所默示的，于教训等等都是有益的，叫属上帝的人得以完全"（《提摩太后书》，第三章，16、17）。人中的最智者（我是指真正觉醒了的基督徒）也做过同样的论断。克赖索斯托姆（Chrysostom）说过："关于什么必须知道，什么不须知道，我们可以从《圣经》上去学会。"卡西俄多拉斯（Cassiodorus）说："《圣经》是一个神的学校，一个终生的向导，是知识的唯一真实来源。学生应以全部时间去寻求它们的真实意义，不可让他有闲暇的时光做好学之心引入歧途。"

六 上帝倡言禁止他的选民与异教徒的学问或习俗发生任何关

系，他说："你们不要效法列国的行为"（《耶利米书》，第十章，2），又说："你们去问以革伦神巴力西卜，岂因以色列中没有上帝吗？"（《列王纪下》，第一章，3）"百姓不当求问自己的上帝吗？岂可为活人求问死人呢？人当以训诲与法度为标准，他们所说的若不与此相符，必不得见晨光。"（《以赛亚书》，第八章，19、20）为什么呢？一定是因为"一切智慧都由上帝所生，都与上帝同在。智慧的根本此外还向谁显现过呢？"（《便西拉智训》，第一章，1、6）"青年人虽已见到光亮，住在世上，但是他们不认识知识的路。也不知道知识的道。迦南人没有听见过知识，提幔人没有看见过知识。在世上寻找智慧的夏甲的后裔，寓言的作者，与研究知识的人，都不知道智慧的路。唯知道万事的知道智慧，就已发现了知识的每一条路径，交与他的仆人雅各，并他所爱的以色列"（《巴录书》，第三章，20—23、32、36、37）。"列国他都没有这样待过；至于他的典章，他们向来没有知道。"（《诗篇》，第一百四十七篇，20）

七 上帝的百姓每逢离开上帝的律法陷入人的想象网罗时，上帝便不单只责备他们的愚蠢，离了智慧的源泉（《巴录书》，第三章，12），而且责备他们做了两件恶事，就是离弃他那活水的泉源，自己凿出池子，是破裂不能存水的池子（《耶利米书》，第二章，13）。他又借何西阿的口，埋怨他的百姓和列国往来得太过，说："我为他写了律法万条，他却以为与他毫无关系。"（《何西阿书》，第八章，12）。但是，我要请问，那些手里日夜拿着异教徒的书籍，对于神圣的《圣经》却不在意，好像与他们无关一样的基督徒岂不正是这样吗？然而上帝可以作证，这不是虚空的事，乃是我们的生命（《申命记》，第三十二章，47）。

八 所以，真正的教会与真正崇拜上帝的人除了《圣经》以外不找别的教训，他们从《圣经》得到了胜过一切尘世知识的真正的、神的智慧。所以，大卫说到他自己的时候说："你的命令常存在我心里，使我比仇敌有智慧"，又说："我比我的师傅更通达，因我思想你的法度。"（《诗篇》，第一百一十九篇，98、99）所罗门人中的最智者也承认："因为耶和华赐人智慧；知识和聪明都出自他的口。"（《箴言》，第二章，6）西拉的儿子也（在他的书上的序里）说，他的智慧得自律法与先知。所以，公义的人在上帝的光中见到光，他们就大大喜乐（《诗篇》，第三十六篇，9）；"以色列啊，我们真快乐；因为上帝所喜的事，我们已知道"（《巴录书》，第四章，4）。"主啊，你有永生之道，我们还归从谁呢？"（《约翰福音》，第六章，68）

九 各时代的例证告诉我们，每逢教会离弃以色列的源泉的时候就是一个颠蹶的机会。关于犹太人的教会，我们从先知者的哀怨中已经知道得不少了。至于基督教会，我们从历史上知道，纯洁的信仰与福音一样长久，使徒及其后继者没有宣教过别的。但是自从异教徒成群地进入教堂，最初的热情变冷淡以后，异教徒的书籍就有人读了，起初是暗地里读，随后是公开地读，结果使教义大为混乱。知识的钥匙被那些自夸独有的人所失落，自此以后，无穷的意见便替代了信仰的论文。然后便生出了冲突，冲突的结局至今还看不明白；教爱变淡漠了，虔信消失掉了。这样一来，异教崇拜又在基督教国的名目底下出现了，至今还占上风。因为上帝耶和华的威胁不能不实现了："他们所说的，若不与此相符，必不得见晨光。"（《以赛亚书》，第八章，20）因为耶和华将沉睡的灵，浇灌他们，封闭他们的眼，使所有的默示他们看如封住的书卷，因为他们按照人的吩咐去崇拜上帝（《以塞亚书》，第二十九章，10~14）。啊，圣灵说到异教徒哲学家的话在他们身上是何等真切地实现了啊，圣灵说的是："他们的思念变为虚妄，无知的心就昏暗了。"（《罗马书》，第一章，21）总而言之，教会如果要从不洁洗净，只有一个方法，就是，抛弃一切人类的诱惑性教训，回到以色列的纯净的泉源，使我们自己与我们的儿女都能听从上帝与《圣经》的教诲与指导。这样，先知的预言最后就可以实现，"你的儿女都要受耶和华的教训"（《以赛亚书》，第五十四章，13）。

十 事实上，我们基督徒（基督使我们成了上帝的众子与天国的嗣子）的尊严是不许我们及我们的儿女堕落到熟知异教徒的作家并赞许地去读他们的作品的。我们并不选择寄生虫、傻子或小丑，我们只选择认真、聪明和虔诚的人去做我们的帝王的儿子的导师。然则当我们把王中之王的儿子，基督的兄弟，永生的嗣子的教育局限于诙谐的普劳塔斯、淫秽的卡丢拉斯、不洁的俄维德、不信的嘲弄上帝者琉喜安（Lucian）、秽亵的马尔喜阿尔（Martial）以及其他不知真上帝的作家时，我们难道不该害羞吗？他们这种人没有希望得到一种更好的生活，在尘世的泥泞中滚来滚去，凡与他们结交的人自然会被他们拖到他们自己的水准去。基督徒们，我们的傻事已经做得很够了！我们就在这里打住吧。上帝唤我们去有更好的事，服从他的呼唤是有好处的。基督，上帝的永恒的智慧，已为上帝的众子在他自己的家里开了一所学校；在那里，最高的主持者是圣灵，教授与教师就是先知与使徒，他们都有真正的智慧，以及一切圣洁的人们，他们用他们的教训与榜样，指出了真理与得救的途径；在那里，学生就是上帝的选民，人类的初果，是上帝与羔羊赎救的；在那里，视学与保护人就是天使与天使长，天上的执政的，掌权的（《以弗所书》，第三章，10）；在那里，此生与来生有用的真智慧在人心所能领悟的一切学科上面教给了学生。因为上帝的口是泉水，智慧的溪流都从那里流出来；上帝的面容是火炬，真光的光线都从那里散布去；上帝的道是根，真智慧的枝条都从那里长出来。所以，凡是注视上帝的面貌，听取上帝的言辞，衷心接受上帝的话语的人就是幸福的人。因为这是得到真正的、永恒的智慧的唯一真实、无误的方法。

十一　我们也不可不提到上帝是怎样认真地禁止他的百姓与异教徒的作品发生任何关系的，不可不提到他们忽视上帝的教训的后果："耶和华你上帝必将这些国的民，从你面前渐渐赶出。""他们雕刻的神像，你们要用火焚烧。其上的金银你不可贪图，也不可收取，免得你因此陷入网罗，这原是耶和华你上帝所憎恶的。可憎的物，你不可带进家去，不然，你就成了当毁灭的，与那物一样。"（《申命记》，第七章，22、25、26）又说："耶和华你上帝将你要去赶出的国民，从你面前剪除""那时就要谨慎，不可在他们除灭之后，随从他们的恶俗，陷入网罗，也不可访问他们的神，说这些国民怎样侍奉他们的神，""凡我所吩咐的，你们都要谨守遵行；不可加添，也不可删减。"（《申命记》，第十二章，29、30、32）约书亚在他们得胜以后，就把这一点去警告他们，劝他们除掉偶像（《约书亚记》，第二十四章，23）；但是他们不服从他，这些异教徒的作品变成了他们的网罗，于是他们不断地陷入偶像崇拜，终于两国都亡了。所以，难道我们不该以他们为殷鉴，避免他们的错误吗？

十二　也许有人会说："但书籍不是偶像。"我的答复是：它们是异教徒的作品，异教徒是上帝从他的教民面前除灭了的；如同古时一样。不，它们比偶像更危险。因为偶像只使心里愚蠢的人走开（《耶利米书》，第十章，14），但是书籍可以欺骗最有智的（《歌罗西书》，第二章，8）。偶像是人手的作品（上帝斥责崇拜偶像的人的愚蠢时常这么说），书籍则是人的悟性的作品。偶像用它们的金银的光辉炫耀人的眼目，书籍则用它们的尘俗智慧的花言巧语使智力变盲目。难道你还否认异教的书籍是偶像吗？使得朱利安大帝（Emperor Julian）离开基督的是什么呢？毁损教皇利俄十世（Pope Leo X）的聪明，使他相信基督的历史纯粹是一个寓言的是什么呢？影响红衣主教培姆菩（Bembo），使他阻止萨多雷托（Sadoleto）去读《圣经》（说这种傻事不合于这么一个伟大的人物）的是什么呢？近来使得许多有学问的意大利人以及其他的人相信无神论的是什么呢？但愿基督的改良了的教会里面完全没有那种被西塞罗、普劳塔斯、俄维德等等发出死亡的臭味的作家所引诱，以致离弃了《圣经》的人。

十三　但是也许有人要说：错处不在事情身上，在人身上。虔诚的基督徒读了异教作家的书是没有害处的。使徒的答复是："我们知道偶像在世上算不得什么"，"但人不都有这等知识（即辨别的能力）"，"你们要谨慎，恐怕你们这自由竟成了那软弱的人的绊脚石"。（《哥林多前书》，第八章，4、7、9）

上帝以他的仁慈使许多人免于毁灭，我们倘若明知故犯，自愿和这种罗网（我是指人类心灵或狡猾的撒旦的各种诡计）发生关系，那是无可原宥的，因为有些人，不，简直是大多数人，一定都被它们所动撼，引入了撒旦的罗网。我们宁可服从上帝，不要把偶像带回家去，不要把得工（Dagon）用约柜去升高，不要使来自上天的智慧与尘世的、兽性的、魔鬼的智慧相混杂，不要生出任何机会，激起上帝对于我们的子孙的愤怒。

十四 摩西举作例证的那事件正是这样的性质。亚伦（Aaron）的儿子拿答（Nadah）、亚比户（Abihu）和年青的牧师（他们不明白他们的责任），把他们的香炉盛上凡火，不盛圣火。他们因此就被上帝的火所烧灭，他们就死了（《利未记》，第十章，1）。基督教的儿童是什么，岂不只是圣洁的祭司，要把灵祭奉献给上帝（《彼得前书》，第二章，5）？假如我们替他们的香炉、他们的心灵盛上异火，岂不是使他们遭受上帝的愤怒？因为从一个基督徒看来，凡是根源出于圣灵以外的都是异端的，而且必然是异端的；异教徒哲学家与诗人的狂言就是这样，这是使徒可以作证的（《罗马书》第一章，21、22；《歌罗西书》，第二章，8、9）。哲罗姆把诗叫作魔鬼的酒，原是不无理由的；因为它可以使不当心的人陶醉，使他们入睡，一旦入睡后，它便拿些古怪的想法、危险的诱惑和最卑下的欲望强加于他们。所以，我们应当防备这种撒旦的迷药。

十五 假如我们不服从上帝的明智的告诫，以弗所人便会判定我们的不是，因为他们受了神的智慧的照耀，立刻便把他们的奇异的书烧了，因为它们以后对于他们基督徒没有用处了（《使徒行传》，第十九章，19）。现代的希腊教会也是一样，虽则古代号称最智的希腊人著了些最优秀的哲学著作与诗词作品，它都禁止它的教徒去阅读，读了就逐出教门。结果，他们虽因蛮风侵入，堕入了无知与迷信的深渊，但是上帝一直保全了他们，使他们没有犯反对基督教的错误。所以，在这件事情上面，我们应当模仿他们，使（《圣经》的阅读得到更大的重视）至今存在的异教黑暗能被清除，使我们能在上帝的光中见到光（《诗篇》，第三十六篇，9）。"雅各家啊，来吧！我们在耶和华的光明中行走。"（《以赛亚书》，第二章，5）

十六 现在我们可以看看，人心究竟是用什么理论来反抗这种训诚并蛇一样歪曲地避免服从真信和伺候上帝的必要的。他们所持的理由如下：

十七 （1）从哲学家、演说家与诗人可以得到很大的智慧。我的答复是：眼睛躲避光明的人就是该受黑暗的人。枭当薄明是正午，但是看惯了光明的动物的看法却不一样。啊，从人类理性的阴暗去找光明的傻子们啊！张开你们的眼睛看看上天吧。真正的光是从天上来的，是从光明之父来的。在人类的努力中看到的光起于四周黑暗才显得光亮的一些些火星；但是我们手上有了一个熊熊的火炬（上帝的灿烂的言辞），一些些火星算得了什么呢？假如人去考察自然现象，他们只是把酒杯放到嘴边，没有碰到酒；而在《圣经》上面，宇宙的主宰却在亲自细述他的作品的神秘，解释有形与无形的造物的性质。当哲学家谈论道德时，他们正像用生石灰捉住了的鸟儿一样，努力想动，可是一无所成。但是《圣经》里面却有关于德行的真正的描述，带着敏锐的劝诫，一直打入人的骨髓。异教徒作家想传授虔信时，只是教人迷信，因为他们并不真知上帝或上帝的意愿。"看哪！黑暗遮盖大地，幽暗遮盖万民，耶和华却要显现照耀你，他的荣耀要现在你身上。"（《以赛亚书》，第六十章，2）光明的子孙是可以去见黑暗的子孙的，好使他们发现其中的区别以后，更加欢喜光明的道路，怜惜邻人的黑暗；但把他们的薄光提高到我们的光亮以上却是不能容忍的，是对于上帝与我们的灵魂的一种侮辱。伊西多（Isidor）说："知道人生的学说，不知神的学说；附和终将消灭的虚构，轻视天国的神秘，这有什么好处呢？假如我们喜爱《圣经》，我们就必须避免那些表面动听，写得也漂亮但骨子里缺乏智慧的书。"他对于这种书是多么地非难！它们只是一些没有米粒的谷壳。菲利普·美兰克吞的看法也一样，他说："最优秀的哲学家所教的除了自信与自爱以外还有什么？西塞罗在他所著的 De Finibus 一书中对每一种德行都以自爱作标准去估价。柏拉图的作品中更是何等的骄傲！我觉得一个自负的人不可避免地会从浸透他的作品的野心染上错误的本能。亚里士多德的教训不是别的，只是一种持久的努力想要证明他自己应在实用哲学的作家中占得一个良好的位置而已"。

[见"神学体系"（System of Theology）]]

十八　（2）有人又说：倘若他们没有正确地教神学，至少他们在教哲学，这是不能从那些使我们得救的圣洁作品中学到的。我的答复是：《圣经》是智慧的源泉（《便西拉智训》，第一章，5）。真正的哲学不是别的，只是关于上帝与上帝的作品的真正知识而已，这最好从上帝本人的口里去学习。由于这个原因，所以圣奥古斯丁赞美《圣经》说："这里有哲学，因为存在中的万物的原因都在造物主身上。这里有伦理学，因为只有应爱的事物，即是上帝与邻人得到了爱的时候，善良与诚笃的人生才能形成。这里有逻辑学，因为真理，理性的灵魂的光，就是上帝本身。这里有国家的得救，因为除非共同的善得到了爱，国家就决不能好好的保卫，不能立足于自信与和平之上，而共同的善的最高最真的意义就是上帝。"最近又有许多人指出，一切科学与哲学性艺术的基础都包含在《圣经》里面。并且比别处更真实，可见《圣经》在我们的教育当中所占的地位实在是可惊的。因为《圣经》的主要目的虽则是把无形的、永恒的事物教给我们，但是同时它也揭露了自然与艺术的法则，教我们在一切学科上怎样明智地推理，怎样把我们的理性按照切合实际的方式去应用。但是关于这种种，异教徒哲学家的作品中就只有一丝丝线索可寻了。有一个神学作家说过，他说所罗门的稀有的智慧在于把上帝的法则带到家庭、学校与公所，假如我们把《圣经》代替异教徒的书籍，去给我们的儿女，使他们在人生的一切机遇上得到指导，然则所罗门的智慧，即真实的与天国的智慧，岂不又能再为我们所有吗？所以，我们的目标在使那能把我们变成有智的来到我们家里，甚至来到我们所谓哲学的外界或尘世的智慧里。当以色列的儿女因为以色列全地没有一个铁匠，以致每个人的犁、锄、斧都要到非利士人那里去磨的时候，那确是个不幸的时代（《撒母耳记上》，第十三章，19、20）。但是以色列人的办法是不应永远局限于此；尤其是因为那种办法并不好，因为：非利士人把耙给以色列人，但是决不肯把能够用来反抗自己的剑给他们。同样，你从异教徒哲学家能够得到著名的三段论法和华丽的辞藻，但是你不能从这个源泉得到攻击不信与迷信的剑戟。

所以，我们应当盼望大卫与所罗门的时代，那时非利士人受到了贬黜，但是以色列在统治，在因它的幸运而快乐。

十九　（3）但是为了文体之故，学习拉丁文的学生是应当阅读忒楞斯、普劳塔斯及类似的作家的。我的答复是：难道我们要把我们的子女带到酒家、饭店、旅舍以及其他邪恶的窟穴去使他们学习怎样说话吗？因为，我且请问，忒楞斯、普劳塔斯、卡丢拉斯、俄维德及其同类难道不是要把我们的青年带到这种不洁的地方去吗？他们放在他们跟前的岂不只是那些基督徒偶然遇到都应当避之若浼的诙谐、宴饮、陶醉、爱恋、欺骗等事吗？难道自然人堕落得还不够，还须把各种邪恶的方式放到他的跟前，让他看见，找机会把他毁掉吗？但是有人又会说："那些作品的内容并不全是坏的。"我的答复是：恶比善容易固着得多，所以把青年人送到一个善恶一同出现的地方是一种非常危险的办法。如果我们要想毒害一个人，我们并不单给他毒药，我们把毒药混在好喝的饮料里，它是不会干涉毒药的作用的。这些古代的毁人者正是这样的，他们把他们的极毒的毒药混在狡猾的虚构和优美的文体中；难道我们只以明白他们的诡计为限而不打掉他们手里的药水吗？

也许有人会反对，说："他们并不全是一些淫乱的作家。西塞罗、弗基尔（Virgil）、荷累斯等等就是很严肃认真的。"我的答复是：他们也是同样盲目的异教徒，他们使读者的心理离弃真上帝，倾向其他神明 [朱彼忒（Jove）、马斯（Mars）、内普丢恩（Neptune）、维纳斯（Venus）、福尔丢恩（Fortune）等等]，虽则上帝向他的百姓说过："别神的名你不可提，也不可从你口中传说。"（《出埃及记》，第二十三章，13）在这些作家的作品中只有多么混乱的一堆迷信、错误意见，与不同的尘世欲望！他们给予读者的精神必然是与基督的精神大不相同的。基督唤我们离开世间，他们却将我们抛入世间。基督教人克己，他们教人利己。基督教我们谦抑，他们教我们傲慢。基督要人温顺，他们要人自负。基督吩咐我们要单纯得像鸽子，他们却告诉我们怎样把一种议论变出一千个花样。基督要我们有礼貌，他们却把时间用在嘲弄别人上面。基督喜欢易于置信的人，他们却爱怀疑、好辩与固执的人。

我们可以用使徒所说的简单地做结论："光明和黑暗有什么相通呢？基督和彼列（撒旦的别名）有什么相和呢？信主的和不信主的有什么相干呢？"（《哥林多后书》，第六章，15）埃拉斯马斯说得对："蜜蜂避免枯萎的花儿；内容不洁的书籍不应当打开。"他又说："睡在三叶草上最安全，因为据说没有蛇在下面行走，按照同样的原则，我们也应当限制自己，只读没有毒的书籍。"

二十　并且，这种异教徒作家到底具有什么吸引力，是我们圣洁的作家所没有的呢？难道只有他们才懂得优美的文体吗？最完善的语言大师乃是给我们以语言的，即圣灵。他的言辞比蜜糖更甜蜜，比两面有刃的剑更锋利；比熔化五金的火更活泼，比锤石成粉的锤子更有分量，因为它们把关于上帝的告诉了我们。难道只有异教徒作家才述说稀奇的事迹吗？我们的《圣经》就充满了更真实、更稀奇得多的事迹。难道只有他们才能运用辞藻、双关语，或者写出遒劲有力的文章吗？我们的《圣经》就充满了这种文章。说大马色（Damascus）的河亚罢拿（Abana）与法珥法（Pharphar）胜过约旦与以色列的水的人，他的想法可算是害了癫病似的（《列王纪下》，第五章，12）。说俄利姆巴斯（Olympus）、黑利空（Helicon）、巴那萨斯（Parnassus）比赛奈（Sinai）、西翁（Sion）、赫蒙（Hermon）、他泊（Tabor）与俄利威（Oliver）更美的人，他的眼睛可算是瞎了。说奥尔否斯（Orpheus）、荷马（Homer）或弗基尔的七弦琴的声音甜过大卫的琵琶的人，他的耳朵可算是聋了。说内刻塔（Nectar）、安布罗齐阿（Ambrosia）与卡斯泰利阿（Castalian）的泉水比天国的曼那（Manna）与以色列的泉水好喝的人，他的味觉可算是坏了。说各种神明，缪司神（Muses）与格勒司神（Graus）的名目较之耶和华、救主基督与圣灵的可拜的名称更能令人喜悦的人，他的心可算是邪恶的。说伊力西阿姆（Elysian）的田野胜过天国的乐园的人，他的希望可算是没了。他们的都是幻想，都只是一个真理的影子，我们的则全是真实，全是真理的实质。

二十一　但是有人会说：这些作品拥有优美的言辞与道德情操，那是值得我们采纳的。难道这还不是一个充分的理由，去把我们的子女交给他们吗？难道我们不应该夺去埃及人的财物，剥去他们的衣服吗？上帝岂不吩咐过要我们这么去做吗？（《出埃及记》，第三章，22）教会是有权利占有异教徒的一切的。我的答复是：当玛拿西与以法莲人要去占领异教徒的土地的时候，他们只有男人前去；妇女与小孩都留在后面的安全地方（《约书亚记》，第一章，14）。我们也应当一样。有智慧、能判断、并且信仰坚定的人应当前去，解除这些异教徒的武装；但是青年人不可冒危险。假如我们的青年被杀，被伤，或被俘了怎么办呢？唉，异教哲学已从基督拉去了多少青年，送给了无神论啊！所以，最安全的计划是派武装齐全的人去剥夺那些上天诅咒的人的金银珍宝，把它们分给上帝的嗣子。啊，愿上帝激起英武的精神，从旷野选出优雅的花朵，把它们种到基督教哲学的花园，使它什么都不缺乏。

二十二　　最后，假如我们要给任何异教徒作家一点面子，我们应给辛尼加、埃彼克提塔斯、柏拉图，及其他类似的德行与诚笃的教导者；因为他们的错误与迷信比较少。这是伟大的埃拉斯马斯的看法，他主张基督教的青年应当用《圣经》去教，但是他又说："假如他们要与世俗文学发生任何关系，应当是与《圣经》最近似的书籍。"（见《神学纲要》）但是甚至这种书籍也应当等到青年人确已具有基督教信仰之后才能给予；每一种都应当发行一种谨慎的版本，把神明的名目与一般迷信的论调删掉。因为上帝要异教徒的女子剃头发，修指甲才许娶为妻子（《申命记》，第二十一章，12）。大家不要误会。我们并不绝对禁止基督徒去读异教徒的作品，因为信仰基督的人就有拿蛇、喝毒物也不受害的能力（《马可福音》，第十六章，18）；但是上帝的众子信心还薄弱，不应当见这种蛇，给他们机会去喝这种毒药，就是太鲁莽。所以，应该格外当心，这就是我们的劝告。基督的灵说上帝的儿女应当吸那纯洁的灵奶（《彼得前书》，第二章，2）。

二十三　　但是那些不经心地帮助了撒旦而反对基督的人此外还有一种议论。他们说："《圣经》对青年人太艰深，所以，在他们的判断力没有成熟以前，我们必须给他们别种书籍去读。"

我的答复是：这是迷了路，不知《圣经》，也不知上帝的力量的人的说法，这我可以从三方面来表明。第一，有一个关于名音乐家提摩西阿斯的故事，说他每逢招收一个新学生的时候，他便问他是不是从其他教师学过音乐基础。假如他的答复是否定的，他要的学费不贵，假如他的答复是肯定的，他便加倍收费。因为他说，凡是学过音乐的使他受到加倍的麻烦，因为他首先必须医好他们，去掉他们的不良习惯，然后才能把音乐的正当玩法教给他们。我们人类的教师是耶稣基督，我们是不许另去从师的（《马太福音》，第二十三章，10）。耶稣说："让小孩子到我这里来，不要禁止他们"（《马可福音》第十章，14），难道我们可以违反他的意旨，把他们带到别处去吗？我们难道怕基督的工作太轻松，怕他太容易教他的道吗？难道我们因此就要把他们带进饭馆与酒店，等他们彻底堕落之后再把他们交给基督去改正吗？这对于不幸的、天真的孩子们乃是一种可怖的提议；因为他们不是必须劳苦一世，以期去掉他们所得的习惯，否则就会根本被基督所拒绝，交给撒旦去教导。供献给摩罗克（Molocn）的岂不就是上帝所憎恶的吗？但愿基督教的官员与教会的领袖——我凭上帝的仁慈来要求——能够采取步骤，使基督教的孩子，生于基督并由施洗献给基督的，不要被献给摩罗克。

二十四　说《圣经》太艰深，儿童不能了解的说法根本就是谬误的。难道上帝不知道怎样把他的经来投合我们的悟性吗（《申命记》，第三十一章，11～13）？大卫不是说过上帝的律法能把智慧给幼小者吗（请注意"幼小"者）？彼得不是说过《圣经》是上帝的新生儿的乳，使他们因此渐长，以致得救的吗（《彼得前书》，第二章，2）？所以，《圣经》是上帝的新生儿的最甜最好的乳。为什么要在这点上反对上帝呢？尤其异教徒的学问，是需要牙齿去咀嚼，常把牙齿弄破的。所以圣灵借大卫的口，要幼小者去进他的学校，说："众弟子啊，你们当来听我的话，我要将敬畏耶和华的道，教训你们。"（《诗篇》，第三十四篇，11）

二十五　最后，说《圣经》含有极深奥的道理的说法完全是对的；但是它们的性质可使大象沉到水底，羔羊容易游在水面；这句话是圣奥古斯丁说的，因为他想着重区别那些僭越地批评《圣经》的世间的智者与那些谦顺地接近《圣经》的基督的幼小者。并且,我们何必要从困难的章节去开始呢? 我们可以一步一步地前进。最初,我们应当从《教义问答》去着手,然后再从粗浅处教《圣经》史、道德文句以及其他容易了解,同时又能导向日后更为重要的问题的材料。最后,当学生胜任时,我们就可以给他们介绍真信的神秘。这样一来,他们从小就已知道圣洁的作品,他们就较易免遭世间的堕落,就能因信耶稣基督有得救的智慧了(《提摩太后书》,第三章,15)。因为,假如一个人能够笃信上帝,坐在基督的脚下,倾听来自上天的智慧,神恩是不会不把真正的理性的光供应他,燃在他身中,并且为他指出得救的真道的。

二十六　我还漏了一件事实,就是,那些代替《圣经》,放在基督教的孩子跟前的作家(忒楞斯、西塞罗、弗基尔等人)还有一种透过于《圣经》的缺点,就是它们是艰深的,不适于青年人去读。它们不是为孩子们写的,是为习惯了戏园与法庭生活、具有成熟判断力的成人写的,不用说,它们对于其他的人不会有好处。至少有一件事情是没有问题的,就是,一个到了成年的人如果再读一次西塞罗一定比他小时候熟记西塞罗的全部作品更能得益,所以,这类学习应当留待一个合适的时节,如果它们真对任何人有用,那时就多由那些人去读。

我所说过的另一点更重要得多,就是,基督教学校的任务不在形成世间的市民,而在形成天国的市民,所以,它们应有熟悉天国的事情胜于熟悉尘世的事情的教师。

二十七　所以,我们可以用天使的话做结束:"至高者显现他的城池的地方,人所修盖的屋宇是不能够立住的。"(《以斯拉续编下卷》,第十章,54)上帝愿意我们变成耶和华所栽的公理树,叫他得荣耀(《以赛亚书》,第六十一章,3),我们不应当让我们的儿女变成亚里士多德、柏拉图、普劳塔斯、西塞罗或其他偶然读到的作家所栽的灌木:"凡栽种的物,若不是我天父栽种的,必要拔出来。"(《马太福音》,第十五章,13)

第二十六章　论学校的纪律

一　波希米亚有一句谚语说，"学校没有纪律犹如磨盘没有水"，这是很对的。因为如果你从磨坊取去了水，磨盘就会停止，同样，如果你从学校取消了纪律，你就是剥夺了它的发动力。田地也一样，如果从来没有经过耕耘，它便只能生出莠草；树木如果不去常加修剪，它们便会回复它们的野生状态，结不了果实。但是大家不可认为我们希望学校充满呼号与鞭挞的声音。我所要求的是教师与学生的警醒与注意。因为纪律不是别的，它只是一种不会失败的方法，我们可以用来使我们的学者变成真正的学者而已。

二　所以，关于纪律，教育青年的人最好能够知道它的目标，它的题材，和可能采取的各种形式，然后他就可以知道为什么要用系统化的严格性，什么时候用和怎样用了。

三　我们可以从一个无可争辩的命题来开始，就是犯了过错的人应当受到惩罚。但是他们之所以应受惩罚，不是由于他们犯了过错（因为做了的事不能变成没有做），而是要使他们日后不去再犯。所以，纪律应当免除人身的因素，如同愤怒或憎恶，而应怀抱如此坦白、诚恳的目标去执行，使学生也知道是为了对他们有好处，在上的人只是执行父母的权力而已。这样一来，他们便会把惩罚当作医生给他们开的苦药一样看待了。

四　严格的纪律不应当在跟学习或文术练习有关的事情方面去用，只能在道德问题遭到危险时用。因为我们已经说过，功课学习如果组织得合适，学习本身就有充分的吸引力，就可以利用它们固有的快感吸引一切人（畸形的人例外）。假如情形不是这样，错处不在学生身上，而在教师身上，假如我们的技巧不能把印象印在悟性上面，我们的教鞭是不会发生效力的。事实上，施用任何强力的结果，我们反而只能使人厌恶学问，不能使人爱好学问。所以，我们每逢看见有人心灵受了病，不爱用功，我们就当用温和的疗法去除掉它的毛病，绝对不可采用粗暴的方法。关于这一点，天上的太阳给了我们一个教训。在初春的时候，植物还很幼小娇嫩，那时太阳并不灼烤它们，它只给它们温暖，逐渐使它们变强壮，不到它们完全长大并结了果实与种子的时候，不把它的全幅热力放射出来。园丁也按同样的原则办事，他不把修枝的剪子用到没有成熟的植物身上。同样，一个音乐家不会用他的拳头或用一根棍棒去击他的七弦琴，他也不会因为琴声不谐便把它摔到墙上；而是根据科学的原则去工作，为它调弦，把它整理好。我们要把爱好学问之心灌输到学生的心灵中，应当采取这种熟练与同情的方法，其他别的做法都只能使他们的惰性变成嫌恶，兴趣索然变成全然愚笨而已。

五　即使必须找点刺激，也可以找出胜过鞭笞的方法。有时候几句严厉的话，或当着全班训诫一番是很有效的，有时候稍微赞扬其他学生一下也有很大的功效。"你瞧某某多么用心！你瞧他对每一点都懂得多么快！你却坐在那里像块石头似的！"取笑落后的学生常是有用的。"你这个傻子，这样一件简单的事情都不懂吗？"每周的，至少是每月的，争取全班第一名的比赛也可以采用，这是我们已在别的地方说过了的。但是我们应该格外当心，不可听凭这种种实验流为一种纯粹的娱乐，以致失去它们的力量；因为要使它们成为勤学的一种刺激，就要从学生方面得到支持，就是学生要爱好赞扬，厌恶谴责，或怕失掉自己在班上的地位。所以教师务须时时留在室内，要把大部分的精力用到他的工作上面，要当着全班，责骂懒惰的学生，赞扬努力的孩子。

六　只有对道德方面的过失才能采用一种比较严格的纪律。（1）比如各种不信神的情形，如语侵神明，淫秽，以及其他公然违反上帝的法则的事情。（2）顽梗和蓄意的恶行，如反抗教师的命令，或有意漠视责任之类。（3）骄傲与轻蔑，甚或妒忌与懒惰；比如，一个孩子受了同学的请求而不肯帮他的忙，便是一例。

七 因为第一种过错是对于上帝的尊严的一种侮辱。第二种过错可以毁灭全部德行的基础，即谦逊与服从。第三种过错可以阻碍学习上的急速进步。反对上帝的过错是一种罪恶，是应当采用一种极端严酷的惩罚替他赎罪的。反对别人的过错是不义的，这种倾向应当迅速地、严肃地加以矫正。但是反对普利喜安的过错则是一种可以通过谴责的海绵洗刷干净的瑕疵。总而言之，纪律的目标应当是鼓舞我们去崇敬上帝，帮助邻人，并且敏捷地履行人生的劳苦与责任。

八 天上的太阳把纪律的最好形式教给了我们，因为对于能生长的万物，它都（1）不断地供给光与热；（2）常常供给雨与风；（3）它也供给闪电与雷，不过次数很少，虽则它们并不是完全没有用处的。

九 教师应当模仿这种方法，使学生跟上他们的工作。

1．他应当经常把他们应该模仿的行为的榜样给予他们，应当把自己当作一个活生生的榜样。除非他能这样做，否则他的一切工作都将是白费。

2．他可以忠告，可以劝导，有时候还可以谴责，但是他应该格外当心，要把他的机动表示明白，要确切无误地表明他的动作的根据是父亲般的慈爱，为的是要建立学生的品性，不是要去压制他们。除非学生明白这一点，完全相信这一点，否则他是会轻视一切纪律，存心反对纪律的。

3．最后，假如某些人没有受到温和方法的影响，就必须求助于比较粗暴的方法，要到用尽一切方法之后，才能宣布一个学生不堪造就。有一句谚语说"责打是改良一个夫利基阿人（Phrygian）的唯一方法"，这句话对于好些人无疑是很有效的。这种方法对于被责的儿童即使并不发生很大的功效，但是一定能使其他儿童感到恐惧，受到很大的刺激。不过我们总该格外当心，这种极端的方法不可用得太随便、太热心，因为倘若我们滥用了，那么责打应当对付的不服从的极端情形还没有发生，我们早已智穷力竭了。

十 总而言之，纪律的目标是要替那些为上帝与教会而训练的人们加强那种上帝要求他的众子，基督的学校里的学生的性情，使他们能存战栗而快乐(《诗篇》,第二篇,11),并且期待自己的得救,能够永在主里欢欢乐乐(《腓立比书》,第四章,4、10),就是说,要使他们爱慕并崇拜他们的教师,不仅跟随别人走向正确的方向,而且实际上自行地走向那个方向。

这种品性的训练只能通过上述的方法去完成,就是:用良好的榜样,用温和的言辞,并且不断诚恳地、直率地关心学生。突发的愤怒只能用在例外的情境上面,应当存心使结果能恢复良好的感情。

十一 因为(再举一个例子吧)谁曾看见过金匠只用锤子去制作一件艺术品呢?这是没有的事。这种东西铸起来比打出来容易,如果其中有应除掉的赘疣,工匠并不用暴力去除掉,而是接连轻轻地敲打,或用一把锉刀或一双钳子去除掉;最后,他把他的作品琢磨一番,工作才算完成。然则我们能够相信不合理的力量可以使我们产生具有智慧的动物,活上帝的形象吗?

十二 一个渔夫用网到深水里面捞鱼,他不独用铅块悬在网上,使它沉下去,而且把橡木系在网的另外一端,使它能够浮到水面。同样,凡是想把青年捞入德行的网里的人,他就必须一方面用严酷的办法使之畏惧和恭顺,一方面用温和与情爱的办法去抬高他们。凡是能够结合这两个极端的教师就是幸福的教师!凡是能够得到这种教师的孩子就是幸福的孩子!

十三 在这里,我们可以引证巨人伊尔哈得卢比纳斯神学博士在他刊行的《希腊拉丁德文新约全书》(*New Testament in Greek, Latin and German*)的序上所发表的关于改良学校的意见 ——

"第二点是:青年人决不应当被迫去做任何事情,他们的工作的性质与做法应当能使他们自行去做,能使他们爱好工作。所以,我认为奴性工具的鞭笞是很不适用于自由人的,学校决不应当采用,应当留给变态的、具有奴性心情的孩子。这种孩子容易辨认出来,应当立即逐出学校,一则由于他们的惰性,一则由于他们的常与惰性连带出现的堕落。并且他们得了知识也会用去做坏事,如同利剑到了疯人手里一样。至于生来自由的、性情正常的孩子,我们自有其他合于他们的惩罚可用。"

第二十七章　论学校根据年龄与学力的四重区分

一　工匠们习于按照行业的情形或难易，定下某种训练学徒的期限（两年、三年或七年）。在这期限以内，学徒可以得到一种完全的训练，凡是学完了的学徒，起初可以当职工，往后就可以当工头。在学校组织方面，也应当采取同样的制度，应当划出明确的时限，以为分别学习艺术、科学与语文之用。这样一来，我们就可以在一定的年限以内涉猎全部人类知识，当我们离开人类锻铸所的时候，我们就能具有真实的学问、真实的道德和真实的虔信了。

二　为了达到这个目标起见，全部青年期都当用来培植才智（我们的意思不是说学会一种艺术就够了，是说应该学会一切文艺和一切科学）。学习应从婴儿期开始，一直继续到成年；这二十四年的光阴应当分成界限分明的几个时期。在这方面，我们应当追随自然的领导。因为经验告诉我们，一个人的身体可以继续生长到二十五岁，过此以往，它便只长力量了；我们必须由此做出结论，这种缓慢的生长率乃是上帝的远见给予人类的（因为动物的较大的躯体几个月、至多几年就可以完全长成），使他得到较多的时间，对于人生的责任有所准备。

三　所以，全部期间应当分成四个明显的阶段，即婴儿期、儿童期、少年期和青年期，我们应给每期分派六年的光阴和一种特殊的学校。

（一） 婴儿期		母亲的膝前
（二） 儿童期	的学校应为	国语学校
（三） 少年期		拉丁语学校或高等学校（Gymnasium）
（四） 青年期		大学与旅行

每个家庭应当有个母育学校（Mother-School），每个村落应当有个国语学校，每个城市应当有个高等学校，每个王国或每省应当有个大学。

四 这些不同的学校不是要去研究不同的学科，而是要用不同的方法去学习同样的学科，教导一切可以产生真人、真基督徒和真学者的事；自始至终，要按学生的年龄及其已有的知识循序渐进地进行教导。因为，按照这种自然方法的法则，学科的各个部门不应当拆散，而应当同时教授，像一株树木的各个部分在每一生长期间同时生长一样。

五 这几种学校之间的区别有三方面。第一，在前期的学校中，一切都是用一种一般的、不确定的方式去教的，而在后期的学校中，所授的知识是细致的、确切的；正与一株树木一样，每过一年，生出的枝丫就越多，树长得就越壮实，果实就越丰盛。

六 第二，在母育学校里，外感官应该得到练习和教导去辨别周围的事物。在国语学校里，应当利用阅读、书写、图画、唱歌、计数、量长、测重以及记忆各种事物等等方法去训练内感官、想象力与记忆力及其相关的器官。在拉丁语学校里，学生应当受到训练，利用辩证法、文法、修辞学以及其他根据因果法则的科学与艺术，去领悟感官收集来的知识并加以判断。最后，大学里面的学科是与意志格外有关系的，这就是四分科，其中神学教我们恢复灵魂的和谐；哲学教我们恢复心灵的和谐；医学教我们恢复身体上主要功能的和谐；法学教我们恢复外界事务的和谐。

七 我们的能力按下列方式可以得到最好的发展。第一步，外物应当放到它们发生作用的感官跟前。然后内感官应当养成一种把外感官所生的影像表达出来的习惯，一方面凭回忆在体内表达，一方面要用手与舌在体外表达。在这个阶段，心灵就能开始发生作用了，它能用确切的思维比较和估价一切知识对象。这样，可熟悉自然，获得一种健全的判断。最后，意志（这是人身中的指导原则）在各方面显出了它的力量。在培植智性以前去培植意志（或在培植想象力以前去培植智性，或在培植感官的知觉力以前去培植想象力），是徒然浪费时间。但是那些在儿童还没有彻底熟悉身边的外物以前就去教逻辑学、诗、修辞学与伦理学的人们正是犯了这种毛病。倘若这也合理，那么，两岁的孩子虽然还不大会走，我们就教他们跳舞也是一样的合理了。我们的格言应当是：凡事都要追随自然的领导，要去观察能力发展的次第，要使我们的方法依据这种顺序的原则。

八　这几种学校之间的第三种区别是：母育学校与国语学校收容一切男女青年。拉丁语学校对于志向超出工场以上的学生给以更彻底的教育；而大学则训练未来的教师和学者，使我们的教会、学校与国家永不缺乏适当的领袖。

九　这四种学校可以比做一年的四季。母育学校使人想起温和的春季，充满形形色色的花香。国语学校代表夏季，那时我们的眼前尽是谷穗和早熟的果实。拉丁语学校相当于秋季，因为这时田野和园中的果实都已收获，藏进了我们的心灵仓库。最后，大学可以比作冬季，那时我们把收来的果实准备各种用途，使我们日后的生活能够得到充分的供养。

十　我们的教育方法也可以和一株树木的各个生长阶段相比。由父母细腻地照顾着的六岁的孩子像小心地种植的、生了根、将要发出蓓蕾的嫩苗。到了十二岁的时候他们就像有了枝丫与蓓蕾的幼树，虽则枝丫与蓓蕾将要怎样发展，还没有把握。到了十八岁，青年已在语文与艺术方面受到了良好的教导，就像长满了花朵的树木，又好看，又好闻，而且还有结出果实的希望。最后，到了二十四五岁的时候，青年人已在大学里面受到了彻底的教育，他们就像一株结了果实的树木，我们需要果实的时候就可以去摘取了。

现在我们必须对各个阶段仔细考察一番了。

第二十八章　母育学校素描

一　树木刚一生成便长出日后成为主干的嫩枝，在这最初的学校里面，我们也必须把一个人在人生的旅途中所当具备的全部知识的种子播种到他身上。我们只要把知识的全部领域简单察看浏览一下，就可以知道这是可能的，如果我们把一切知识归纳成 20 个项目，这种察看工作是好办的。

二　（1）出发点当然是（所谓）玄学，因为儿童的最初概念是一般的，是含糊不清的。他们看，他们听，他们尝，他们触，可是他们并不懂得他们的感觉的确定目的物。所以他们是从一般的概念学起的：有、无、是、否、所以、否则、何处、何时、像不像之类，这些不是别的，而是玄学的基本概念。

三　（2）在物理学方面，一个孩子头六年可以学习什么是水、土、空气、火、雨、雪、霜、石头、铁、树、草、鸟、鱼、牛等等。他也可以学习自己身体各部分的名称与用途，至少是体外的各部分。在这种年岁，这种种事情都很容易学会，它们可以给自然科学打好一个底子。

四　（3）当一个孩子开始辨别光亮、黑暗与阴影，并且叫出它们的名称，知道主要的颜色，白、黑、红等等的区别的时候，他便在学习光学的初步。

五　（4）天文学的初步在于知道何谓天体、日、月与星辰，并且注意它们按日升落的情形。

六　（5）我们按照生长的地方的情境，学习山岳、山谷、平原、河流、村落、卫城或国家的性质的时候，我们便知道了地理学的基础。

七 （6）假如孩子懂得一时、一日、一周或一年的意义；或能懂得何谓夏，何谓冬；或知"昨日""前日""明日""后日"等词的意思，年代学的基础便已打定。

八 （7）历史学的开端在于回想并且报告最近所发生的事件，或某人某人如何做出某事某事；虽则这种练习只应限于儿童生活中遇到的事故。

九 （8）假如儿童懂得"多""少"的意义，能够数到 10，能知 3 多于 2，1 加 3 等于 4，算术的种子便已种好。

十 （9）假如他能知道"大""小""长""短""宽""仄""厚""薄"的意义；能知我们所谓一根线、一个叉或者一个圈的含义，能知我们用尺码量物的方法，他就具备了几何学的因素。

十一 （10）假如儿童见人用天平量物，或能自己用手去量，说出物件的近似重量，便学会了静力学的初步。

十二 （11）假如我们允许他们，或者实际教他们不断用他们的手，他们就可以在机械学方面受到一种训练。举例言之，他们可以把一件东西从甲地移到乙地，可以把它换个摆法，可以制作些东西，或者拆散些东西，可以打结，可以解结。这都是这种年龄的儿童所爱做的。这些动作不是别的，是一个活泼的心灵要在机械制造方面表现它自己的努力，它们不应当受到阻碍，应当受到鼓励，得到熟练的指导。

十三 （12）当儿童看出了谈话是由问答组成的，他自己也有了发问与答复问题的习惯时，他便学会了推理的程序，即辩证术的初步。不过应该教他提出合理的问题，给予直接的答复，并且不要离开当时的论点。

十四 （13）儿童期的文法在于学习正确地说国语，就是说，要清晰地读出字母、音节与单字的音。

十五 （14）修辞学的初步在于模仿家常谈话中的辞藻，尤其是姿势的适当运用，与乎抑扬音调，便与单字配合；就是说，发问时，字末音节的声音要提高，答问时要抑低。这与其他类似之点都是自然而然地可以学会的，但是错了的时候稍加教导会有很大的帮助。

十六　　（15）儿童可以熟记一些韵文，最好是含有道德意义的韵文，去获得一些关于诗词的概念。

十七　　（16）他们可以学习简易的赞美诗，在音乐方面迈开第一步。这种练习应当作为他们每天礼拜的一部分。

十八　　（17）当儿童学会了家中不同成员的名称，即学会了父、母、女仆、男仆等等词的意义时；或学会了一座房屋的不同部分，如厅堂、厨房、卧室、马厩之类时；或学会了家具的名目，如桌子、碟子、刀子、扫帚之类时，他就是懂得了经济学的基础知识。

十九　　（18）事先尝到政治学的味道是不容易的，因为在这种年岁的时候，悟性的发展只够领悟家务事项。但是也不妨试试。比如，我们可以指出，在一个国家里面，有一些人在一个会堂里面开会，他们名叫顾问官，其中有些叫作议员，有些叫作大臣，有些叫作法律学家之类。

二十　　（19）道德学（伦理学）的基础应当格外坚实地打好，因为对于受过良好教育的青年，我们希望德行的实践能够成为他们的第二天性。例如：

1. 绝不应当过于塞满胃部，绝不取食多于止渴止饥所需的食物，这样去练习节制。

2. 用膳和处置衣服、洋囝囝与玩具的时候应当练习清洁。

3. 儿童应对他的长上表示尊敬。

4. 对于命令与禁令的服从永远应当出于心愿，应当迅速。

5. 对真理永远应当宗教般地遵守。虚伪与欺骗绝不可以容许，不论是玩笑，或是认真的（因为这种玩笑可以沦为严重的恶行）。

6. 假如他们从不接触、拿取、收藏或隐匿任何别人的东西，假如他们不去打搅别人，不去妒忌别人，他们就能学会正直。

7. 更加重要的是，他们应当练习仁爱，遇到有人被追求助的时候，要乐于施舍。因为爱是基督徒的特有的美德。基督吩咐我们要行爱；现在这个世界一天天地变衰老，变冷酷了，我们在人们的心里燃上爱的火焰，这对教会方面是大有好处的。

8. 还应该教导儿童自己不断地去找事做，不拘工作或游戏，使懒惰成为他们所不能忍受的。

9. 应当教导他们，要少说话，到了嘴边上的话不要完全说出来，不仅如此，到了必要的时候，还要绝对保持沉默；这是指当别人正在说话的时候，当有显者在座的时候，当环境需要沉默的时候。

10. 他们在婴儿期练习忍耐也是很重要的，因为忍耐对于他们的终生终世都有用处。这样一来，情欲在取得力量以前便可以压制下去，占上风的便是理性而不是冲动了。

11. 谦恭与乐于帮助别人是青年人的一种很大的美德，不，简直是一切年岁的人的一种美德。这也应当在头六年去学，使我们的青年不要失去机会，不替他们所遇见的人们去效力。

12. 我们也不可忽略用良好的礼仪教他们，使他们做事一点不要显得愚笨或粗俗。为了达到这个目标，他们应当学习文雅社会中的礼节；如怎样握手，要什么东西的时候怎样谦逊地去请求，致谢别人的恩惠的时候怎么屈膝和优雅地吻手之类。

二十一 （20）最后，孩子们到了六岁的时候，他们在宗教与虔信方面理当有了相当的进展；就是说，他们应已学过《教义问答》的标题和基督教的原则，他们应该懂得这些，应在他们的年龄所许的范围以内按它们去生活。比如，他们知道上帝常在，知道上帝即在自己的身边，知道上帝是恶人的公正的报复者，因而，怕他，他们便不至于做出任何有罪的行为了；同时，他们知道上帝是正直的人的酬劳者，因此爱上帝，崇拜上帝，赞美上帝，并且要在生死两方面取得上帝的同情，因此，他们对于可以取悦上帝的正直行为便不至于忽略过去，便可以养成一种生活的习惯，如同站在上帝的跟前一样，便（如《圣经》所说的）可以与上帝同行了。

二十二 这样一来，我们就可以把福音者用在基督本人身上的话用到基督教的儿童身上了："耶稣的智慧和身量，并上帝和人喜爱他的心，都一齐增长。"（《路加福音》，第二章，52）

二十三 关于母育学校的范围与工作，我们现在已经描绘过了，至于进而再作一种更加详细的叙述，或者定出一张时间表，规定每年、每月、每日应做多少工作，那是不可能的（在国语学校与拉丁语学校里面，这是可能的，而且是必要的），这有两个理由：第一，因为父母有家务要照料，所以不能像专以教导青年为业的教师一样系统地进行工作；第二，因为就智性与可教性而论，有些儿童发展得比别人快得多。有些儿童两岁时，说话就很方便，就表现了很大的智力，而其他儿童则五岁时还不容易赶上他们。所以，关于这种早期的教育，一切细节应由父母去斟酌办理。

二十四 但是我们也有两种方法可以帮忙。第一，应为做父母与做保姆的人写一部手册，把他们的责任用白纸黑字写出，放在跟前。这本手册应对儿童应学的各种学科加以简单地描述，应当指出教导每一种学科的最适当的时机和最易灌输它们的用词与姿态。这本书的名字叫作《母育学校指南》(Informatory of the Mother-School)，还得待我来写。

二十五 对于母育学校学习的另一种帮助是一本应当直接放到儿童手里的图画书。在这种年岁进行教导的主要媒介应当是感官知觉，而视官又是感官中最主要的一个，所以，假如我们能把物理学、光学、天文学、几何学中的最重要的物件的图像给儿童，我们就可以达到我们的目的，这种种图像可以按照我们刚才说过的学科次第排列。这本书上应当画出山岳、山谷、树木、鸟儿、鱼儿、马、牛、羊，和各种年龄与地位的人。光明、黑暗与天体及日、月、星、云也应当图示出来，并且还应着上主要的颜色。凡与家屋及工场有关的物件，例如缸、碟、锤子、钳子之类，也不应省略。国家的官员应当画上去；国王带着王笏与王冠，兵士带着武器，农夫带着犁头，车夫带着货车，邮车绝尘奔驰；每张图画的上端应该写出它所代表的事物的名称，如"屋""牛""狗""树"之类。

二十六 这本图画书有三宗用处：（1）它可以帮助事物在心灵上印下一个印象，这是我们业已说过了的；（2）它可以使孩子们养成一种观念，认为从书本上面可以得到快乐；（3）它可以帮助他们学习阅读，因为每宗物件的名称既已写在代表它的图画的上端，初步的阅读就可以这样去达到。

第二十九章 国语学校素描

一 在第九章我已指明，全部男女青年都应该被送进公立学校，现在我要补充一句，就是头一步应当把他们送进国语学校。有些作家的看法相反。最泊（Zepper —见 *Pol.* 第一册，第七章）和阿尔斯特得（Alsted —见 *Scholastic* 第六章）会劝我们说，只有打算从事手工劳动的男女孩子才应当送进国语学校，至于父母希望他们得到一种比较高深的教育的男孩子则应直接送到拉丁语学校。并且阿尔斯特得还说："有些人无疑不会同意我，但是我希望凡是为我们所最关心的人们的教育都能采纳我们所建议的制度。"对于这种看法，我的整个教学法体系不能不使我表示异议。

二 （1）我所建议的教育包括了合于一个人的一切事，是生到了这世上的一切人所应分享的。所以，在可能的范围以内，人人应在一道受到教育，使他们互相激励，互相敦促。

（2）我们希望人人能在一切德行上受到训练，尤其是在谦逊、社交、谦恭等等德行上，所以，我们不必这么早就去造成阶级界限，或使一部分儿童有机会满足于自己的运气，而鄙视别人的命运。

（3）孩子们才六岁就要决定他们的职业，或决定他们宜于做学问或手工，那是太早了的。在这种年龄，心灵和倾向都没有充分发展，到后来我们就易于对这两方面下一个健全的判断了。同样，植物还很小的时候，园丁不能知道哪些应当锄去，哪些应当留下，他只能等待它们长大些再说。拉丁语学校也不应当限定只有富人、贵族和官吏的子弟才能入学，好像只有这种儿童才能胜任同样的位置似的。风爱刮到哪儿便刮到哪儿，它并不永远挑定一个规定的时候去刮。

三 （4）还有一个理由是我的普遍的方法并不专以拉丁文为目标，这个美人儿使一般人浪费过无限的倾慕，我的方法是想找出一种途径，让每种现代语也能教给学生（好使人人愈来愈赞美上帝）。不应当完全武断地省去国语学校，使这种计划受到挫折。

四 （5）国语没有学会就去教一种外国语和孩子不会走路就教他骑马一样不合理。最要紧的是一步一步地前进，如同我们在第十六章的原则四所说的。西塞罗说过，他说他不能教不会说话的人去演说，同样，我的方法也要宣布，它不能把拉丁语教给不懂国语的人，因为国语可以给拉丁语铺好道路。

五 （6）最后，我所想到的是一种关于我们身旁事物的教育，对于这种教育的简单涉猎，最易从用国语写的并有事物名单的书籍去获得。这种初步涉猎可使学习拉丁语容易得多，因为那时我们只需对于那些已知的事物另外采用一套新的术语就够了；同时，在实际事实的知识以外，可以逐步加上关于事实的原因的知识。

六 所以，根据我对学校的四重区分，我们可以给国语学校这样下个定义：国语学校的目的与目标是应当把对青年人终生有用的事物教给一切六岁到十二岁的青年。这是指：

1. 要容易读懂用国语印出来和用国语写出来的东西。

2. 要按国语文法规则写作，最初要写得正确，随后要写得迅速，最后要写得有把握。这种规则应当用通俗的形式写出来，应该让孩子们去练习。

3. 要按实际目标的需要，用阿拉伯数字和计算器去计数。

4. 要能熟练地测量空间，如长度、宽度、距离。

5. 要唱著名的曲调，凡是表现出特长的学生便应学习高深的音乐基础。

6. 要熟记国内流行的大多数赞美诗。因为，倘若他们从小赞美上帝，他们就能（如同使徒所说的）用赞美诗和圣诗相互劝勉，从心坎里向上帝歌唱。

7．除了《教义问答》以外，他们还应当知道《圣经》中的最重要的故事和诗句，应当能把它们一字一字背出来。

8．他们应当学习道德的原则，这些原则应当写成规则，附以合于学生的年龄与悟性的阐释。他们并且应当开始实行这种原则。

9．他们应当尽量多学点经济学和政治学，以能使得他们了解日常所见的家事和国事为度。

10．他们也应学习世界的通史；它的创始、它的崩溃、它的超赎以及它被上帝保存到现在的情形。

11．此外，他们应当学习宇宙学中的最重要的事实，例如圆形的天体，悬在天体中的球形的地球，以及海洋的潮汐，大海的形状，江河的流域，地球的主要划分，欧洲的主要王国之类；尤其是他们本国的城市、山岳、河流和其他显著的形态。

12．最后，他们应当学习技艺的最重要的原则，使他们对于身边发生的世事不致太生疏，并使任何对于这类事情的特殊倾向日后更易表现出来。

七　假如这种种学科都在国语学校得到了熟练的处理，结果，青年人开始研究拉丁语或从事农业、商业或其他职业生活时就不致遇到任何绝对生疏的事情了；他们的行业的细节，他们在教学里听到的话语，以及从书本上获得的知识就不过是他们所已熟悉的事实的更详细的揭露或更具体的应用而已。他们便会发现他们自己更能运用他们的悟性、他们的活动的力量和他们的判断了。

八　我们用下列方法去获得这种结果：

1．国语学校的一切儿童规定在校度过六年，应当分成六班，如有可能，每班应有一个教室，以免妨碍其他班次。

2．每班应有特备的书，这些书应当包括该班所学的全部学问方面、道德和宗教教导的教材。在这种限度以内不需要其他书籍，有了它们的帮助，预期的结果应当是一定可以得到的。它们应当包括一套完全的国语文法，其中应有这种年龄的儿童所能了解的一切事物的名称和一套最常用的习语选集。

九 这种教本应当有六册，与班数相称，它们的区别不应当是所含的教材，应当是提示教材的方法。每一本都应该包括前述的一切学科；不过前几本应当选择学科中的较显著、较易知的特点，用一种一般的方式去讨论；后几本则应当注意比较不很显著，比较复杂的细节，或者指出一些对待那门学科的新方法，这样去引起兴趣与注意。其中真理不久就可以明白。

十 必须当心使这些书全部适应用书的儿童；因为儿童是喜欢新奇与幽默，厌恶迂腐与严肃的。所以，教导应当常与娱乐结合，使他们乐于学习日后对他们真正有用的正经事情，使他们的心性永远能被诱导，按预期的方式去发展。

十一 这种书籍的标题应能取悦青年，吸引青年，同时又要能够表明内容的性质。合适的名称，可以借用青年人最甜蜜的所有物，一座花园的用语。比如，如果把整个学校比做一座花园，最低一班所用的书籍就可以叫作紫罗兰花坛，第二班的可以叫作玫瑰花坛，第三班的可以叫作草地，如此等等。

十二 关于这些书的材料与形式，我打算在别的地方再去仔细讨论。现在我只补充一句，就是它们既然是用国语编写的，所以艺术上的专门术语也应当用国语，不应该用拉丁语或希腊语。因为，（1）我们希望青年人的进步尽量少耽搁。外国语的术语必须先加解释才能了解，即使经过解释，也不能正确地理解，不过被认为除了它们的专门意义以外没有别种含义而已。此外，它们又难记。反之，假如采用国语的术语，就只需指出每个术语所表示的事物就够了。这样，我们希望能为这种初级教导清除一切耽搁与困难。（2）此外，我们还愿培植国语，改进国语，关于这一点，我们不必模仿法国人的办法，把人民所不懂得的希腊字和拉丁字吸收进去〔斯提文（Stevin）责备过他们用这种办法〕，我们要用人人都能懂得的术语去发表我们的意思。斯提文对于比利时人给过同样的忠告（见 *Geog* 第一册），并且在他的数学著作上实行了这种主张。

十三 但是也许有人会反对，说一切语言都不够丰富，不能给希腊语与拉丁语的术语供给合适的相等字；说即使能够供给，学者们也不会放弃它们不用；最后还会说，要学拉丁语的孩子最好在这一阶段开始去学，以免后来又须学习新的术语。

十四 我的答复是：如有任何语言含义模糊，或不够表示必要的观念，那不是语言的错处，而是应用那种语言的人的错处。现在所用的罗马字和希腊字当初是由罗马人和希腊人创造出来的，它们当初显得非常晦涩与粗糙，以致它们的作者也没有把握，不知道它们究竟能不能够成为一种思维的工具。但是现在它们已被普遍地认为是很有表达力的了。关于这层意思，可以拿 essence（本质）、substance（物质）、accident（意外）、quality（质）、quantity（量）等等术语为例。所以，没有一种语言是缺乏词的，除非人们缺乏努力。

十五 关于第二种反对的说法，我看让学者们保留他们自己的术语好了。我们现在是在寻求一种使一般人民对文艺与科学得到了解，并发生兴趣的方法；我们所怀抱的既是这种目的，所以我们不应当说一种他们所不懂，而其本身又是人为的语言。

十六 最后，凡是后来要学拉丁语的孩子先用国语学会专门术语是没有坏处的，他们在用拉丁语赞美上帝以前先用他们自己的语言去赞美，对他们也没有任何妨碍。

十七 第三种需要是要有一种简易的方法，把这些书介绍给青年，关于这一点，我们可以用下列各项法则做一个简单的描述：

1. 每天上课不可超过四次，其中两次在上午，两次在下午。下余的时间可以有利地用在家务（尤其贫苦的孩子是如此）或某种形式的娱乐上。

2. 早晨应当专门用来练习智性与记忆，下午应当练习手与声音。

3. 在早晨，教师把当时的功课朗读几遍，全班学生用心听着，如果有应解释的地方便用简单的语言加以解释，解释得使人不能不了解。然后他就吩咐孩子们挨次读，当一个学生清晰地读的时候，下余的学生就应当用心听，顺着他们的书本跟下去。这种办法如果继续半小时或半小时以上，聪明一些的孩子便会默诵刚读过的功课，最后，甚至愚笨的孩子也会默诵了。因为指定的工作必须是简短的；对一小时的功课说来不太长，也不会使孩子们太难了解。

4．下午不应当再做新的功课，但是早晨做过的功课应当加以复习。学生们应当把他们的印成的书本抄写一部分，应当互相比赛，看早晨的功课谁记得最多，或看谁写得最好，唱得最好，或算得最好。

十八　我们主张全体学生都应抄写他们的印成的书本，要抄得尽量整洁，不是没有理由的。(1) 抄写时手的练习可以帮着把所抄的材料铭刻在他们的心灵里。(2) 假如抄写变成了一种日常的练习，就可以教他们写得好，写得快，写得正确，这对他们的往后的学习和人事的处理是最有用的。(3) 这是一种最可靠的证据，使父母知道他们的孩子在学校里面没有浪费光阴，使他们能够断定孩子究竟有了多少进步。

十九　我们现在没有篇幅再去论到过此以往的细节了，我们只想再说一点：假如孩子们有要学习外国语的，他们应当现在去学，在十岁、十一岁或十二岁左右，就是说，在国语学校与拉丁语学校之间去学。最好的方法是把他们送到说那种想学的语言的地方，使他们用那种新的语言去阅读、书写并学习国语学校的教本（这些教本的题材他们业已熟悉）。

第三十章 拉丁语学校素描

一 在这种学校里面，学生应当学习四种语文，应当对艺术得到一种百科全书式的知识。凡是读完了全部课程的青年都应当受到一种训练，成为：

1．文法家，精通拉丁语与国语，充分熟悉希腊语与希伯来语。

2．辩证家，精于下定义，找区别，辩难问题，解决难题。

3．修辞学家或演说家，善于谈论任何假定的问题。

4．算术家和

5．几何学家；因为这两种科学在日常生活上面有用处，并且它们最能使得智性变敏锐。

6．音乐家，实际的和理论的。

7．天文学家，至少应当熟悉天文学的基础，例如关于天体的知识，以及天体运行的计算，因为没有这门科学，就不能够了解物理学，而且不能懂得地理学和大部分历史学。

二 以上就是普通所说的七艺（seven liberal arts），是一个哲学博士所应具备的知识。但是我们的学生的目标必须更高，除此以外，他们还应成为：

8．物理学家，知道地球的组成、元素的力量、动物的种类、植物与矿物的能力和人体的构造，除了知道以外，还能把它们应用到人生的各种用途上去。所以，在这个标题之下包括了一部分医学、农学和其他技艺。

9．地理学家，熟悉地球的外形，知道海洋、海中的岛屿、江河与各个王国。

10.年代学家，能定时限，能从世界开始的日子追溯各个世纪的历程。

11.历史学家，相当熟悉人类的各主要帝国的历史和教会的历史，并且知道各种族和人类的各种习惯与命运。

12.道德家，能够分清各种德行与邪恶，并能追随德行，避免邪恶。关于这种知识，他们应该知道它的一般形式，并且应该知道它在家庭生活、国家生活与教会生活中的特殊应用。

13.最后，我们希望他们成为神学家，除了懂得他们的信仰的原则以外，还能从《圣经》上去证明这些原则。

三　青年人学完以后，即使对于这种种学科没有具备一种完全的知识（事实上，在他们这种年龄，完善是不可能的，因为他们获得的理论知识需要经验去完成，而且学问之海也不是六年工夫就可以竭尽的），至少也应打定一个坚实的基础，以为后来再受高深教育的预备。

四　六年的课程应有六个分明的班级，它们的名称，从最低一班数起，可以叫作：

1．文法班。

2．自然哲学班。

3．数学班。

4．伦理学班。

5．辩证术班。

6．修辞学班。

五　我觉得我把文法放在最前面，是谁也不能反对的，因为它是一切知识的锁钥；但是我把实科放在辩论术和修辞学前面，这在惯受习俗领导的人看来也许觉得可怪。然而除此以外，没有其他安排是可能的。我们已经说过，应当先研究事实，然后研究事实的组合，从逻辑上看来，内容先于形式，这是得到准确、迅速的进步的唯一的方法；因此我们必须先借观察去学事实，然后我们才能对事实做出健全的判断，或用合理的措辞去把它们表达出来。一个人尽管精通逻辑学的全部工具，能言善辩，但是如果并不明白他所讨论的事情，他的考察与证明又有什么价值呢？我们对于我们所不熟悉的事不可能谈得合乎常识，就像一个处女不能生孩子是一样的道理。事物存在于事物本身，它们并不依靠它们与思维和言语的关系。但是思维与言语离开了事物就没有意义，它们是完全依靠事物的。言语若不涉及确定的事物，它就只是一种没有意义的声音，所以，我们绝对必须在实科方面给学生以一种彻底的初步训练。

六　虽则许多人怀抱相反的看法，但是有学问的作者业已确定地表明，学习自然哲学应当先于学习伦理学。

利普西乌斯（Lipsius）在他的《生理学》（*Physiology*）第一册第一章中说：

"我完全同意有名的作家们所说的自然哲学应当先学的说法。学习自然哲学可以产生很大的愉快，可以激起注意，保持注意，并且可以成为研究伦理学的一种合适的先导。"

七　至于数学班应不应该放在自然哲学班前面，那是可以商量的。古人从学习数学开始去考察自然，所以他们把数学叫作"科学（The Sciences）"；柏拉图不许不懂几何学的人进他的学园（Academy）。他们怀抱这种见解的理由是容易理解的，因为研究数与量的科学特别投合感官，所以易于了解；除此以外，它们在想象上又能生出一种强有力的印象，使心灵得到准备，去做更抽象的研究。

八　这一切全是非常真实的，但是此外我们还有别些应加考虑之点：（1）在国语学校里面，我们主张进行感的教育，利用感官去发展心灵，我们的学生这时已经学过了算术，他们对于数学不能说完全不懂。（2）我们的方法是逐步前进的。在学习复杂的积量问题以前，我们应该先研究实际的物体，使我们的心灵得到准备，去领悟更抽象的观念。（3）我们拟定的数学班课程包括大部分的艺术，没有一些自然哲学知识是不能彻底学会的。不过，倘若有人建议一种不同的安排，能用理论上的，或实用上的理由辩护他们的安排，我也并不想去反对他们。我的看法是和他们的看法相反的，我已说出了我的看法的理由。

九　学生对拉丁语一旦获得了相当的知识以后（依靠最低班所用的《初阶书》和《入门书》的帮助去获得），他们就应当学习基本原则的科学，通常叫作后物理学〔虽则我认为应当叫作先物理学（prophysics）或潜物理学（hypophysics），就是说在自然之先的（antenatural）或在自然之下（subnatural）〕。因为这门科学包括关于"存在"的基本的与最重要的原则，讨论万物的基本假设及其属性与逻辑区别；它并包括关于"自然"的最一般的定义、公理与法则。他们学会这些以后（用我的方法是不难学的），不费多少气力就可以学会细目与详情，因为在某种程度上，他们对于这些是业已熟悉的，只要把一般原则应用到具体事例上去就行了。他们在这种基本原则上面打基础最多不应超过三个月（因为它们是些纯理性的原则，心灵容易领会，所以很快就可以学会），基础打好以后，我们就应当立即研究有形的宇宙，使自然界中的奇迹（这是已在先物理学中提到了的）能借具体的例证得到越来越清晰的说明。这是应当由自然哲学班去担任的。

十　从万物的本质出发，我们要去更确切地考察它们的偶然性质，这就是数学班。

十一　随后，学生必须考察人类本身，把人看作一个自由的中介和造物的主宰。他们必须学会去注意，看什么是我们的力所能及的，什么不是，看万物是怎样必须服从宇宙的不变法则的。

关于这一层，他们将在第四年的伦理学班学习。但是它不可变成一门历史课，也不可纯粹叙述事实，像在国语学校一样。必须把每件事实后面的理由指出来，使学生养成一种注意因果关系的习惯。但是这头四班必须用心地排除一切尚有争辩的材料，因为我们想把这种材料留到随后的第五班去用。

十二　在辩证术班里面，学生在推理的法则上面受过一种简单的训练以后，就应涉猎自然哲学、数学与伦理学的全部领域，用心考察学者们所常讨论的一切重要问题。这就可以给我们一个机会，去解释争论的原因与性质，辨别论旨与反驳，表明什么论点，真实的或似是而非的，可以使两方面都能辩论。然后我们应指出对方的错误，应明白指出错误的原因与论点的谬误；假如双方都有理由，就可以把那些矛盾的论点加以调和。这种办法的效用是很大的，因为它不仅扼要复述了我们已知的事实，阐明了比较不甚熟悉的事项，而且还可以教给我们一种艺术，让我们去推理，去考察不知的事，去解释晦涩，去简化含混，去限制过于概括的说辞，去用真理的武器保障真理，去揭穿虚伪，去把混乱的事实弄成有秩序。

十三 最后是修辞学班。在这个班上，应该教导学生，使他们能够轻易地、有利地运用他们已学过的一切，这时候就可以看出他们确乎已经学了一些东西，看出他们所花的光阴不是白费的了。因为，苏格拉底说："说吧，好让我明白你的品性"，我们已经教会他们准确地思想，我们也必须训练他们好好地说话。

十四 所以，他们在演说术的最简短的规则上面受过一种初步训练以后，他们就应模仿最好的名家，去把这些规则付诸实行。但是他们不可把自己限制在他们所已学过的学科中，他们应该涉猎真理、生存、人生与神的智慧的全部领域；使他们知道什么是合乎真理的、良好的、愉快的或有用的事情时，能用合适的言辞去表达，必要时，能替它辩护。为了这个目的，他们在这个阶段要得到一种绝对不可轻视的心灵装备，就是对自然界事实的不同认识，与对单词、习语和历史知识的丰富贮备。

十五 但是，关于这一点，我们可以在其他地方细谈；就是说，如果有必要的话，因为细节会从实行中自行显露出来。我们只有一点要说的了。熟悉历史是一个人的教育中的最重要的因素，是他终生的眼目。所以这门学科六班之中每班都应教，务使我们的学生对于从古至今所曾发生过的事件没有一件不明白；但是这门学科应该这样安排，要减轻他们的工作而不是加重他们的工作，要成为他们的比较严肃的劳动以后的一种调剂。

十六 我们的想法是使每班各有一本手册，讨论历史的一个特殊部门。比如：

在第一班是《圣经》史摘要；

在第二班是自然历史；

在第三班是艺术与发明史；

在第四班是道德史；

在第五班是风俗史，讨论各国的习俗；

在第六班是世界与主要各国的通史，尤其是关于孩子的本国的，要对整个学科作一简括的、综合的论究。

十七 至于应该采用的特殊方法，我只有一点要说的。一日四小时的课堂教学应该按照下列方式去安排：早晨的两小时（一待早祷做完以后）应当完全用在成为该班的特殊学科的科学和艺术上面。午后两小时之中，头一小时应当用来学历史，在第二小时，学生应当按照该班的要求，练习文体、演说与手的运用。

第三十一章　论大学

一　我们的方法原不涉及大学里的学习，但是我们也没有理由不去说出我们对于这种学习所持的见解和希望。我们已经表示过我们的意见说，任何科学或学科的完全训练是应该留给大学的。

二　我们的理想计划如下：

1．课程应该真正是普遍的，应有学习人类知识的每一部门的准备。

2．所用的方法应当容易而又彻底，使人人都能得到一种健全的教育。

3．只有读完了大学课程，成绩良好并且表现过适于经管事务的学生，才能给以荣誉的地位。

关于这几点，我们可以简单地分别细说一下。

三　要使大学的课程具有普遍性，大学必须具有（1）精通一切科学、艺术、学部和语文的有能力的教授，能在任何学科上把知识灌输给全体学生；（2）一所藏有选择得当的图书的图书馆，供大家利用。

四　为使学习的进展轻易而有成就，第一得假定，只有经过选择的智者，人类中的精英，才去学习。余下的人最好把他们的注意用到比较合适的职业，例如农业、机械或商业上去。

五　第二得假定，每个学生都把他的全部精力用在那门显然适合他的天性的学科上面。因为有些人比别人适于当神学家、医生或律师，而其他的人则对音乐、诗词或演说具有天赋才能，擅长这些学科。在这方面，我们常常容易犯错误，我们想用每块木头雕出一尊雕像，没有注意"自然"的意向。结果，好些人学习他们没有天赋的学科，没有得到良好的结果，在副业方面的成就反而大于他们所选的正业。

所以，应当为拉丁语学校毕业的学生举行一种公开考试，根据考试的结果，教师就可以决定谁应当进大学，谁应当从事别种职业。被选的学生将根据他们的天性及教会和国家的需要，或学神学，或学政治，或学医学。

六 第三，凡是天分特别优良的学生应该各科都研究，使世上永远能有具备百科全书式知识的人。

七 应该当心，只允许勤劳努力、德行优良的学生进大学。不实在的学生，只知道在安逸与奢侈中浪费他们的袭产与光阴，因而给别人以坏的榜样是不能宽容的。这样，没有病毒，自然就没有传染，大家便会专心工作了。

八 我们说过，在大学里面，对于各类作家的作品都应该阅读。这是一件繁难的工作，但是它的用途是很大的，所以，我们希望有学问的人，语文学家、哲学家、神学家、医学家等等都能同样使学生得到好处，如同那些从地理学家学习地理的人所得的好处一样。因为地理学家制作各省、各国和世界上各部分的地图，把巨大的海陆缩成渺小的比例，呈现到眼前，使人一目了然。画家对于乡村、城市、房舍、人物，也能不拘原物的大小，画成正确而又生动的作品。然则西塞罗、利维(Livy)、亚里士多德、普卢塔克、塔西塔斯（Tacitus）、哲利阿斯(Gellius)、希波克拉提斯、该楞 (Galen)、塞尔萨斯（Celsus）、奥古斯丁、哲罗姆等人为什么不应该照样对待，作成摘要呢？我们的意思并不是指我们常见的选语集成和修辞精华之类。这种摘要应该包含全部作品，不过分量稍有压缩而已。

九 这种摘要的用途很大。第一，如果没有时间去读一位作家的全部作品，由此可以对那位作家得到一个概念。第二，凡是（依从辛尼加的劝告）想专心研究一位作家的作品的人（因为不同的作家投合不同的脾胃），便可迅速地浏览全体作家的作品，根据他们的嗜好去决定他们的选择。第三，对于打算阅读作家的全部作品的人，这种摘要可以使他们从阅读得到更大的好处，正像一个旅行家一样，他若先从地图上研究过旅程中的细节，他就比较容易领略那些细节了。最后，凡是对于读过的作品想去迅速复习一遍的人，这种摘要对于他们也有很大的用处，因为它可以帮助他们记住其中的要点，彻底领悟那些要点。

十 这种摘要可以单独刊行（为贫苦学生和不能阅读全集者之用），也可以和全集订在一块，使愿读全集的人在读全集以前对于题材得到一个概念。

十一 至于大学里的练习，我觉得哲灵社（Gellian Society）式的公开辩论应该是很有用的。一位教授无论讲演什么题目，他都应该把讨论那个题目的现存的、最好的作品给学生自己去阅读。教授早晨所做的讲演应该作为下午辩论的题目，这种辩论全班都可以参加。其中某个学生可以提出在某些点上他所不懂的一个问题，他可以指出，他从他所读的作品中发现了一种意见，那种意见具有合理的论据，是和教授的意见相反的。任何其他一个学生可以站起来（要遵守某种形式的秩序），答复那个问题；那时其余的学生便可以断定，看问题是不是已经合适地得到了讨论。最后，教授可以站在主席的地位，结束讨论。这样一来，每个学生的自修便可以对全班产生好处，而题目在他们的心灵里所生的印象便可以在科学的理论与实践两方面产生真实的进步。

十二 这种提出论文的办法也许可以实现我的第三种愿望，就是公家的荣誉地位只应当给予值得给予的学生。假如这种职位的任命不凭一人的决断，而凭全体一致的决断，这种结果就可以得到。所以，大学每年应由国王或国家任命的委员们检查一次，像拉丁语学校由教师检查一样。这样，教授与学生的努力程度就可以测验出来，凡是最用功的学生应当得到公开的认可，授以博士或硕士学位。

十三 最重要的是一切做法要完全公平，所以学位不可用辩论的方法去获得，而应该采用下列办法。候选者（或者同时几个候选者）应该坐在当中，应该由最有学问、最有经验的人去考问，他们应当尽力发现他在理论与实际两方面有什么进步。举例言之，他们可以就《圣经》，就希波克拉提斯，就《国法大全》（*Corpus Juris*）等的本文去考他；问他某章某章见于什么地方？它和别的某章又是怎样呼应的？看他知不知道还有怀抱不同见解的作家？那个作家是谁？看他的论旨是什么？怎样去调和矛盾的见解？以及诸如此类的问题。随即举行一个实用的考试。我们应当向他提出各种有关良心的、疾病的和法律的事件，问他怎么办？为什么？他应该在许许多多事件上面受到这种考试，直到表明他对他的学科具有一种明敏的、彻底的领悟为止。学生知道自己日后会在公开考试中受到这种严格的考验，他们当然就会受到刺激，大大努力。

十四 关于旅行没有什么要说的（我们给旅行在这最后的六年或六年的末尾指定了一个地位），我们要说的只是，我们同意柏拉图的看法，要待青年人的火气消歇，充分习于世故，能从旅行得到益处以后才让他们去旅行。

十五 至于世上任何地方倘能设立一个学校之学校（School of Schools）或教学法学院（Didactic College），那种好处是无待指陈的。即使实际设立这种学院并无希望，现存的组织仍无变更，只要学者们能在一道工作，这样去增进上帝的光辉，则期望中的结果也可以实现。这些学者共同工作的目标应该是给科学彻底打定基础，把智慧的光辉散播到全人类，取得比以往更大的成就，并以新鲜有用的发明去为人类谋福利；因为，除非我们愿意停顿或退步，否则我们必须留心，务使成功的开端导向更大的进步。做这项事业一个人是不够的，一代也不够，所以必须许多人一道工作，把前人的研究作为一个起点。所以，这个全面的学院（Universal College）与其他学校的关系跟腹部与身体其他部分的关系是一样的；因为它是一种工场，是向全体供给血液、生命与力量的。

十六 但是我们必须回到我们的本题，说完关于我们的学校所没有说完的话了。

第三十二章 论教导的普遍和完善的秩序

一 我们现在终于谈完了改良学校的必要和实现这种改良的方法。假如我们再把我们的理想和实现这些理想的方法做一个简单的总结，想来是不错的。

二 我们的希望是教学的艺术能如此完善以致新旧两种方法的区别之大就像旧法用笔抄书与新法用印刷机印书的区别一样；这就是说，印刷的艺术虽则困难、费钱、复杂，但是较之往常，它能使书籍的产生更快、更准确、更有艺术效果；同样，我的新方法初一看去，虽则它的困难显得有点可怕，但是较之往常的没有方法，它却能够造就更多的学生，给他们一种更好的教育，并使他们在受教时得到更多的快乐。

三 发明印刷者的最初尝试，和简简单单用笔写的方法相比，其显得不切实际是容易想象得到的；但事实表明，这一发明的用途是很大的。因为，第一，用一部印刷机，两个青年所能印出的书数较之两百个人同时抄的还要多。

第二，抄本的页数与大小，每本都不一样，行与行也不一致；而印本与原本相似则和鸟卵彼此相像一样，这是一件很大的好处。

第三，抄本如不经过校阅，不与原本细细比较，我们便不知道它们是否没有错误，这是一件劳苦可厌的工作。但是印本校改一次就可以保证成千本的正确。这在不熟悉印刷术的人看来好像是不足信的，但事实确实如此。

第四，只有坚硬的纸张才合书写之用，但是在脆薄的纸张或亚麻布上，印刷却是可能的。

第五，不会写字的人也可以变成最优秀的印刷匠；因为他们工作的时候，用的不是手指，而是熟练地排好了的活字，那是不会出错的。

四 假如这种新的、综合的教学方法能正确地组织（因为这种普遍的方法只在期望中存在，实际上还没有出现），就可以得到同样的结果，因为，（1）较之现在所用的方法，较少的教师可以教较多的学生。（2）这些学生可以得到比较彻底的教导。（3）教导可以进行得较细致、较愉快。（4）这种方法对于愚蠢、落后的孩子也同样有效。（5）即使没有教学天才的教师，他也能用它，从它得到好处；因为他们不必自己去选教材，不必自己去想方法，他们只要知道业已合适地安排好了，并准备了合适的工具去教的材料，把它灌输给他们的学生就行了。 一个风琴师能从他的音符看懂任何一篇乐曲，虽则他对那篇乐曲尽管写不出来，从记忆中唱不出来，或者弹不出来；同样，一个学校教师假如眼前有了应教的题材和教法，他便什么都该能教。

五 继续来用这种印制艺术上的类比，我们就可以用更详细的比较来表明我们这种新方法的真正性质，因为这样可以表明，知识可以印在心灵上面，和它的具体形式可以印在纸上是一样的。事实上，我们简直可以采用"印刷术"（typography）这个术语，把新的教学的方法叫作"教学术"（didachography）。但是这个概念我们还要仔细分析一下。

六 印刷的艺术包括材料与步骤。材料包括纸张、活字、墨水和印刷机。步骤包括纸张的预备、活字的排版与上墨、大样的改正和副本的印刷与曝干。这一切都应当按照一定的规则去执行，遵守规则就准可以获得成功。

七 在教授术上（我们记住这个术语吧），也有同样的因素。代替纸张的，我们有心灵尚待印上知识符号的学生。代替活字的，我们有教科书和便利教学工作的其他工具。墨水由教师的声音来代替，因为把书上的知识送到听者的心灵的是教师的声音；印刷机就是学校的纪律，它使学生赶上工作，并且强迫他们去学习。

八 纸张不拘种类都可以用，但是纸张愈干净，则活字的印痕便愈清晰。同样，我们的方法对于任何种类的智力都可应付，但对于天资卓越的学生成效最好。

九 活字与教本（这是我们的方法所需要的）很相似。第一，印书以前，必须先把活字铸好，擦亮；同样，我们在采用新的方法以前，也必须准备必要的工具。

十 印刷一整本书要很多活字，在教本与教学工具方面，也有同样的情形；因为教学开始之后，若因缺乏合适的工具，被迫中途停止，这是恼人的，可厌的，是良好教学的致命伤。

十一 一部经营得法的印刷机备有各种活字，能够应付一切需要；同样，我们的教本也必须包括一种彻底教育所需的一切，务使没有一个人经过它们的帮助，学不到所有应学的东西。

十二 活字不是乱七八糟的，而是整洁地排列在匣子里，要用的时候随手就可以取用的。同样，我们的教本并不把它们的教材乱七八糟一股脑儿给学生，而把教材分成段落，指定一年学多少，一月学多少，一日学多少，一小时学多少。

十三 活字只有当时用得着的一部分才从活字匣内取出来；其余的留下不动。同样，教本只有某个孩子那班所用的才给那个孩子；其余的则徒然使他迷惘，使他分心而已。

十四 最后，排字的人用一条直边帮助自己，把字排成行，把行排成栏，并防止把任何部分排错了。同样，青年人的教师也应该有某些标准或规范，帮助他们工作；就是说，应该替他们写些指导书，这些指导书应该告诉他们在每一种情形之下做什么，应该预防发生错误的可能。

十五 所以，我们应该有两种教本，一种包含教材是给学生用的，一种是帮助教师，使他能够正确地处理他所教的学科的指导书。

十六 我们已经说过，相当于印刷所用的墨水的是教师的声音。假如活字干燥的时候去用它们，则在纸上印下的便只是一种淡淡的、易于消灭的痕迹而已，和加了墨水印出的鲜明的、差不多消灭不了的印痕形成对比。同样，孩子们从无言的教师——书本得到的教导是晦涩的、不完全的，但是一旦得到了教师的声音的补充之后（他用一种合于他的听众的方式去说明一切），它便变得栩栩如生了，便在学生的心灵印上了一个深刻的印象，使他们真正懂得他们所学的，并且知道自己是懂得的。此外，印刷用的墨水和写字用的墨水不同，因为它不是用水做的，是用油做的（事实上，要用上等墨水的人用的是最好的油和最好的木炭）；同样，一个能够动听地、清晰地教学的教师的声音应该像油一样浸入学生的心灵，把知识一道带进去。

十七 最后，印刷机的功能在学校里面是由纪律去担任的，纪律本身就有充分的力量可以保证没有一个学生会规避学习。组成一本书的每一页纸都必须通过印刷机（硬纸所需的压力大，软纸所需的压力小）；同样，凡是愿意在学校里面求学的人就必须服从学校的纪律。纪律有三等：第一，不断的监视，因为我们决不能全然相信孩子们的勤勉与天真。（难道他们不是亚当的子孙吗？）我们必须使他们时时处在我们的监督之下。第二，谴责，凡是越出了正轨的学生都应该通过谴责唤回理性与服从的大道。最后，惩罚，如果劝告没有效力就必须惩罚。不过，一切纪律都必须谨慎地施用，除了诱导学生完全做好工作以外，没有别种目的。

十八 我说过某些步骤是必要的，又说这些步骤应当按照某种一定的方式去执行。这一点值得简单地考察。

十九 假如一本书要印多少份数，我们立刻就取出同数的纸张，放到同一块版上去印刷，并且从头到尾，每块版上都印出同样的张数，不多也不少；因为否则印出的书有些便会残缺不全。同样，我们的教学法也把这一点当作一个紧要的条件，就是在同一时间以内，全校应由同一教师去教，全体学生从头到尾应受到一种循序渐进的教学，上课开始以后，谁也不准再进去，下课以前，谁也不准先退出。这样一来，一个教师就有可能教许多学生，而全体学生也就有可能彻底学习每一部门知识了。所以一切公立学校必须同时开学，同时放假（倘若学校在秋季开学，不在春季开学，那就最适合我们的方法了），以便每一班的功课可以每年告一结束，并使全体学生（才智缺乏的除外）可以同时达到一定的标准，同时升到下一班去。这与印刷上的首页全都先印，次页全都次印正是一个恰切的类比。

二十　比较好的书籍都是分章、分栏、分段的，边缘与行间都有空隙。同样，我们的教学法也必须有工作的时间与休息的时间，有一定的时间去做纯正的娱乐。工作是按年、按月、按日、按时计划好了的，假如这种分划适当地被遵守，学时终了时便没有一个班次不能达到必须达到的标准。每天公开的教导不可超过四小时，其中两小时应该在上午，两小时应该在下午，这是具有极充足的理由的。到礼拜六，下午的两小时可以免除，礼拜日应当完全用在礼拜式上，这样，我们每周便有二十二小时，每年（假期除外）大概便有一千小时。只要这份时间用得有条不紊，在这时期以内我们能教多少，能学多少啊！

二十一　活字一经排好以后，纸张就放平了，随手就可以取用，使印刷的进行不受任何阻碍。同样，一个教师应当使他的学生处在他的跟前，使自己可以看见他们，同时又被他们全体所看见。关于这一点，我们在第十九章问题一已经说过了。

二十二　打湿弄软纸张，使它更适于接受活字的印痕。同样，学校也须不断敦促学生去用心，这是我们业已说过了的。

二十三　这一步做完以后，活字便浇上墨水，使它们能够产生一种清晰的印痕。同样，教师也利用他的声音，把功课朗读一遍，讲解得人人能懂，使功课变得生动活泼。

二十四　然后纸张便一张一张挨次放到印刷机上，使金属的活字能把它们的形状印到每张纸上。同样，教师把意思解释清楚，并举例证证明易于模仿之后，就要求学生个别地去复述他所讲过的，这样去表明他们不仅是些学习者，而且实际是知识的所有者。

二十五　然后印好的书页便放在风前晾干。同样，在学校里面，学生的才智也在复述、考试与比赛跟前，受到它们的紧张振刷的影响，直到功课确已彻底学会为止。

二十六　印就的书页通过印刷机以后便挨次排好，以便查明它们是完全的，没有缺点的，因而是能装订、售卖与应用的。在学校里面，年终考试也有同样的作用，那时学生的进步和他们所受的训练的彻底性与广博性，都要受到主试者的考察；目的是使主试者得以证实指定的学科业已正确地学会。

二十七 我们所说的都限于一般方面，详细的考究要留待更加合适的机会。现在我们已经指出我们的教授术或普遍方法的发现便利了学者人数的增加，和印刷术的发现便利了学问之媒的书数的增加是一样的，我们又已指出这是大有利于人类的，因为"有智的庶民就是世间的智慧"（《智慧篇》，第六章，24），目前已经够了。我们所期望的是增进基督教智慧的总和，是把虔信、学问与道德的种子撒到一切献给上帝的人的心里，我们因此可以希望神的预言的实现："认识耶和华的知识要充满遍地，好像水充满海洋一样。"（《以赛亚书》，第十一章，9）

第三十三章　论实行这种普遍方法的前提

一　基督教的王国与国家如果能有我们所期望的这种学校该有多么幸福，我觉得，凡对这个问题做过一番仔细考察的人是没有一个看不出来的。所以，我们必须知道怎样才能使这些想望不仅是想望，而且还能以一定的形式实现出来。约翰·西西利阿斯·夫累（John Caecilius Frey）觉得经过这么多世纪，没有一个人敢去改良我们的学校与大学的野蛮习俗，因而表示惊奇与愤怒，是不无理由的。

二　百多年以来，大家对于学校办理得没有方法已经表示了很大的抱怨，但是直到最近三十年来，才有人想要认真地找出一种医治这种状况的办法。结果呢？学校还是和从前一模一样。假如任何一个学生私地里或在学校里学习一门学科，他发现自己成了无知者的笑柄，或者恶意者的目标，或因得不到任何帮助，觉得工作太辛苦，终于放弃不干了。于是以往的努力全成了白费。

三　所以我们必须凭借上帝的帮助，寻求并找出某种方法，把动力供给现存的良好机构，至少是能在现存的基础上建立起来的良好机构，如果迄今为止的障碍能够明智地、坚定地排除的话。

四　让我们把这种种障碍分别加以查考吧。

（1）我们非常缺乏有方法的、能主持公立学校并能产生我们所望的结果的教师（事实上，以我的已为一般学校所采用的《入门书》而论，有一个富于判断力的人写信给我，埋怨在大多数地方缺乏一件东西，就是没有适当的人去用它）。

五　（2）即使有这种教师，即使他们都能利用时间表与现成的方式轻松地完成他们的工作，但是每个村庄、镇市，每个住着在基督里生长的人的地方怎样供养得起呢？

六　（3）再则，怎样能使贫苦的孩子有时间进学校呢？

七　（4）学究们固执古老的方法，轻视一切新的事物，也是很可怕的，不过关于这一点，还容易想出补救的办法。

八　（5）此外还有一个因素，没有它，整个学校组织就会变成没有用，有了它，整个学校组织就可以得到最大的帮助，就是一种综合的、有条理的教本的适当供应。自从印刷术发明以后，我们已不难找到能够并且愿意利用印刷的人，不难找到愿意供给必需的经费去印刷良好有用的书籍的人，不难找到愿意购买这种书籍的人。同样，假如我们预备好了综合教学所必需的辅助工具，我们便不难找到用它的人。

九　由此可见，我的计划的成功，完全系于一种百科全书式的教本的适当供应，这种教本只能由几位具有创造性的、精力饱满的学者合作才能得到。因为这种工作不是一个人的力量所能胜任的，尤其不是一个不能全力以赴或对这个综合计划所应包括的某些学科不甚熟悉的人所能担任的。如果我们希望得到绝对完美的结果，那是一个人一辈子也完成不了的，所以应当交给一个学者的团体去担任。

十　但是若非得到某个王者或国家的支持，供给经费，这么一个团体是不可能出现的，同时为了保证成功起见，必须有一个安静隐僻的地点和一座图书馆。此外，对于这样一个增进造物主的光辉与人类福利的大计划，谁也不可提出任何反对，大家要配合上帝的仁慈准备工作，它是会通过这些新途径更慷慨地给予我们的。

十一　所以，当你们听到这个健全的忠告的时候，你们应当燃烧你们的热情。啊，最亲爱的儿童的父母们，上帝把按照他的形象造成的至宝托付了你们，你们应不断恳求上帝，让这种努力得到一个成功的结局，你们要借你们的祈祷与恳求，去激动那些有权力、有学问的人们的心灵。同时，你们要存畏怖上帝之心，虔诚地教养你们的儿女，这样去为我们所说的更普遍的教育铺好道路。

十二　啊，青年人的教导者，你们的工作是种植并灌溉天国的娇嫩的接穗，你们也应认真祷告，求这些帮助你们的劳动的事得以完成，尽快拿来天天应用。因为你们既然叫作"能够栽定诸天，立定地基"（《以赛亚书》，第五十一章，16），还有什么比你们的劳动尽量丰收更使你们快乐的呢？所以，你们应使你们的神圣职业和以儿女托付你们的父母的信任心变成你们身内的一团火焰，使你们和受到你们的影响的人都不止息，直到你们的祖国全被这个热情的火炬所照亮。

十三 有学问的人们，上帝把智慧和敏锐的判断给了你们，使你们能够评论这类事情，用你们的忠告去改进它们，你们不可迟延，不去运用你们的星星之火来帮助这种神圣的火焰，不，你们应当用你们的火炬与扇子去帮助。大家要想想我们的基督所说的："我来要把火丢在地上；倘若已经燃起来，不也是我所愿意的吗？"（《路加福音》，第十二章，49）倘若基督愿他的火燃起来，那有机会给火焰加上燃料的人如果只带去妒忌、恶意与反对的烟尘，他就应受到灾难。你们要记得，基督答应酬他的既善良又忠心的仆人，因为他们把他们所得的银子用去赚了银子，他威胁他的懒惰的仆人，因为他们把银子埋在地里（《马太福音》，第二十五章，25）。所以你们不要以为自己有知识就够了，你们要用你们的全力，去增进对别人的教导。你们要接受辛尼加的榜样，他说："我愿把我所知一切传授给别人"；他又说；"假如知识给我是让我自己去守着的，不要与人分享，我就会拒绝它不要"（辛尼加：《书信集》，27）。所以，你们不要不把教导和智慧给予基督教的人民，而要与摩西同说："唯愿耶和华的百姓都受感说话"（《民数记》，第十一章，29）。教会与国家的改良在于青年得到合适的教导；我们既然知道这层道理，难道可以眼看别人动手工作，自己却袖手旁观吗？

十四 但愿我们人人齐心合力，用尽方法，通过忠告、警告、劝诫、矫正，并以一切方式推进为了上帝、为了后世子孙的工作，去促进这样一个有价值的目标。谁也不要以为在这件事情上面，他不需要采取行动。因为一个人尽管天生不宜于做教师，或者在做牧师、政客或医生，忙不过来，但若以为因此就可以不去参加改良学校的共同工作，他就错了。如果他愿意证明他是忠于他的职业，忠于召唤他的人，忠于被派去侍候的人的，他就不仅必须服侍他的上帝、教会与国家，而且必须训练别人跟着自己这样去服侍。苏格拉底得到大家的称赞，因为他不把他的时间用在做官上面，而用在教育青年上面。他说："与其自己去治人，不如训练能够治人的人更为有用。"

十五　啊，学者们，我求你们不要因为这些建议出于一个学问不如你们的人便去轻视它们。你们要记得克赖西巴斯（Chrysippus）所说的："许多菜贩都说对了题目。也许一匹驴子能够知道你所不知的。"你们也要记得基督所说的："风爱吹到何处便到何处，你能听见它的声音，但是你不知道它来自何方，去至何处。"我敢在上帝的面前宣布，我之所以迫不得已跑来宣传我的主张，不是因为我有骄妄的自信，也不是因为我要图名，或图个人的好处。是因为我爱上帝，我因为愿改进人生的现状，才迫使我前进，当我的本能告诉我应当做什么的时候，才迫使我不能保持缄默。所以，假如有人反对我的努力，妨碍我的主张的实现，不来帮助我，他就要知道，他不是在与我作战，是在与上帝作战，与他自己的良心作战和与自然作战，自然的意愿是，凡为大众的好处的都应当公开给大众去用。

十六　神学家们，我也求求你们，因为你们有力使我的计划得到最大的帮助，也可以使它们受到最大的阻碍。假如你们选取后面那条道路，柏恩哈特（Bernhard）所说的话就会要实现，他说："基督的最恶的敌人无过于他的门徒，尤其是门徒中居首要地位的。"但是我们希望你们的行动较有价值，较合于你们的职业。你们要记得，我们的主不仅要彼得喂养他的羊，而且要他喂养他的小羊，要他格外看顾小羊（《约翰福音》，第二十一章，15）。这是一个合理的训诫，因为牧人知道羊比小羊容易喂养，小羊尚待羊群的纪律与牧人的棍棒去训练。一个人如果宁愿他的听众没有学问，他就是泄漏了自己的无知！哪个金匠不愿获得最纯粹的金？哪个鞋匠不想得到最好的皮革？让我们也成为光明的儿女，当代的智者，让我们祈祷，使学校能替我们尽量供给受过教育的听众吧。

十七　啊，上帝的仆人们，你们不可让忌妒钻入你们的心里，而应领导别人去得到那种不忌妒、不顾自己的利益、不想到邪恶的"爱"。假如别人开创了你们从来没有想到的计划，你们不要发生妒忌心，而应从别人去学习；为的是使〔如同格累哥利（Gregory）所说的〕一切充满了信心的人都能赞美上帝，都能成为传播真理的工具。

十八 但是我要格外祈求借上帝的名来管理人世的帝王与官吏。上天信托了你们，如同信托挪亚一样，要你们造一只方舟，在这可怖的水灾中保全《圣经》（《创世记》，第六章）。你们的责任与古代的帝王一样，应去帮忙圣所的建筑，应使那些充满了主的灵，得了主的教导，能去发明精巧的计划的工匠不要受到任何阻碍（《出埃及记》，第三十六章）。你们应照大卫与所罗门的样子，召集工匠，建造耶和华的殿，并给他们预备必要的材料（《列王纪上》，第六章；《历代志上》，第二十九章）。如果你们爱了基督的小儿女，给他们造了学校，你们就是基督所爱的百夫长（《路加福音》，第七章，5）。

十九 为了基督，为了我们的儿女的得救，我求你们听信我。这是一个重大的问题，是一个关系上帝的光荣与人类的得救的问题。我很知道你们多么爱你们的国家。假如有人跑到你们跟前，说他可以告诉你们，使你们所有的城池不费多少金钱可以设防，使你们所有的青年能够受到一种战术训练，使你们的江河能够航行，布满商船，总而言之，就是能使你们的国家变得更强盛，更安全，你们对于这个挂虑你们的福利的人一定不仅愿意倾耳去听从，而且还会衷心地感激他的。现在我已把比这种种事情重要得多的告诉了你们，就是一种真正的、永不失败的方法，有了它，你们就可以得到这种我所说的发现，对国家大有贡献的人才。圣路德劝告德国的城市设立学校，他说得很对，他说："我们在建造城市、炮垒、纪念馆与兵工厂上用一个杜克（Ducat），我们就应当在正确地教育青年上用一百个，因为青年长大以后，他就可以引导他的伙伴做出有用的工作。因为一个善良聪明的人是国家的一件至宝，较之宫殿、金银、铜门与铁闩还要贵重得多。"所罗门也有同样的看法（《传道书》，第九章，13）。假如我们承认，为了彻底地教育一个青年，不可吝啬费用，然则我们若是开辟一条道路，使一切青年受到普遍的教育，并用一种决不失败的方法，让悟性得到发展，我们还有什么可说的呢？若是上帝应许把他的礼物施给我们，若是我们的得救近在目前，上帝的光荣在地上与我们同在，我们还有什么可说的呢？

二十　啊，帝王们，打开你们的城门，让那荣耀的王进来吧（《诗篇》，第二十四篇）。大能者的众子，你们应将光荣与荣耀归予耶和华。你们人人要像大卫一样，向耶和华起誓，向雅各的大能者许愿，说："我必不进我的帐幕，也不上我的床榻；我不容我的眼睛睡着，也不容我的眼睛打盹；直等我为耶和华寻得所在，为雅各的大能者寻得居所。"（《诗篇》，第一百三十二篇）你们不要顾虑用费。你们应给耶和华，他会加重一千倍来还你们。说"银子是我的，金子也是我的"（《哈该书》，第二章，8）的人有权利来要，但是因他的仁慈，他又说（当他劝人为他建庙的时候）："以此试试我，是否为你们敞开天上的窗户，倾福与你们，甚至无处可容。"（《玛拉基书》，第三章，10）

二十一　所以，愿我们的主，我们的上帝给我们每人一颗愉快的心去尽他的力来伺候你的光荣。因为庄严属于你，力量属于你，光荣属于你，胜利也属于你。天上与地上的一切全属于你。啊，主，国度属于你；你高于一切的帝王。财富属于你，光荣、大力与力量都属于你；你能光耀并称颂你喜的一切。因为我们只是从你的手受了你的礼，我们能算什么呢？我们在你的眼中和我们的祖先一样，只是一些异乡的人。我们在世上的人生只是一个影子，过后就消灭。啊，主，我们的上帝，我们的丰富尊荣都从你而来。愿你给你的所罗门一颗诚实的心，成就为你的光荣成就的一切（《历代志上》，第 29 章）。啊，上帝，求你坚持你为我们所成全的事（《诗篇》，第六十八篇，28）。愿你的作为向你仆人显现，愿你的荣耀向他们子孙显明。愿主，我们上帝的荣美，归于我们的身上；愿你坚立我们手所做的工（《诗篇》，第九十篇，6）。啊，主，我信托的在你，愿你使我永不困惑。阿门。

1981 年肃然协助校毕于北京

附　录

夸美纽斯对几个重要教育问题的主张

——纪念夸美纽斯诞辰 365 周年

傅任敢

　　夸美纽斯（一译克绵斯基）是捷克摩拉维亚人。他生活的年代是
1592—1670 年，相当于我国明代万历二十年到清康熙九年。他终生从
事教育工作，主持过祖国的兄弟会小学和波兰黎撒的兄弟会中学，替瑞
典编写过教科书，帮助匈牙利改革过教育。他热爱儿童，热爱教育工
作，他有十分丰富的教育经验，是一位伟大的教育思想家。他体现了当
时资产阶级的进步要求，继承了培根的唯物观点，发扬了捷克兄弟会的
民主传统，在教育思想和教学理论上做出了划时代的贡献，而被推崇为
教育学上的哥白尼。他一生的著作很多，主要的教育学说包括在他的
《大教学论》（以前译作《大教授学》）里。《大教学论》，实际上包含
了整本教育学的内容，并且奠定了今日分科教学法的基础。因此在一
篇短文里系统地全面地介绍他的教育主张，那是不可能的。现在只就
学习结果，写出我觉得有意义的几个问题。

　　一、对于教育力量的坚信。夸美纽斯认为人心如同树木的种子，树
木实际已经存在种子里面。"我们不必从外面拿什么东西给一个人，我
们只需使他的固有的、藏在身内的东西展露出来。"这就是说，人有发
展的极大可能性，但是这种可能要靠教育才能变成现实，正如玉石要经
过雕琢才能变成饰物，牛马要经过训练才能为人服役一样。人心又如
土壤、白纸与蜡，"只要园丁当心"，土壤可以长出各种赏心悦目的植

215

物；"白纸上什么都没有写，但是什么都能写上"；"蜡能变成各种形式"，"人脑也是一样，它能接受万物的影像"。这就是说，人是可以由外力加以铸范的。这外力有两种，一是环境，一是教育。但是教育可以左右环境的影响。例如狼孩子，由于没有受到人的教育，受了狼的环境的影响，长成了狼一般的习性。可是，后来被人捉获，进行一番人的教育之后，就又变成人了。可见教育力量之大胜过环境，何况教育还能选择好环境，避免坏环境呢。

具体到每一个人，夸美纽斯认为几乎没有教育不好的儿童。他满怀信心地说，"我们差不多找不出一块晦涩的镜子晦涩到了完全反映不出任何影像的田地，我们也差不多找不出一块粗糙的木板粗糙到了完全不能刻上什么东西的地步"。他并且进一步分析了儿童的性格，例如有些伶俐、渴于求知但是桀骜的人，"常是学校所遭遇的困难的最大根源。他们多半是被人目为没有希望了的。但是，假如能够得到正当的处理，他们常常可以成为最伟大的伟人"。雅典大将塞密斯·托克利斯，年轻的时候就是很顽劣的。后来他常说，"野性难驯的马儿，只要合适地加以训练，是可以成为最好的良驹的"。所以普卢塔克说，"许多富有天分的人，通通是给他们的教员毁了的。他们没有能力去管理或者指导自由的人，他们不是把学生当作马匹看待，是把学生当作驴子看待。"可见我们平日所说的调皮捣蛋的儿童，虽则会给教师带来一些麻烦与困难，只要我们善于教育，日后往往反会长成杰出的人物，比那些拘谨没有朝气的学生更有出息。真正无法教育的人"是一千人里面难得找到一个的"。这使我们懂得，相信教育才能办好教育。

二、对于教学方法的重视。夸美纽斯对于旧时学校缺点的体会是很深刻的。他说，旧时学校"教导青年的方法通常都是非常严酷的，以致学校变成了他们的才智的屠场"。他自己，"就是一个不幸的人，是千千万万人中的一个，悲惨地损失了一生一世的最甜美的青春，在教育的小节上面浪费了青春的鲜美的岁月"。所以他决心写出《大教学论》来"阐明把一切事物教给一切人们的全部艺术"，使青年们能够"迅速地、愉快地、彻底地"进行学习。因为，既然人是一种"可教的动物"，教育的力量又是十分巨大的，可见教育办得不好的原因是教学方法不好，不是人的智力不够，也不是学科太难。"世上也没有一座岩石或高塔，高到了在合适的位置放了梯子，或在石上合适的地方凿好了台阶和装上防止跌落的栏杆之后还没有人爬得上去的。"固然，"在智慧方面，快乐地加入旅行的人很多，而能登峰造极的人是很少的"，"但是这并不能证明人类的心智有什么达不到的目的，只是证明阶梯安排得不好，或是数目不够，有危险，没有修理而已——换句话说，就是方法有困难"。他认为旧时学校办不好的原因之一是"我们非常缺乏有方法的、能够主持公立学校并能产生我们所希望的结果的教员"，因而十分重视师范教育，主张设立一个"学校之学校"或"教学法学院"。夸美纽斯所说的教学方法包括教育方法与教学组织在内，不只是课堂讲课方法。我们如果不把他的意见简单化、绝对化，它是可以鼓舞我们钻研教育科学与教育艺术的信心的。

三、对于教学过程的主张。夸美纽斯对于怎样才能有效地进行教学提出了不少卓越的主张，他格外重视下列各点。

自觉　夸美纽斯认为人有发展的极大可能，问题在于使人得到发展的机会与动力，不必强迫，所以他首先反对强迫学生学习，"凡是强迫孩子们去学习功课的人，他们便是给了孩子们很大的损害"，因为，"知识的获得在于求知的志愿，这是不能够强迫的"。吸引学生爱好学习的方法有很多：如可以通过起始课，向学生指出那门课是"如何的美善，有用，快意，否则又是如何的需要，这样去引起他们的爱好"，并把那门课的轮廓、目标、界限和结构告诉学生，这样去把学生求知的欲望彻底激发起来。可以通过父母，当着子女称赞学问，称赞教师，等等。可以通过教师的循循善诱的态度，对于用功学生的表扬，以及利用直观教具进行课外指导。可以通过教材的选择，使它适合学生的年龄特征。可以通过平素的课堂教学。教学方法首先要自然，"因为凡是自然的事就无须强迫。水往山下流是用不着强迫的。……我们用不着劝说一只鸟儿去飞行；樊笼开放之后它就立刻会飞的"。其次要亲切，比如利用对话之类。最后，还可以通过考试和升级之类的仪式，在会上表扬用功的学生，发给奖品，"去激发学生的热忱"。总之，是要通过多种多样的方式，引起学生求学的欲望，亦即学生的自觉。必须这样，教学才能有效地进行。

直观 夸美纽斯有个重要的论点，就是一切知识生于感觉。"一切知识都是从感官的知觉开始的。""存在心理里面的事情是没有不先存在感觉里面的，所以心智所用的一切思想的材料全是从感觉得来的"。"感官可以比作密使与间谍，灵魂得了它们的帮助就可以支配身外的万物"。因此，学习要从事实出发。他最反对旧时学校只让学生死读书本，不让学生接触事实，他说那是"充满着空虚的鹦鹉似的空话"，他指责学校"没有把客观的世界指示给学生"，"结果，大多数人都没有知识"，他们的知识是引经据典地镶补成功的，就像"一张镶补成功的被褥一样"。其实，"事物是主要的，文字只是偶然的；事物是本体，文字只是衣着而已；事物是核，文字是壳，是皮"。因此，他主张，我们应该"学着研究天、地、橡树和山毛榉之类的东西，去学会变聪明，但是不可依靠书本的研究"。他立下的法则中有一条，规定"一切知识都不应该根据书本的权威去灌输，而应实际指证给感官与心智，得到它们的认可"。这就是说，教学必须重视直观，即，"尽量利用感官去施教"，而"视觉又是感官中最主要的一个"。

运用直观进行教学的理由，除了因为"知识的开端永远是从感官来到的，所以智慧的开端当然不只在于学习事物的名目，而在真正知觉事物的本身"以外；还因"科学的真实性与准确性"要靠感官来证明，因为"看就是信"；还因"感官是记忆的最可信托的仆役"，因为"十次耳闻不如一次目见"；还因为可使儿童得到"快乐"。

直观教材可以是实物，可以是模型，可以是图画，可以把图像、浮雕、表解、规则、教材提要挂在教室，此外"高级的事物可以由低级的去代表，不在跟前的可以由在跟前的去代表，看不见的可以由看得见的去代表"。此外，他对直观教具的使用方法也有详细的规定。

注意 眼睛看东西，先要有光亮；同样，学习必须集中注意。夸美纽斯是主张班级授课制的。他认为一班可以有几百个学生。在这样大的班级中，教师必须设法吸引学生的注意到学习上来，"除非全体学生都在静听，他决不可说话，除非他们全在注意，否则不可施教"。教师可以通过八种方式在教室里保持全班学生注意力的高度集中。一是在讲课时"不断地耐心地去介绍一些有趣的和实用的事情"。二是在开始新课时介绍它与旧课的关系，或暴露学生对于新课的无知。三是站在讲台上，目光注视全班学生。四是充分利用感官，使用直观教具。五是边讲边提问，对于没用心的学生当堂予以责备。六是顺序往下提问其他学生时，不必重述原来的问题。七是答得好的要当堂表扬，答错的要纠正，要指出错误的根源。八是课业准许学生当堂发问。

在这里顺便介绍一下他是主张怎样在大班中进行复习与练习等等作业而又可以保持学生的注意与减轻教师的负担的。他认为，在叫学生复述课业时，应该好学生坏学生掺和着叫，如果一个学生答得毫不踌躇，可以相信他已全部掌握时，便不必等他答完，接着提问其他学生。在默写时，可以叫一个或几个学生宣读自己所默写的，其他学生跟着改正，教师只需巡看一下。在练习笔译时，每次可以叫起两个学生，一个逐句读出自己的译文，另一个逐句指出错误，全班也可提出批评，最后教师加以补充，其他学生跟着改正；然后两人交换地位，进行练习；然后另叫两个学生练习。

理解　夸美纽斯十分重视通过感官发展悟性，探求"知识的根源"，主张知识要经过理解再去记忆与应用。他斥责旧时学校只教学生呆读死记，不让学生接触实际，独立思考，说，"学校确是教我们用别人的眼睛去看，用别人的脑筋去希望自己变聪明的"。"他们不把科目对孩子们加以解释，却给他们无穷无尽的默写，要他们熟记功课。"结果，"如同《伊索寓言》上的乌鸦一样，只用别的鸟儿的羽毛去装饰它自己"。因此，他坚决希望，"人类这个理性的动物不要由别人的心智去领导，要由他自己的心智去领导"，就是说，要独立思考；"他不单只阅读别人的见解，把握它们的意义，或把它们记在记忆里面，再把它们背诵出来而已"，就是说，反对呆读死记；"他要亲自探求万事的根源，获得一种真能了解、真能利用所学的事物的习惯"，就是说，理解才能应用。所以说,"学生首先应当学会理解事物,然后再去记忆它。要到头两层已经经过训练之后,方才可以注重语言与笔墨的运用","凡是没有被悟性彻底领会的事项,便都不可用熟记的方法去学习","无论什么事情,除非已把它的性质彻底解释给孩子们听了……便不可叫他们去做那件事情"。获得理解的根本条件当然是接触实际,独立思考。此外,教师教学时,还要注意"从事物的原因去解释事物"。因为"一切事物都是由它的原因使它存在的","解释任何事物的原因就等于真切地揭露了那件事物的本性","知识在于坚定地把握原因","原因是悟性的向导"。

应用 夸美纽斯认为知识的应用是教学中的一个重要问题。归纳起来,他的意思是说:第一,应用可以帮助理解,因为如果不把知识的用途告诉学生,"他的态度便会是信仰,而不是知识"。因此,他主张,"只有那些易于指明用途的事情才应教给学生"。第二,应用可以培养技能。例如,"一切语言通过实践去学比通过规则去学来得容易"。

在这个问题上,他提出了一个独特的主张,就是通过传授知识来巩固知识,有点像《学记》中所说的"教学相长"的意思,"教导别人的人就是教导了自己"。它的作用是可以巩固与加深自己的知识。因此,他主张,每次教课,教师讲完以后就应提问学生,"按照原来的次序,把刚才教师所讲的重述一遍,好像他是其他学生的老师似的",错了就给改正。这样一个一个地提问,先问聪明的,直到每个学生都懂了那堂课为止。他认为这种做法的好处是很多的:可以激发注意,可以检查教学效果,可以加深理解,可以巩固记忆。他主张教学以后,学生也应校对笔记,讨论学问,并应推出一个学生来代替教师,主持讨论。他同意约阿希姆福尔丁斯的说法,"假如一个学生想求进步,他就应该把所学的科目天天去教别人,即使他的学生需得雇来,也应去教"。

四、对于道德教育的意见。夸美纽斯认为道德教育是人的教育中不可缺少的。当然,他所说的道德教育的含义不可能跟我们所说的一样;但是,他所提出的进行道德教育的原则与方法却依旧是正确的。下列几点，就值得我们重视。

预防　"因为，假如你不把良好的种子撒在地上，它便生不出别的东西，只会生出最恶的莠草"。所以，"德行应该在邪恶尚未占住心理之前，极早就去叮咛"，也就是《学记》中所说的"禁于未发"之意。预防的办法莫过于要求勤勉。孩子们总是爱活动的，"孩子只要有事可做，至于做的是什么事，或者为什么要做，那都没有分别"。因此，我们应该使他们"不断地工作或游戏"，"同时避免一切过度的压迫"，"结果就可以产生一个勤奋的心情，使得一个人非常活泼，忍受不住懒惰的安逸"。否则不是变得好逸恶劳，便会由于精力充沛，养成坏习惯，"就像一只磨臼一样，每个角落都布满了尘埃"。总之，"懒惰是绝对不可容许的"。

实践　德行只有通过实践才能真正获得。这个道理原很简单，因为，"孩子们容易从行走学会行走，从谈话学会谈话，从书写学会书写"，同样的道理，"他们可以从服从学会服从，从节制学会节制，从说真话学会真实，从有恒学会有恒"。一味叮咛告诫而不要求实践，在教学工作上不行，在教育工作上更不行。

榜样　所谓榜样，夸美纽斯指的是书本上的榜样与活生生的榜样二者，他尤其重视父母、保姆、教师和同学的活生生的榜样的力量，"因为他们所给的印象更强烈"。"孩子们是和猿猴一样的，爱去模仿他们所见的一切，不管是好是坏。"由于儿童的这种天性，利用榜样进行教育就显得特别重要，而教师的以身作则就不能不提到首要地位了。另一方面也要小心地避免不良的影响，"如不良的社交，不良的谈话，没有价值的书籍一类"，"否则他们便会受到传染"。

纪律　严格的纪律、惩罚，在学习问题上是用不着的，因为如果学生不爱学习，"错处不在学生身上，错处是在教师身上"，教师的教学方法不好，教鞭是无能为力的；但在道德教育方面，惩罚却是必要的，并且"永远应该当场执行，使邪恶刚一出现就受到遏抑，或在可能的范围以内连根拔除"。

以上只就夸美纽斯的教育学说点滴介绍一些，夸美纽斯的教育学说本来有其完整的体系，从人生究竟谈起，一直谈到学校管理、分科教学方法。他的贡献又是多方面的：例如重视教育在个性形成中的作用，主张普及教育，女子教育，学前家庭教育，单一学制，国语教学，班级授课；要求人要受到周全的教育，注重感官经验，研究自然，仿效自然，提倡健康教育；提出直观、量力、理解、应用、循序渐进、发展悟性、新旧衔接等等教学原则，榜样、实践、预防等等教育原则，提问、练习等等教学方法；注意学龄分期；倡导编写教本及教学参考书；拟出教学内容，教学程序，学校作息制度；甚至连设立高等师范学校及大学如何进行课堂讨论，如何进行公开答辩等等问题都提出了他卓越的见解。可见这里介绍的的确是"点滴"，不足以见夸美纽斯的博大精深于万一。此外，我们对于他的一切卓越见解，也不可以片面化、简单化地去看待。例如，他强调重视教育方法是对的，但是不可以因此得出结论，认为只要改进教学方法就可以解决一切教学问题了。又如，在教学过程中，他重视综合法、感官作用、直接经验等等，这对我们是有启发的；但是要知道，他也重视分析法、悟性与基本原则。这一切，我就不及一一加以分析了。

1957 年 5 月

后　记

　　夸美纽斯是三百多年前捷克的著名教育理论家，是近现代教育、教学理论的最伟大的奠基者之一。他的代表作《大教学论》在教育发展史上产生过很大的影响，被认为是教学论诞生的标志。

　　1939年5月傅任敢教授把《大教授学》（后改译为《大教学论》）译成中文，由商务印书馆列为"汉译世界名著"出版。1957年人民教育出版社商请译者将原译文酌加修改，将书名改译为《大教学论》后出版，1979年后被列入"外国教育名著丛书"多次再版。1990年台湾五南图书出版公司将其列为"教育经典译丛"发行繁体字版本，并再版。现在这个版本，是傅任敢教授病逝前，由夫人杨仁女士协助对原译文逐句斟酌，做了较大修改的绝笔版。在改革开放的今天，再版这部教育学名著的中译本，对促进和发展我国教育理论研究，建立具有中国特色的教育教学思想体系，是颇有益处的。

　　傅任敢教授译的《大教学论》，是几十年来在中国发行最多，流传最广，影响很大的译本，是师范院校师生重要的教学参考书，也是所有教育工作者提高教育理论素养的一本必读书。

　　傅任敢教授生前曾著写过一部《夸美纽斯传及其〈大教学论〉注释》书稿，在交商务印书馆待出版中，因遭遇"文革"这一众所周知的原因，书稿毁于一旦，十分可惜。笔者无法补救，只能将部分引言的出处，列于下面，以方便读者查找。

　　《大教学论》一书中的引文主要引自《圣经》。其中《诗篇》《何西阿书》《创世记》《约伯记》《智慧篇》《德训篇》《利未记》《传道书》

《但以理书》《列王纪上》《申命记》《箴言》《以赛亚书》《耶利米书》《约书亚记》《列王纪下》《巴录书》《民数记》《哈该书》《玛拉基书》《历代志上》《撒母耳记上》等篇见于《旧约全书》。《路加福音》《提摩太前书》《彼得前书》《希伯来书》《约翰福音》《马太福音》《罗马书》《以弗所书》《启示录》《彼得后书》《腓立比书》《哥林多前书》《使徒行传》《马可福音》《提摩太后书》《加拉太书》《雅各书》《歌罗西书》等篇见于《新约全书》。《便西拉智训》见于《后典》。

（敬　群）

出 版 人　所广一
责任编辑　刘明堂
版式设计　郝晓红
责任校对　贾静芳
责任印制　叶小峰

图书在版编目（CIP）数据

大教学论／（捷）夸美纽斯著；傅任敢译. —2版. —北京：
教育科学出版社，2014. 12（2024. 3重印）
　　（世界教育思想文库）
　　ISBN 978−7−5041−9057−4

　　Ⅰ. ①大…　　Ⅱ. ①夸…②傅…　　Ⅲ. ①教学理论
Ⅳ. ①G423−04

　　中国版本图书馆CIP数据核字（2014）第215415号

世界教育思想文库
大教学论
DAJIAOXUELUN

出版发行	**教育科学出版社**			
社　　址	北京·朝阳区安慧北里安园甲9号	**市场部电话**	010-64989009
邮　　编	100101	**编辑部电话**	010-64981167
传　　真	010-64891796	网　　址	http://www.esph.com.cn
经　　销	各地新华书店		
制　　作	北京广联信达文化发展有限公司	版　　次	1995 年 5 月第 1 版
印　　刷	三河市兴达印务有限公司		2014 年 12 月第 2 版
开　　本	720毫米×1020毫米　1/16	印　　次	2024 年 3 月第 21 次印刷
印　　张	15	印　　数	92 001—97 000 册
字　　数	215千	定　　价	32.00 元

如有印装质量问题，请到所购图书销售部门联系调换。